## 이 책에 쏟아진 찬사
★★★★★

초고령사회로 빠르게 진입하는 한국 사회는 이제 복지만으로는 해결될 수 없는 수많은 난제에 직면하고 있다. 이 책의 저자는 단순 숫자로만 이해할 수 없는 시니어 사업의 현재를 풍부한 지식과 경험으로 포괄적으로 진단하고 미래의 방향에 혜안을 제시하고 함께 풀어나가고자 하고 있다. 한 아이를 키우는 데는 온 마을이 필요하듯 이제 정부, 기업, 사회 모두가 시니어 문제에 나설 때고 그 시작점으로 이 책을 강력히 추천한다.
**- 윤여선**, 카이스트 경영대학장·교수

대한민국의 대표적 문제로 '저출산과 초고령화'를 꼽는 데 이견을 보탤 사람은 없을 것이다. 과거 결혼과 출산 그리고 나이듦은 사적인 영역의 일이었다. 그러나 인구변화대응위원회가 만들어질 만큼 사회적 문제가 됐다. 인구 문제는 하루아침에 해결되지 않는다. 그러나 초고령화만큼은 우리에게 충분한 해법이 있다. 건강하고 활력 있게 이왕이면 일도 하며 관계도 잘 유지하며 살 방법이 있다.

이 책은 대한민국에서 잘 나이 드는 법을 상세히 알려준다. 적절한 공간에서 적절한 돌봄을 받는 것이 무엇보다 중요하다. 초고령화의 문제를 고민하는 개인과 기업에 훌륭한 가이드가 될 것을 기대한다.

**— 진미정**, 서울대학교 아동가족학과 교수

한국의 초고령화는 위기가 아니라 기회이다. 이 책은 초고령사회에서 시니어 산업의 혁신과 성장 가능성을 조명하며 돌봄을 '복지'가 아닌 '산업'으로 혁신하는 비전을 제시한다. 케어닥 대표인 저자는 세계를 여행하며 시야를 넓혔고 한국의 미래에 대한 결기로 돌봄 산업의 혁신을 이끌어 왔다. 저자가 스타트업을 운영하며 다양한 도전에 응전해온 치열한 경험과 데이터 기반 접근법은 돌봄 생태계를 새롭게 정의하며 지속가능한 미래를 만들어간다. 이 책은 한국의 미래와 실버산업에 관심 있는 사람들에게 가치 있는 통찰을 제공할 것이다.

**— 안상일**, 하이퍼커넥트 창업자 대표·알토스벤처스 파트너

시니어 시장의 오늘과 내일 그리고 그 산업에 뛰어들고자 하는 이들의 지도가 바로 여기 있다. 본인 혹은 부모님의 시니어라이프를 준비하거나 새롭게 비즈니스를 일으키려는 예비 창업자라면 반드시 읽어야 할 필수 안내서다. 현장 경험에서 나온 분석, 솔루션, 그리고 직접 간병·돌봄 서비스를 20만 명 이상에게 제공해오며 언

은 데이터로 큰 신뢰를 준다. 이 책은 단순히 초고령화나 노인 복지만을 다루지 않는다. 중심축인 '시니어 제도'의 흐름과 본인·보호자의 현실적 니즈, 그리고 현재 존재하는 해결책의 실제 한계까지 안내한다. 또한 새로이 등장하는 비즈니스 기회와 염두에 두어야 할 리스크까지 종합적으로 정리해준다.

무엇보다 시니어 시장이 '크다' '크니 들어가라'는 낙관이나 '노인 빈곤율과 재정 부족으로 위태롭다'는 위기론에만 머물지 않는다. "산업이 크니 무조건 뛰어들어라"라는 식이 아닌, 사업에 대한 실패와 솔직한 고백까지 담겨 있어 더 공감과 호기심을 자극한다. 나 역시 시니어 산업을 바라보며 투자 관점에서 여러 자료를 봤지만 각론마다 정보가 파편적이거나 너무 낙관적·비관적이어서 시장 이해에 혼란이 컸다. 돌봄 영역 인허가와 제도, 재원, 시설, 그리고 자칫 놓칠 수 있는 시니어 주거 트렌드까지 실제 업계 사례와 함께 이렇게 이해하기 쉽도록 정리된 책을 만났더라면 훨씬 빠르고 정확하게 시니어 케어 산업에 뛰어들거나 대비할 수 있었을 것이다.

따뜻하면서도 균형 잡힌 시각 그리고 실제 '예비 창업자에게 귀중한 지름길 정보'를 제공한다는 면에서 단순 참고서가 교과서에 가깝다. 제도도, 인허가도, 재정도 미로 같은 곳에서 직감이 아닌 살아 있는 경험과 데이터로 길을 안내해준다.

2020년에 뮤렉스파트너스는 액티브 시니어의 성장 가능성을 보고 시니어 산업 투자를 목표로 펀드를 결성했다. 2021년 케어닥에 처음 투자를 결정하기까지 등급체계·급여체계부터 시설 이해 등 시니어케어시장을 이해하는 데 많은 시간이 걸렸다. 이해한 시장이 정확히 맞는지 저 자신도 고민을 많이 했다. 이 책이 그때 존재했다면 단숨에 시니어 시장에 대한 깊은 이해를 얻을 수 있었을 텐데 하는 아쉬움이 남는다. 이제라도 출간되어 다행이고 시장에 큰 울림을 주리라 기대한다.
- **오지성**, 뮤렉스 파트너스 부사장

여행가 '시골백수'에서 시니어 케어 스타트업 창업자로 그리고 이제는 실버시장 전문가로 자리 잡은 박재병 대표의 행보를 오랜 시간 지켜봐 왔다. 케어닥을 창업하며 돌봄 시장의 문제를 몸소 부딪치며 해결해온 그의 경험은 단순한 이론이 아닌 삶과 죽음의 경계선인 현장에서 길어 올린 통찰들로 이어졌다. 이 책은 그런 그의 여정을 집대성한 결과물이다.
나는 그의 창업 초기부터 지금까지 네 번에 걸쳐 벤처투자를 진행하며 그의 실행력과 진정성, 사명감을 누구보다 가까이에서 확인했다. 이 책은 단순한 트렌드 분석서가 아니다. 실버시장에 대한 깊이 있는 고민과 실전에서 얻은 교훈들이 빼곡히 담겨 있다. 빠르게 다가오는 초고령사회에서 그 방향을 찾는 데 신뢰할 수 있는 나침반이 될 것이다.
- **노태석**, BNK벤처투자 부장

불확실성이 일상이 된 시대 속에서, 단 하나의 확실한 미래는 초고령사회의 도래이다. 이 책에는 그 거대한 변화의 흐름 속에서 실질적인 해결책을 모색해 온 케어닥의 경험과 통찰이 담겨 있다. 우리

모두 대비해야 할 미래를 준비하는 데 꼭 필요한 인사이트를 제공해 준다. 초고령사회라는 거스를 수 없는 흐름 속에서 돌봄과 주거의 새로운 패러다임을 탐색하고, 실질적인 대응 전략을 발견할 수 있을 것이다.
**- 신지혜**, STS개발 상무

이 책의 저자 박재병 대표는 장밋빛 혹은 회색의 예측이 난무하는 새로운 시니어마켓에서 이론이 아닌 현장 전면에서 한국형 원스톱 시니어 케어시스템 구축에 도전한 리더이다. 또한 그는 현재의 회사를 한국 대표 시니어 토털 케어 플랫폼으로 성장시켜가고 있다. 혼란스러운 초기 최전선의 현장에서 다양한 경험을 했다. 그는 선구자에게 쏟아지는 수많은 자문에 응하며 한국 시니어마켓의 현실과 미래에 대해 궁금해하는 다양한 분야의 사람들을 만나 왔다. 그의 경험과 배움이 이 책의 탄생 배경이 된 듯하다.
대한민국이 직면한 초고령화 문제를 단순한 위기가 아닌 기회로 전환할 가능성을 제시하고 있다. 개인뿐만 아니라 기업이나 정책 입안자들에게도 유용할 내용이 가득하다. 자신 있게 일독을 권한다.
**- 박희윤**, HDC현대산업개발 개발운영사업본부 전무·『도쿄를 바꾼 빌딩들』 저자

미국, 유럽, 일본 등 대다수의 선진국에서 상상하는 노후의 삶은 '시니어 타운에서 편안한 생활을 누리는 것'이다. 실제 다양한 시니어 주거시설이 발달돼 있고 이용자도 많다. 그에 비해 우리는 아직 걸

음마 단계라고 할 수 있다.

이 책의 저자인 박재병 대표는 케어닥을 통해 노인 돌봄을 시작으로 노인들의 의식주를 해결할 수 있는 주거시설까지 전 분야에 걸쳐 사업을 진행해 온 기업가이다. 케어닥의 전문성과 사업성 또한 스타트업이라는 한계를 뛰어넘고 있다. 대한민국 초고령화 문제를 위기와 기회라는 관점에서 설명하고 돌봄 문제를 해결할 방안까지 제시하고 있다. 더불어 산업적으로 돌봄 문제를 해결해 갈 때 많은 부가가치와 기회가 양산되리라는 합리적인 기대도 하게 해주었다. 대한민국의 미래가 어떻게 펼쳐질지, 초고령화 사회에는 어떤 일이 벌어질지, 초고령화를 맞이하는 산업을 어떻게 시작해야 할지에 대한 확실한 해답을 얻게 될 것이다.

– **장남수**, HDC아이앤콘스 대표

대한민국은 초고령사회로 빠르게 진입하고 있으며 부동산을 포함한 경제·산업 전반에 거대한 변화를 가져올 것이다. 이 책은 단순히 초고령화 문제를 지적하는 데 그치지 않고, 이를 기회로 전환할 방법을 제시한다. 기존의 '노인' 개념이 바뀌며 경제력을 갖춘 '액티브 시니어'들이 새로운 소비층으로 부상하고 있다. 이들은 주거, 돌봄, 여가 등 다양한 분야에서 새로운 수요를 창출할 것이다. 특히 '시니어 맞춤형 주거' 시장의 성장 가능성이 크다.

내가 서울프라퍼티인사이트 대표로서 주목하는 것은 바로 이 지점이다. 복지가 아닌 민간 주도의 시장이 형성될 것이며 부동산 역시 단순한 거주 공간을 넘어 의료·돌봄이 결합된 새로운 형태로 진화할 것이다. 이 책은 이러한 변화를 이해하고 대비할 필독서다.
- **김정은**, 서울프라퍼티인사이트 대표(부동산 서비스 플랫폼)

100세 시대와 초고령사회가 도래한 현 상황에서 실버 웨이브에 대한 이해를 높이고 문제 해결을 위한 대안을 적절하게 제시한 책이다. 박재병 대표의 실버 웨이브에 대한 탁월한 견해를 지지하며 강력히 추천한다.
- **양형남**, 에듀윌 회장

이 책은 단순히 케어닥의 성공 스토리가 아닌, 초고령화 사회를 새로운 기회로 만드는 혁신적인 비즈니스 모델을 제시한다. '돌봄의 외주화'를 통해 가족의 부담을 덜고 전문적인 돌봄 서비스를 제공하며 새로운 일자리 창출을 가능하게 한다. 초고령화 사회의 문제점을 해결하는 동시에 새로운 시장을 개척하는 모범 사례가 되고 있다. 이 책은 시니어 산업에 뛰어들고자 하는 모든 이에게 필독서이며 케어닥의 성공 전략을 배우고 싶은 모든 기업에 귀중한 지침서가 될 것입니다.
- **김호민**, 스파크랩 공동창업자·대표

박재병 대표는 국내에서 유일무이하게 간병인 매칭 서비스에서 시작해서 시니어 주거 공간인 케어홈, 케어스테이 등 시니어 토탈 케어 플랫폼을 구축해왔다. 이 책은 오랜 실무에서 축적된 경험을 바탕으로 쓴 실버산업 관련 실전서이다. 실버 웨이브에 편승하여 시니어 산업을 기획하거나 운영하고자 하는 실무자라면 꼭 읽어볼 것을 추천한다. 많은 사람이 초고령사회가 어떻게 현실화될지 궁금해한다. 그들에게 한 권씩 선물하고 싶다. 새롭게 생겨나는 수요, 시장, 그리고 공급자까지 한눈에 볼 수 있다. 초고령화 시대를 살아갈 해법서다.
- **오영표**, 신영증권 헤리티지솔루션본부(신탁) 전무

기업 하는 사람의 책무는 변화 속에서 혁신의 기회를 찾아내고 그것을 사업화시키는 것이다. 인구 변화는 이미 결정된 미래이지만 의외로 새로운 혁신의 기회로 이용하는 기업가가 많지는 않다. 이 책의 저자 박재병 대표는 초고령화라는 인구변화를 기업가적 혁신의 기회로 삼은 이 분야의 선구자인데 자신의 경험과 지식을 나누면서 이 거대한 혁신의 기회를 함께 이끌자고 권한다. 많은 혁신 시도가 일어나게 되면 우리 사회에 초고령화의 벽을 넘는 힘이 만들어질 것이다. 그가 고령자에 대한 따뜻한 마음과 진심 어린 관심을 가진 사람이라는 것이 그가 만들 혁신의 미래를 더욱 기대하게 한다.
- **변대규**, 휴맥스 회장·네이버 이사회 의장

고마운 책이다. 2025년 1,000만 노인 시대가 문을 열었다. 앞서 오래전부터 초고령화 시대의 암울한 이야기가 펼쳐졌다. 나이 드는 대한민국에서 어떻게 살아가야 할지 걱정하게 했고 사회 전체에 우울한 분위기가 감돌았다. 그런데 이 책을 읽으며 '나이 드는 일이 우

울할 일인가?'라는 반문을 갖게 됐다. 건강하고 활력 있게 일도 하고 사람들도 만나며 '오래' 살 수 있는 것은 축복이다. 게다가 케어닥과 같은 기업들로 인해 적절한 돌봄을 받는 안락한 공간에서 노후를 보낼 수도 있다.

'초고령사회는 위험하다'는 고정관념을 가진 이들이라면 반드시 읽어보기를 권한다. 우리의 오해와 착각을 깨준다. 잘 나이 들고 잘 사는 법도 알려준다. 대한민국에서 나이 드는 것이 두려운 당신에게 꼭 필요한 책이다.

**- 나군호**, 네이버케어 원장·헬스케어연구 소장(전문의)


한국 사회가 초고령사회로 진입함에 따라 깊이 있는 이해가 그 어느 때보다 중요해졌다. 이 책은 한국 노인들을 어떻게 지원할 수 있을지에 머물지 않는다. 실버 웨이브를 희망, 번영, 그리고 미래 세대를 위한 영감의 원천으로 어떻게 만들어가는 데 통찰력 있는 분석을 제시한다.

2019년 처음 만난 박재병 대표는 케어닥을 통해 초고령사회에 대해 '돌봄의 산업화'라는 해법을 제시하기 시작했다. 초고령화라는 새로운 환경과 시장의 변화를 파악한 최초의 스타트업이나 다름없다. 그는 이번 첫 책에서 우리가 맞닥트린 변화의 실체가 잘 설명돼 있고 초고령화 문제를 어떻게 해결할 것인가에 대한 답을 제시하고 있다. 우리의 산업이 나이듦의 불편과 어려움은 해소해주리라는 안심과 기대도 하게 해준다.

**- 마이크 김**, 구글 아시아 태평양 스타트업 총괄

실버 웨이브

# Silver Wave
# 실버 웨이브

박재병 지음

**대한민국 초고령사회 시작,
누가 먼저 기회를 잡을 것인가?**

클라우드나인

프롤로그

# 실버 웨이브가 만들 기회를 선점하라!

"대한민국의 미래를 결정할 가장 강력한 변화는 무엇입니까?"

지금은 고인이 된 미래학자 앨빈 토플러에게 질문하면 어떤 답이 돌아올까? 그는 1980년에 '제3의 물결'이라는 말로 과학 기술의 발전이 가져올 변화의 시대를 예견했다. 그의 통찰 덕분에 인류는 농업시대(제1의 물결)와 산업시대(제2의 물결)에 이은 새로운 변혁기를 준비할 수 있었다.

앨빈 토플러가 만난 2025년의 대한민국은 '너무 빨리 늙어가고 있는 사회'이다. 2024년 7월 기준 65세 이상 노인 인구가 1,000만 명을 넘어섰다. 같은 해 12월 65세 이상 노인 인구가 전체 인구의 20%를 넘어서며 초고령사회에 진입했다. 노인 인구 14%의 고령사회에 돌입한 지 불과 8년 만이다. 앨빈 토플러는 고령화라는 높고 거센 파도를 마주한 대한민국의 미래에 대해 '실버 웨이브Silver Wave'라는 신조어로 표현할 것이 분명하다. 그는 커다란 변화를 추동하는 힘을 '웨이브(물결)'로 표현하며 세상에 밀려오는 새로운 물결을 통해 이전과는 다른 세상이 펼쳐진다고 예고했다. 대한민국의 미래를 함축해 보여주는 '실버 웨이브'는 앞선 제1, 2, 3의 물결에 버금가는 것으로 이제껏 경험하지 못한 거대하고 다양한 변화가 시작될 것을 예고한다.

 내가 '실버 웨이브'를 실감하고 적극적으로 올라타기로 결심한 것은 불과 8년 전이다. 대학을 졸업하고 ROTC 장교 생활도 마친 뒤 대기업 3곳에서 합격 통보를 받았다. 하지만 입사 대신 무전 여행을 선택했다. 막 사회생활을 시작하려던 스물여섯 살의 내게 하나의 질문이 찾아왔기 때문이다. "나는 왜 살고 있나?" 지금껏 취직을 위해 살아온 것은 아니라는 생각이 들었다. 그러나 왜 사는지는 알 수 없었다. 세계로 나가 그 답을 찾아보기로 결심했다.

 이후 3년여 동안 40개국을 떠돌며 글로벌 노숙자부터 일국의 대통령까지 무수한 사람들을 만났다. 삶의 정답을 찾기 위한 세계 일주는 누군가의 도움 없이는 나 역시 존재할 수 없다는 깨달음으로 이어졌다. 나는 세계 곳곳에서 가장 낮은 곳에 있다고 생각했던 사람들에게 많은 도움을 받았다. 길거리에서 만난 한 노숙자는 주머니를 털어서 먹을 것을 사주며 따뜻한 격려의 말도 아끼지 않았다. 그가 나눠주는 빵을 먹는데 눈물이 났다. 이러한 경험이 세계를 떠도는 빈털터리 히치하이커였던 내게 '삶의 이유'를 일깨워 주었다.

 한국으로 돌아온 직후 지인의 권유로 부산에서 여행 사업을 시작했다. 동시에 무한한 미안함과 고마움으로 내가 받았던 선의를 되돌려주기 위한 활동을 시작했다. 도움의 손길이 필요한 곳들을 여러 곳 찾아다녔다. 영화 「친구」의 촬영지로 유명한 부산의 쪽방촌은 가장 인상 깊은 곳이었다. 평소 문도 잠그지 않고 지낼 만큼 이웃과 사이가 좋은 쪽방촌 할머니들은 간식거리를 들고 나타난

20대 청년을 반겨 맞아 주었다. 얼마 지나지 않아 조촐한 밥상에 함께 앉아 수저를 놓고 먹을 만큼 가까워졌다. 할머니들과 친해질수록 나는 '나이듦'의 현실을 생생히 경험하게 됐다. 나이 든 할머니들은 아프고 외롭고 고단한 일상을 보냈다. 친구가, 치료가, 사회적 돌봄이 절실히 필요했다.

　물론 전에도 '나이듦'의 어려움을 경험할 기회가 없던 것은 아니었다. 나의 할머니는 치매를 앓다 돌아가셨고 아버지는 뇌졸중으로 두 번이나 쓰러지셨다. 그런 아버지 옆에는 무학으로 평생 가족을 돌봐온 것도 모자라 치매 걸린 시어머니까지 간병해야 했던 어머니가 있었다. 부모님 역시 나이가 들면서 어쩔 수 없이 아프고 외롭고 고단한 삶을 살아내고 있었다.

　할머니들과 함께한 시간이 길어지면서 차츰 '동네 민원 해결사'가 되어갔다. 동사무소를 쫓아다니며 시원책을 알아보고 자원봉사단을 꾸려 할머니들의 불편을 해결해 나갔다. 그러는 사이 마음 한편에는 작은 의문이 생겨났다. "내가 사회적으로 성공하겠다고 하는 여행 사업이 과연 나만이 할 수 있고 세상에 도움이 되는 가치 있는 일인가?" 몸은 회사에 있어도 늘 마음은 부산의 쪽방촌에 가 있었다. 세계를 여행하며 깨달은 '살아가야 하는 이유'는 '세상에 도움이 되는 의미 있는 일을 업으로 삼는 것'이었다. 스스로 그에 맞는 삶을 살아가고 있는지 회의가 들었다.

　2018년 4월에 과감히 여행 사업을 정리하고 '원스텝모어'라는 법인을 설립했다. 처음 계획은 기부용 앱을 개발하는 것이었다. 사용자들이 걸으면서 보는 광고 수익금으로 어르신들을 돕고 싶었다. 그러나 막상 서비스를 시작해 보니 광고 수익이 하나도 생기지 않았다. 더 고도화하더라도 어르신들에게 실질적인 도움을 드리기에 너무 미비했다. 그때 '어르신들의 직접적인 문제를 해결해주는 일을 해야겠다.'라는 생각이 들었다.

"자식들이 나 치매 걸리면 요양원 보낼 거라고 하는데 싫어. 그래도 자식들이 보내면 어쩔 수 없지. 그런데 나는 가서 두들겨 맞으며 살고 싶지는 않아. 좋은 데 보내줬으면 좋겠어."

할머니들의 하소연이 떠올랐다. 당시만 해도 개별 요양기관에 대한 정보를 구하는 것은, 더군다나 시설 좋은 요양기관을 알아보는 것은 하늘의 별 따기였다. 직접 기관에 방문해 그쪽에서 전해주는 설명을 듣는 것이 다였다. 경험담을 듣자면 이용자나 가족을 일일이 찾아다녀야 했다. 전국에 요양기관이 4만여 개나 되는데 이렇다 할 정보 창구 하나가 존재하지 않았다. 짜장면 한 그릇 시켜먹을 때도 리뷰를 몇 개씩 본다. 그런데 한 달에 200만 원 이상 쓰는 요양기관에 대한 정보는 구할 곳이 없다?

무엇보다 정보의 비대칭을 해소하는 일이 시급해 보였다. 나는 직접 국민건강보험공단에 전화를 걸어 소비자들이 정보를 알고 입소를 결정할 수 있게 전국의 요양기관에 대한 공단의 평가 결과를 공개해 달라고 했다. 그러나 공단은 "정보를 공개한 사례가 없으니 앞으로도 넘겨줄 수 없다."라고만 했다. 수백억 원을 들여 요양기관의 운영 상태를 점검하고 평가하면서도 그 결과를 소비자들은 알 수 없다는 것이 이해가 가지 않았다.

필요한 정보를 얻기 위해 2018년 여름 '보건의료빅데이터 활용 창업아이디어 공모전'에 참가했다. 공개 피칭에서 "현재 요양시설에 대한 정보가 없어 어르신과 가족들이 큰 불편을 겪고 있다."

라고 호소하며 국민건강보험공단의 요양기관 평가를 하루빨리 공개하라고 주장했고 싸우기까지 했다. 더불어 이들 데이터가 공개될 경우 정보를 활용할 스타트업은 물론 일반 개인들이 얻게 될 다양한 실익도 소개했다. 결과는 국무총리상 수상과 '전국 요양기관의 평가 결과 공개'였다. 한국형 시니어 케어 스타트업을 표방하는 '케어닥'이 이룬 최초의 성과였다.

얼마 후 케어닥은 '노인 요양시설 찾기' 서비스를 시작했다. 어르신과 가족들이 요양기관의 평가 결과뿐만 아니라 의료진, 돌봄 인력 현황, 입소 인원수, 돌봄 프로그램 등의 후기까지 온라인에서 확인할 수 있게 했다. 이후 케어닥은 어르신들이 도움이 필요한 지점에 집중했다. 노인장기요양보험을 몰라서 이용하지 못해 겪는 불편, 몸이 아플 때 돌봐줄 사람이나 시설을 찾지 못하는 어려움, 노쇠한 몸으로도 안전하고 쾌적한 집에 살고 싶은 욕구 등을 눈여겨보았다.

그리고 이를 해결해 가는 과정에서 비즈니스 모델을 발전시켜 나갔다. 돌봄과 간병을 위한 케어코디(간병사)와 요양보호사를 교육하여 필요한 어르신과 매칭했다. 주야간보호센터, 요양원, 시니어타운, 환자를 위한 임대주택을 운영하며 돌봄을 더한 주거공간을 확보해 나갔다. 시니어 주거 비즈니스에도 뛰어들어 나이가 들었는데 갈 곳이 없는 할아버지 할머니들에게 안전하고 편안한 공간을 만들어 나갔다. 그러는 사이 간병인보험을 비롯한 시니어 헬스케어의 다양한 사업이 케어닥의 주요 사업으로 편입했다.

현재 케어닥은 시니어 케어 시장의 다양한 '표준'을 만들어 업계를 선도하고 있다. 간병인과 환자의 불신을 해소하는 '간병인 검증

매칭' 서비스를 출시했고 간병인 서비스 이용의 다툼을 최소화하는 「간병 서비스 표준계약서」를 제작해 업계에도 배포했다. 정부의 돌봄 예산 한계를 파악한 후 '돌봄공백지수'를 만들어 민간 돌봄 시장의 수요와 현황을 국가 차원에서 추적, 관리하도록 지원했다. 나아가 시니어타운(실버타운) 수요가 증가하는데도 엄격한 평가 체계가 없는 점을 파악하고 「시니어타운 표준 등급 가이드」를 제작해 소비자와 공급자의 눈높이를 맞추는 데 일조했다. 이 외에도 시니어 하우징 디자인 가이드 제작, 시니어 하우징 협회 설립, 시니어 하우징 전문 운영사 설립 등 다양한 분야에 먼저 뛰어들며 '국내 1호' 타이틀을 확보했다. 이를 통해서 시니어 케어 산업을 바꾸고 새롭게 정의하는 데 앞장서서 열정을 쏟고 있다.

지난 8년간 케어닥이 현장에서 목도한 '실버 웨이브'는 각양각색이다. 우리나라 어르신들이 맞닥뜨린 가장 큰 어려움은 경제적 어려움과 고립이다. 돈 없고 사람도 없는 어르신들은 살기가 팍팍하다. 이를 근거로 수많은 언론은 고령화의 현실이 매우 암울하다고 입을 모은다. 특히 40%에 이르는 노인 빈곤율과 20%를 넘어선 노년부양비* 등 각종 통계는 고령화가 거대한 쓰나미와 같은 재앙을 몰고 올 것이라고 경고한다. 그런 탓에 우리 사회에 일부에서는 노인 포비아Gerontophobia까지 감지되고 있다.

그러나 케어닥의 경험에 근거해 보면 초고령사회는 '위기'만 있는 것은 아니다. '기회'도 분명히 있다. 개인적으로 쪽방촌 할머니들과 함께한 몇 년 동안 "아주 좋아졌어. 편해졌어. 정말 좋아."라는

---

\* 생산연령인구(15~64세)에 대한 고령 인구(65세 이상)의 백분비율

말을 수도 없이 들었다. 고장난 문고리만 고쳐도 삶의 질은 좋아진다. 초고령사회의 문제는 이렇게 사소한 것부터 불편해진 몸에 맞는 적절한 주거공간을 찾는 것까지 다양하다. 그러나 문제가 많을수록 또 심각할수록 문제를 해결한 이후에 느끼는 만족도는 매우 높다.

마찬가지로 초고령사회를 맞는 어르신들은 여러 문제를 안고 살아간다. 앞으로도 여러 문제를 안고 살아가게 될 것이다. 그러나 이 문제들은 해결하자고 하면 할 수 있다. 낡고 오래된 문제일수록 해결만 하면 삶의 질이 급격히 좋아진다. '나이듦의 문제'를 발견하고 해결하는 과정에서 고령화에 대한 해법과 산업적 기회가 열릴 것임에 틀림없다. 이러한 생각은 시니어 케어 전문 스타트업 케어닥의 창립 이념이기도 하다. 케어닥의 존재 이유는 초고령화의 문제들을 찾아내고 원스톱으로 해결하는 것이다.

"실버 웨이브가 우리에게 어떤 미래를 가져올까?"

케어닥에서 가장 많이 고민한 질문이다. 미래를 예견하는 가장 간단한 방법은 객관적 현실을 바탕으로 상상력을 더해 위기와 기회를 모두 예측해 보는 것이다. 고령화의 디스토피아는 지방 소멸, 사회보장 비용 증가, 노동가능인구 감소 등으로 대표된다. 저출산은 우리나라가 직면한 가장 큰 문제이다. 이미 2020년 인구가 줄어드는 데드크로스를 통과했다. 합계출산율은 2018년 1.0 밑으로 떨어져 2023년 0.72로 추락했다. 인구감소가 산업 전반에 영향을 미쳐 2030년부터는 전체 산업이 경직되고 축소되리라는 예상이 있다.

반면 고령화의 유토피아 역시 존재한다. 가장 대표적인 것은 시니어 산업의 발달로 새로운 기회가 열리고 윤택한 삶이 계속되리라는 것이다. 경제적 여력 증가와 의학 기술의 발달로 기대수명은 해마다 늘었다. 2011년 보건복지부는 「인생 100세 시대 대응전략」에서 절반 가까운 사람이 98세까지 생존하리라 전망했다. 2019년에는 남녀 모두의 기대수명이 80세를 넘겼다. 그들이 살아가면서 배우고 일하고 소비하는 모든 과정이 새로운 사업이 되리라는 예상이다. 나이가 무색할 만큼 활발히 활동하는 액티브 시니어의 등장도 고령화가 암울한 것만은 아니라는 것을 방증한다.

초고령사회의 신풍경은 우리 사회 곳곳에서 목격된다. 스마트폰 기반으로 변해가는 환경에 적응하지 못해 현금을 들고도 음식을 못 사 먹거나 기차표를 구하지 못하는 우울한 시니어가 있는가 하면 70세를 넘겨서도 건강한 체력으로 일을 계속하며 다양한 관계망 속에서 멋지게 살아가는 액티브 시니어도 생겨났다. 어느 쪽이 대세가 될지 불투명하지만 확실한 것은 노인의 삶에 대한 '전형성'이 깨지고 있다는 것이다. 나이가 들면 이럴 것이라고 하는 '상상 속 노인'은 이제 찾아보기 어렵다. 각자의 건강 상태, 경제력과 소비력, 사회적 관계, 삶의 태도에 따라 천차만별의 노후를 펼쳐갈 것이다. 삶의 스펙트럼은 더욱 다채로워질 것이다.

그렇다면 우리는 초고령사회를 어떻게 준비하고 맞이해야 하는가? 안타깝게도 '예견된 미래'인 초고령사회와 인구감소에 대한 우리 사회의 주목도는 여전히 낮다. 냉정히 보면 그나마 진행된 고령화 준비도 조급함과 안이함 그 중간쯤에 머물러 있다. 지금까지 고령화를 준비한 정부와 민간의 시도는 조급함이 지나쳐 시행착오를 반복했다. 더불어 안이한 준비 과정은 많은 사회적 혼란을 양산했다. 특히 정치권의 반응은 '방 안의 코끼리'의 전형이었다. 모두 잘

못됐다는 것을 알면서도 다가올 위험이 너무 극명해 누구도 '고령화'를 입에 올리지 않았다.

그렇게 방치된 고령화 현상은 '무서운 쓰나미'라는 선입견에 갇혀 있다. 개인적으로 고령화를 재앙 수준의 문제로만 인식하는 것이 가장 안타깝다. 오히려 수명 연장은 인류에게 축복이며 산업적으로도 긍정적 의미가 크다. 길어진 시간 동안 더 많은 것을 배우고 교류하며 행복한 노후를 보낼 수 있다. 더 나은 미래를 만들 기회도 많아진다. 개인은 물론 사회와 국가 차원에서 잘 대비한다면 문제는 최소화하고 혜택은 극대화하며 새로운 미래를 열어갈 수 있을 것이다.

나는 한 번도 경험하지 못한 '초고령사회' 대한민국에 대한 충실한 가이드가 필요함을 느끼며 이 책을 집필했다. 실버 웨이브가 만드는 변화의 실체를 확인해 잘못된 선입견을 바로잡고 개인, 기업, 그리고 정부가 산업적 기회를 찾아 나서는 데 참고할 수 있도록 구성했다.

1장에서는 실버 웨이브가 우리 사회에 가져올 구체적인 변화를 예견하고 그 실체를 설명했다. 2장에서는 실버 웨이브를 준비하는 개인, 기업, 정부가 해결해야 할 문제들을 지적했다. 시니어 산업의 성장 이유와 필요한 준비도 세세히 나열했다. 현재 복지 중심의 정책들이 갖는 필연적 한계도 짚어보았다. 3장에서 5장까지는 기업들이 실버 웨이브라는 기회를 산업과 연결시킬 때 어디에 집중해야 하는지 자세한 설명을 덧붙였다. 돌봄 산업, 시니어 주거 시장, 그리고 시니어 연계 서비스와 기술이 시니어 산업의 중심이 될 것이다.

케어닥은 한국형 원스톱 시니어 케어를 도입한 이래 시니어 토털 케어 플랫폼으로 자리매김하며 시니어 맞춤형 주거 서비스를 선도하고 있다. 그간 우리가 고민한 결과물과 노하우가 잘 전달됐으면 하는 바람이다. 특히 시니어 주거는 고령화 시대의 의식주醫食住*를 해결할 수 있는 필수재이다. 우리나라에는 아직 시장 자체가 열리지 않고 있다. 반드시 열어야 할 시니어 주거 시장을 어떻게 준비해야 하는지 개인과 기업에 인사이트를 전달하고자 한다.

중요한 것은 지금 그리고 여기이다. 2025년은 매우 중요한 분기점이다. 우리나라의 1차 베이비붐 세대(1955~1963년생 약 705만 명)는 이미 은퇴 연령을 넘겼고 2차 베이비붐 세대(1964~1974년생 약 954만 명)는 향후 10년에 걸쳐 은퇴 연령(60세)에 진입한다. 성장률 둔화, 노동시장 구조 변화, 소비 감소 등 다양한 문제가 예고되고 있다. 은퇴자가 늘어나면서 부양비 증가에 대한 문제의식도 커지고 있다. 국가로 보자면 지금은 3명의 성인이 노인 1명을 부양하는 꼴이다. 그러나 고령화와 인구감소로 2072년 노년부양비는 104.2명으로 늘어난다. 생산활동인구 1명이 노인 1명을 부양해야 하는 암담한 미래가 우리를 기다리고 있다.

안전 버팀목이라고 하는 노인장기요양보험의 지속가능성에도 빨간 불이 들어왔다. 2023년 110만 명의 수급자에게 14조 5,000억 원의 보험급여가 지급됐다. 그런데 2026년 노인장기요양보험은 적자로 돌아선다. 재정난은 갈수록 심화돼 2032년에는 적자가 2조 3,000억 원으로 늘어날 전망이다. 종합해 보면 현재 대한민국

---

* 고령화 시대에 필요한 새로운 의료, 식사, 주거를 말한다.

의 제도와 시스템은 최선의 대응책이라고 할 수 없다. 고령화가 가져올 문제들을 바라보는 시각과 모든 문제를 복지로 해결하겠다는 고정관념부터 바꾸어야 한다. 본문에서 과제와 해결점을 자세히 설명할 것이다.

우리에게는 기회가 남아 있다. 초고령사회의 원년인 지금 개인, 기업, 지역, 사회, 국가 모두가 실버 웨이브를 대비한다면 예견된 미래도 바꿀 수 있다. 충분한 비전과 로드맵도 준비돼 있다. 기업, 지역, 사회, 국가는 거시적 차원에서 노인의 욕구에 맞는 다양한 재화와 서비스를 개발해야 한다. 개인 역시 건강, 노후 생활을 위한 경제적 준비, 여가와 문화, 교육, 사회적 관계 전반에 대한 준비로 삶의 질을 유지하는 노력을 해야 한다. 특히 민간 중심의 시니어 시장의 확대는 필수적이다. 앞으로 우리 사회에는 노후 생활과 주거에 적합한 돌봄과 시설이 필요하다. 이를 민간에서 제공해야 한다. 필요 복지비가 절감되고 산업 성장에 따른 낙수효과가 일어난다면 초고령화 문제를 충분히 해결할 수 있다.

나는 케어닥을 처음 창업할 당시 '케어보국'이라는 경영 철학을 이야기했다. 우리나라가 살기 좋은 나라가 되기 위해서는 돌봄이 필요한 노인들이 적절한 비용으로 편안하고 행복한 돌봄을 받을 수 있어야 한다. 수년간 시니어 토털 케어 플랫폼을 운영하며 케어보국의 실현도 머지않았다는 자신감을 가지게 됐다. 암울한 미래에 대한 우려와 걱정만으로 해결할 수 있는 것은 아무것도 없다. 기회의 문이 열려 있다는 것을 인식하고 미래를 바꾸기 위해 나아가야 할 때다. 많은 개인과 기업이 이 책을 통해 실버 웨이브의 실체를 확인하고 초고령사회 속에서 생겨날 기회를 선점하기 바란다.

| 목차 |

## 프롤로그
실버 웨이브가 만들 기회를 선점하라! • 5

**실버 웨이브 1**

# 고령 인구 1,000만이 만드는 파도 • 21

1. 노인 포비아: 고령화의 불안감이 그 어느 나라보다 크다 • 23

    전 세계적으로 노인 포비아가 팽배하다 • 23 | 인구 변화가 미치는 영향은 고정값이 아니다 • 30

2. 노인 빈곤율 40%: OECD 발표 통계의 함정을 벗어나라 • 31

    처분가능소득은 적어도 자산 보유자는 많다 • 33 | 젊은 노인은 소득이 증가하고 빈곤율이 낮아졌다 • 36

3. 자립 노후: 고령 취업자가 증가하고 있다 • 39

    우리나라 65세 이상 취업률은 경제협력개발기구 1위다 • 40 | 노인이라고 부를 수 없는 노인들이 많아진다 • 43

4. 액티브 시니어: 새로운 노인이 온다 • 46

    액티브 시니어가 실버 웨이브의 주역이 된다 • 47 | 산업의 주요 타깃이 중장년으로 옮겨간다 • 48

5. 돌봄서비스: 유병장수의 시대다 • 52

    유병장수 시대에는 어떤 제도들이 있나 • 54

6. 의식주+의료: 4번째 생활 필수 영역 • 64

7. 시니어 하우징: 노인 맞춤형 주거 시장의 폭발 • 68

    시니어 맞춤형 주거는 반드시 필요하다 • 68 | 시니어 주거 시장의 폭발적 성장을 예상한다 • 70

8. 시니어 로드맵: 나이듦을 설계하라! • 73

    80세 인생과 100세 인생은 다르다 • 74 | 새로운 생애주기가 새로운 니즈를 만든다 • 77

**실버 웨이브 2**

# 뉴 시니어가 만드는 새로운 파도 • 79

1. 신인류 노인의 탄생 • 81

    노인에 대한 규정을 어떻게 할 것인가? • 82 | 노인은 자신을 노인이라 부르지 않는다 • 85 | '평균적 노인'이라는 집단은 없다 • 89

2. 노인을 위한 시장은 있다 • 94

    경험이 세대를 가른다 • 94 | 시니어 타깃 시장은 세그먼트에 답이 있다 • 97

3. 시니어 산업의 성장은 필연적이다 • 102

    새로운 수요가 생겨나고 있다 • 103 | 고령자에 대한 시장조사와 마케팅이 부족하다 • 105

4. 노인에 대한 고정관념은 틀렸다 • 110

    노인에 대한 고정관념을 버려라 • 110 | 누구나 나이가 들게 되고 돌봄이 필요하다 • 113 | 실버 테크에 대한 환상은 금물이다 • 116

5. 복지로 노인 돌봄을 해결할 수 없다 • 121

    일본 국가 부채의 주요인은 고령화다 • 122 | 노인 돌봄이 '부담'이 아니라 '산업'이 돼야 한다 • 127 | 노인은 두렵고 자녀는 불안하다 • 136

6. 돌봄의 외주화로 불안을 해결한다 • 143

    돌봄 역시 전문 업체를 통해 서비스돼야 한다 • 145 | 원스톱 돌봄서비스 제공 환경이 만들어져야 한다 • 148

7. 새로운 트렌드 시니어 맞춤 주거 • 154

    노인 독립 가구가 늘고 있다 • 155 | 의식주는 기본, 의료까지 해결할 수 있다 • 158 | 일본을 통해 시니어 주거의 미래를 전망해 본다 • 162

8. 대한민국 시니어 주거의 미래 • 171

    한국의 시니어 하우징은 민간화, 기업화될 것이다 • 171 | 주거는 비용이 아니라 선택의 문제다 • 175

**실버 웨이브 3**

## 정부 지원이 만들어내는 파도 • 183

1. 노인장기요양보험: 대한민국 노인 돌봄의 시작 • 185

   노인장기요양보험은 어떻게 도입되었는가 • 185 | 노인장기요양보험은 앞으로 어떻게 되는가 • 192

2. 재가서비스(방문요양센터): 집에서 시작되는 돌봄 • 200

   어떻게 방문요양 사업을 시작할 것인가 • 200 | 어떻게 방문요양 사업에서 성공할 것인가 • 204

3. 데이케어 서비스(주야간보호와 단기보호): 노치원 • 213

   주야간보호센터는 인력 관리가 핵심이다 • 215 | 어떻게 재이용률과 사업성을 높일 것인가 • 217

4. 노인요양시설(요양원): 24시간 전문가의 돌봄이! • 221

   요양원 부족 현상은 더욱 심해진다 • 223 | 요양원 성공 운영의 핵심 요소를 알아야 한다 • 228 | 대기업의 요양원 진출에 어떻게 대응할 것인가 • 234

5. 재택의료서비스: 시니어 헬스케어의 틈새시장 • 238

   재택의료의 시작과 현재 그리고 가야 할 길을 준비하자 • 240 | 어떻게 재택의료서비스를 확대할 것인가 • 243

6. 요양보호사 교육시설: 노인 돌봄 전문 인력 양성소 • 248

   왜 요양보호사 공급은 수요에 비해 부족한가 • 249 | 어떻게 요양보호사 교육원 창업에 성공할 것인가 • 252

**실버 웨이브 4**

# 시니어 하우징이라는 파도 • 257

1. 시니어 주거 시장에서 길을 찾다 • 259

    2035년 시니어타운과 시니어 레지던스가 폭발한다 • 260 | 서비스형 고령자주택은 젊고 건강한 노인 공간이다 • 266

2. 타깃 시니어에 따른 하우징 개발법 • 272

    시니어 하우징 사업자들이 점검할 이슈는 무엇인가 • 273 | 유료 노인홈을 시니어 하우징에 적용할 때 유의점은 무엇인가 • 274 | 일본의 서비스형 고령자주택에서 배울 점은 무엇인가 • 277

3. 시니어 하우징으로 도시를 살리다 • 281

    지역공동화와 도시소멸은 어떤 문제를 일으키는가 • 283 | 시니어타운으로 일자리와 소비시장을 창출한다 • 285

4. 시행착오는 줄이고 만족도는 높여라 • 291

    시니어 하우징의 운영 가이드라인이 필요하다 • 294 | 개발사와 운영사는 시니어 하우징의 특징을 적용해야 한다 • 297

5. 헬스케어 리츠, 시니어 하우징에 투자하라 • 302


**실버 웨이브 5**

# 시니어 연계 서비스와 기술의 파도 • 309

1. 간병·돌봄 인력 알선업: 환자와 간병인 매칭 비즈니스 • 311

    간병은 어떻게 서비스 사업이 되었는가 • 311 | 간병인 알선 사업에서 알아야 할 것은 무엇인가 • 315 | O2O 간병인 플랫폼은 왜 성장이 쉽지 않은가 • 318

2. 해외 보조 인력 양성과 파견: 돌봄 인력 부족 문제의 해법 • 320

일본은 간병 돌봄 인력 문제를 어떻게 해결했는가 • 320 | 한국도 외국인 간병·돌봄 인력 유입이 시작됐다 • 322

3. 보험과 신탁: 돌봄에 금융을 활용하다 • 327

간병보험은 유병장수 시대의 필수품이다 • 328 | 신탁으로 생전과 사후를 일임한다 • 331 | 돌봄과 금융이 만나면 시너지가 생긴다 • 335

4. 에이지테크: 나이듦의 불편을 덜어주는 기술들 • 339

에이지테크가 새로운 미래 산업으로 부상했다 • 339 | 에이지테크의 핵심 첨단 기술들은 무엇인가 • 343

5. 프랜차이즈 비즈니스: 돌봄의 노하우를 전수하는 비즈니스 • 347

돌봄 산업을 프랜차이즈화하는 기업들이 늘고 있다 • 348 | 국내 시니어 케어 프랜차이즈 산업에는 어떤 것들이 있는가 • 352

6. 시니어 하우징 컨설팅: 공간에 돌봄을 더하는 비즈니스 • 361

시니어 하우징 컨설팅 비즈니스란 무엇인가 • 362 | 시니어 하우징 컨설팅 비즈니스는 어떻게 하는가 • 363

**에필로그**
따뜻한 돌봄을 실현하는 든든한 동반자가 되겠습니다! • 369

# Silver Wave

실버 웨이브 1

## 고령 인구 1,000만이 만드는 파도

# 1
# 노인 포비아: 고령화의 불안감이 그 어느 나라보다 크다

산업화가 한창이던 1867년 영국 정부는 런던의 인구가 빠르게 늘어날 것을 예상했다. 과학자들을 불러 100년 뒤의 런던을 예측하게 했다. 과학자들은 인구 증가에 따른 마차의 증가를 예상했고 마차를 끄는 말도 늘어날 거라고 예측했다. 당연히 말의 똥도 늘어날 것이 뻔했다. 과학자들은 '길거리에 말똥이 1.8미터까지 쌓여 문제가 될 것'이라는 보고서를 제출했다. 그로부터 100년 뒤인 1967년의 영국에는 어떤 일이 벌어졌을까? 모든 도로에는 자동차들이 달리고 있었다. 엄청난 비관의 미래는 실현되지 않았다.

### 전 세계적으로 노인 포비아가 팽배하다

2025년 초고령사회를 맞는 대한민국에도 '실현되지 않을 디스토피아'에 대한 예측이 차고 넘친다. 초고령사회가 과연 대한민국의 미래를 암울하게만 할 것인가? 의문을 안고 이야기를 시작해

보자. 먼저 챗GPT에게 젊음과 노년에 대한 '연상어'를 물어보았다. 젊음에 대해서는 열정, 가능성, 자유, 변화, 꿈처럼 긍정적인 느낌과 변화를 받아들이는 과정에 대한 연상어가 많았다. 노년에 대해서는 퇴직, 은퇴, 고독, 건강, 회상, 소외 등 일선에서 물러난 후 홀로 사는 생활에 대한 연상어가 많았다. 집단 지성을 대표하는 위키피디아에는 '노인 포비아Gerontophobia'라는 단어가 등재돼 있다. 나이를 먹는 두려움과 노년에 마주할 질병, 경제적 곤궁, 가족과의 단절 등에 대한 부정적 심리와 공포심을 표현한 증후군을 말한다. 전 세계적으로 노인 포비아가 팽배하다. 노인 증가에 따른 우려는 상당히 오래전에 시작됐다. 고령화사회로 빠르게 진입하면서 높은 노인 빈곤율이 사회 전체의 안정과 발전을 위협하리라는 불안감이 팽배해 있다.

  1970년 우리나라의 65세 이상 노인 인구는 103만여 명으로 전체 인구의 3.31%에 그쳤다. 2000년까지도 337만 명으로 전체 인구의 7.1%를 차지했다(보건복지부 자료). 그러다 2010년 542만 명대(11.3%), 2020년 812만 명대(15.7%)로 인구수와 비율이 늘었다. 2025년 기준 1,024만 명대를 넘어섰으며 올해 안에 전체 인구의 21%까지 증가할 예정이다. 우리나라 고령화의 가장 큰 문제는 조로早老이다. 고령화사회(노인 인구 7%)에서 고령사회(14%)로 18년 걸렸고 고령사회에서 초고령사회(20%) 진입까지 6년이 걸렸다. 노인 인구가 7%에서 20%로 증가하는 데 24년이 걸린 것이다. 이는 2036년 초고령사회에 도달할 것으로 예상하는 미국이 94년, 독일이 77년, 일본이 36년 걸린 것과 비교했을 때 너무 짧은 기간이다. 세계에서 가장 빠르게 늙어가고 있으니 불안감도 어느 나라보다

**65세 이상 노인 인구 추이**

단위: %(비중), 만 명(인구)

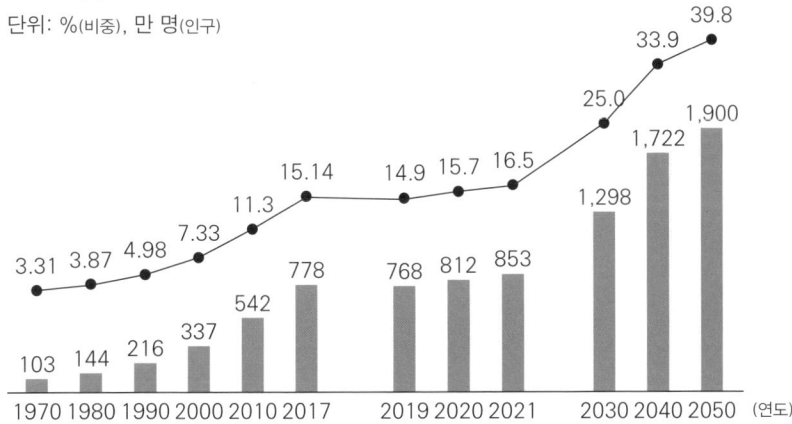

(자료: 통계청)

**국가별 초고령사회 진입 연도**

| 구분 | | 한국 | 독일 | 일본 | 미국 |
|---|---|---|---|---|---|
| 도달연도 | 고령화사회 | 2000년 | 1932년 | 1970년 | 1942년 |
| | 고령사회 | 2018년 | 1972년 | 1994년 | 2015년 |
| | 초고령사회 | 2024년 | 2009년 | 2006년 | 2036년 |
| 도달연수 | 고령사회 | 18 | 40 | 24 | 73 |
| | 초고령사회 | 6 | 37 | 12 | 21 |

(자료: 통계청)

크다.

우리보다 20년 앞서 초고령사회에 진입한 일본은 대표적 참조 국가이다. 2010년대 중반부터 일본에선 노후 파산에 대한 걱정이 극에 달했다. 2014년 NHK에서 「노인표류사회-'노후파산'의 현실」이라는 다큐멘터리를 방영해 일본 사회에 충격을 주었고 방송에서 다루지 못한 더 자세한 내용을 『노후파산』이라는 제목의 책으로 출간했다. 2015년에는 후지타 다카노리가 쓴 『하류노인』이란 책이 출간돼 일본 아마존 서점에서 베스트셀러 1위를 차지했다. 이 영향으로 2010년대 후반부터 '하류노인' '노후난민'이라는 신조어가 유행하기 시작했다.

"고령자의 빈곤은 죽음과 직결된다. 하루 두 끼밖에 먹지 못해 영양 상태가 나쁜 노인들이 보통이다. 또 병에 걸려도 병원에 가는 것을 망설이기 때문에 증상이 심해져서야 병원을 찾게 된다. 그리고 집을 방문해보면 주택 보수비가 없어서 벽, 천장, 창문에 구멍이 뚫린 채 외풍이 심한 환경에서 지내는 사람도 있다. 그들은 결코 연금을 받지 않는 사람들이 아니다. 일정 금액의 연금을 받는 사람들이다. 요컨대 받을 수 있는 연금이 감액될 수 있는 현역 세대는 연금만으로 충분한 생활을 유지하는 것은 거의 불가능하다."

『하류노인』의 국내 번역본인 『2020 하류노인이 온다』의 일부분이다. '나이듦'에 대한 사회적 공포를 몰고 온 『노후파산』과 『하류노인』 두 책은 노인들이 빈곤 속에서 살아갈 수밖에 없는 다양한 이유를 설명했다. 『노후파산』은 배우자의 사망, 월세 부담(전세 제도가 없는 일본은 자가가 없는 경우 매달 월세를 납부해야 하는데 부담이 상당하다), 질병이 노후에 파산을 불러오는 3가지 주요 요인이라 설명했다. 『하류노인』에서는 하류노인으로 전락하는 이들의 3가지 공통점을 3무로 표현했다. 지속적 수입, 충분한 저축, 의지할 사람, 이 세 가지가 없는 노인들은 경제적 어려움과 외로움 때문에 하류노인으로 쉽게 전락한다는 설명이다.

두 책의 출간과 비슷한 시기 일본의 위키피디아에는 '노후난민'이라는 신조어가 등재됐다. 이는 의식주 등에 필요한 서비스조차 받을 수 없거나 가족과 사회로부터 소외돼 일상생활에 큰 곤란을 겪는 고령자를 뜻한다.

두 책은 우리나라에서도 비슷한 파장을 일으켰다. 모두 출간 즉시 언론의 집중 조명을 받았다. 일본에서의 '노후난민'에 대한 주목은 우리나라에도 영향을 주어 히스테리에 가깝게 불안감을 고조시켰다. 당시까지만 해도 일본은 우리나라보다 고령자들의 생활이 안락하다고 알고 있었기 때문이다.

우리나라의 경우 고령화를 노인 개개인의 문제라기보다 가족 구성원 전체의 문제로 인식하는 경향이 강하다. 고령화에 따른 문제들도 가족 구성원이 연대해 함께 해결책을 찾아가려는 움직임이 많다. 이러한 정서는 1997년 제정된 「노인복지법」에도 그대로 투영됐다. 노인의 생활 안정과 건강 증진을 목적으로 한 「노인복지법」에는 발생 비용을 부양의무자가 납부해야 한다고 명시하고 있다. 여기서 '부양의무자'란 배우자, 직계비속, 직계비속의 배우자를 말한다.

'선 가정보호 후 사회보장'이라는 정책을 기본 방향으로 하고 노인 생존의 1차 방어선이 가족임을 천명한 법의 제정 배경은 충분히 이해가 간다. 전통적으로 가정은 집안일과 보육, 양육, 부양, 간병, 교육, 훈련, 금전적 지원까지 구성원들에게 무상으로 복지를 제공하는 공동체였다. 가족이 서로 도우며 풍요로운 생활을 유지해왔다고 해도 과언이 아니다. 오랫동안 함께 살아온 덕에 서로에 대한 이해가 높고 친밀감도 높다. 가족들의 보살핌을 받는 노후를 마다할 노인은 없을 것이다. 그러나 문제는 사회가 고령화되면서 부양의무자도 함께 늙고 있다는 것이다.

전통적 효 사상과 압축적 고령화가 맞물려 '노노老老케어'의 문제를 낳고 있다. 한국에서 베이비붐 세대는 1955년부터 1974년까

**한국의 베이비붐 세대 분포**

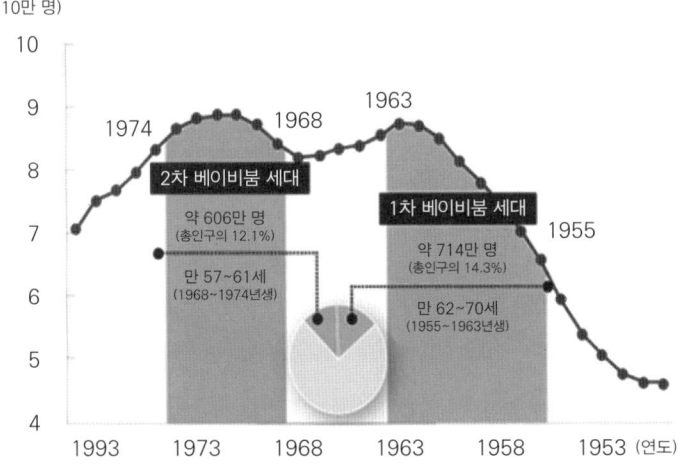

* 1차 베이비붐 세대 약 714만 명(총인구의 14.3%)
  1955~1963년생으로 현재 만 62~70세
* 2차 베이비붐 세대 약 606만 명(총인구의 12.1%)
  1968~1974년생으로 현재 만 57~61세

(자료: 삼성경제연구소)

지 태어났다. 이때 출생아는 한 해 90만 명이 넘었다(참고로 2023년 한 해 출생아는 23만 명에 그쳤다). 1차 베이비붐 세대(1955~1963년생)는 약 714만 명으로 전체 인구의 14.3%를 차지한다. 이들은 2023년에 법정 정년을 넘겼다. 2차 베이비붐 세대(1964~1974년생)는 약 606만 명으로 전체 인구의 12.1%이다. 1차와 2차를 합치면 약 1,320만 명으로 베이비붐 세대가 전체 인구의 26.4%를 차지한다. 이들은 은퇴 중이거나 은퇴를 앞두고 있다. 앞으로 10년간 대규모 은퇴가 지속될 예정이다. 고령의 남편이나 아내를 돌보는 부양자, 부모를 봉양하는 부양자 모두 늙고 있다. 부양의무자들의 경제적, 물리적, 정서적 자원이 말라갈수록 노인의 삶도 시들어갈 수밖에 없다.

'노인 포비아'에 대한 대안으로 '부양의 책임'을 부양의무자가 아니라 사회, 국가, 그리고 노인 개인이 나누어 감당하자는 목소리에 힘이 실리고 있다. 그동안 우리 사회에서 개인은 자신의 삶뿐만 아니라 윗세대와 아랫세대까지 지원하는 삼중고를 짊어져 왔다. 그러나 전통적 효 사상이 약해지고 국가 복지 개념이 확대되면서 "20년 양육을 60년 돌봄으로 갚는 효도를 불공정 거래로 인식하게 됐다."라는 반론도 제기되고 있다.

국가 복지 개념에서 가장 강조하는 것은 국가 안전망의 확충이다. 『하류노인』의 저자 역시 하류노인 양상의 주요 원인이 "가족의 도움을 전제로 한 연금제도"라고 지적했다. 가족들의 도움 없이 연금만으로 노후를 안전하게 보내는 것이 불가능하다는 것이다. 그러니 지출신이 현실회됐고 청년층을 둘러싼 취업, 고용, 산업의 변화도 나타난 지 오래다. 구성원이 줄면 가족 기능은 약해질 수밖에 없다. 가족의 붕괴 앞에서 속수무책으로 바라보고만 있을 수는 없다. 국가 안전망에 대한 목소리가 어느 때보다 높다.

노인 개인이 스스로를 책임지는 삶을 살아야 한다는 주장도 설득력을 얻고 있다. 신체적·정신적 건강, 경제적 기반, 사회적 관계망을 스스로 지켜나가자는 주장이다. 한국인의 가계 지출 비율을 살펴보면 40대엔 지출액의 30%를 자녀 교육비로 쓰고 50대엔 은퇴자금의 절반 이상을 자녀 결혼 비용으로 사용한다. 현재와 미래에 대한 예측이 '우울한 지표들' '가난한 노년' '고독한 죽음'으로 요약되는 마당에 스스로 노후 준비를 철저히 해야 한다는 문제의식도 커지고 있다. 이 같은 목소리에 힘입어 노년을 위한 건강 관련 상품, 연금 상품, 보험 상품 등도 활성화되리라는 예상이다.

### 인구 변화가 미치는 영향은 고정값이 아니다

지금까지 지난 반세기 동안 우리가 예상한 미래를 살펴보았다. 그러나 여기에는 몇 가지 변수와 사실이 빠져 있다. 인구 변화는 누구나 예상할 수 있는 숫자이다. 그러나 인구 변화가 개개인, 가정, 그리고 사회와 국가에 미치는 영향은 고정된 값이 아니다. 강물이 어떤 구비를 만나 요동칠지, 어떤 날씨를 맞아 출렁일지, 어떤 환경의 영향으로 성분이 변할지는 알 수 없다. 고령화가 경제성장 둔화를 일으켜 국가 차원의 문제가 되리라는 예상과 늘어난 노인 빈곤으로 상당수 노인의 삶뿐만 아니라 가정까지 파탄에 이르리라는 결론은 성급한 면이 적지 않다.

1890년 런던의 길거리에는 개인용 자동차가 처음 등장했다. 1907년에는 전기로 작동하는 트램이 운행되기 시작했다. 마차 수를 헤아리던 이들이 예상했던 문제는 일어나지 않았다. 노인 인구 1,000만 시대, 실버 웨이브가 몰려오는 우리나라에 "자동차나 트램 같은 획기적인 솔루션이 등장할까?"라는 의문이 들 수 있다. 시니어 토털 플랫폼을 운영하는 입장에서 "몇 가지 변수와 사실을 추가 확인하는 것만으로 상상했던 것과 다른 미래를 기대할 수 있다."라는 답을 전하고 싶다. 세부적인 이야기로 넘어가 보자.

# 2
# 노인 빈곤율 40%
## : OECD 발표 통계의 함정을 벗어나라

"폐지를 한가득 싣고 폐품 공장으로 향하는 노부부의 발걸음이 무겁다. 80대 노부부가 폐지를 팔아 하루 일당으로 받은 돈은 7,000원 남짓이다. 이렇게 부부는 한 달에 20만 원 정도를 모은다. 부부는 빠듯한 생활을 하고 있지만 자식들에게는 돈 이야기를 꺼내지 않는다. 그들의 삶도 녹록지 않기 때문이다.

노부부에게 가장 큰 걱정은 몸이 아픈 것이다. 병원비는 목돈이 들어간다. 주변에는 기초생활수급자로 마음 편히 병원을 다니는 이들도 있다. 그러나 노부부에게는 8평 남짓한 빌라가 있다. 이로 인해 기초생활수급자를 신청할 수 없다. 작은 빌라는 손주를 위해 마지막까지 붙들고 있는 자산이다. 노부부의 시름은 깊어만 간다."

EBS「100세 쇼크」(2017년 7월 25일 방영)에 소개된 노부부의 이야기다. 노인이 직면한 빈곤한 삶을 대변한다. 2023년 말 경제협력개발기구OECD에서 발표한 보고서 「한눈에 보는 연금 2023」에 제시된 우리나라 노인 빈곤율은 40.4%였다(2020년 기준). 경제협력개발기구 국가 평균인 14.2%의 3배를 넘어서는 압도적인 1위로 우리나라 노인들은 심각한 빈곤 상태에 놓여 있다. 여기에 대상을 76세 이상으로 한정하면 노인 빈곤율은 52%로 치솟는다. 우리나라 76세 이상 노인 두 명 중 한 명이 빈곤층이란 이야기다.

**경제협력개발기구 국가별 노인 빈곤율** (2020년)

| 구분 | 한국 | 일본 | 미국 | 호주 | 영국 |
|---|---|---|---|---|---|
| 노인빈곤율 | 40.4% | 20.2% | 22.8% | 22.6% | 13.1% |

(출처: OECD)

통계를 앞에 두고 주변의 시니어들을 헤아려 보았다. 알고 있는 시니어들 두 명 중 한 명꼴로 폐지를 줍는 빈곤한 삶을 살아가야 하는 것이 정상이나. 그러나 딱히 떠오르는 얼굴이 없다. '상식석 기준'에서 통계와 현실이 맞지 않는 이유를 찾아보았다. 해답은 경제협력개발기구의 통계에 맹점 혹은 허점이 있다는 것이었다.

구글에 경제협력개발기구와 노인 빈곤율을 검색해 넣으면 「한눈에 보는 연금 2023」의 PDF를 쉽게 내려받을 수 있다. 직접 확인한 노인 빈곤율의 실체는 이러하다. 경제협력개발기구에서 설명하는 노인 빈곤율은 '중위 가구의 처분가능소득* 대비 50% 미만인 비율'이다. 간단히 말해 중간 소득 이하의 비율이다. 이는 우리가 얼핏 떠올리는 '빈곤'과 맞지 않는 정의다. 우리나라에서 빈곤은 최

---

\* 개인의 의사에 따라 마음대로 쓸 수 있는 소득

저생계 기준에도 미치지 못하는 이들을 표현하는 단어다. 단순히 중간 이하의 소득을 버는 사람들을 이야기하지 않는다.

또 하나 '처분가능소득'이라는 단어의 의미도 확인해야 한다. 처분가능소득은 엄밀히 '수입$_{income}$'을 말한다. 당연히 자산은 포함되지 않는다. 강남에 빌딩이 있는 자산가도 당장 수입이 없다면 빈곤층으로 분류될 수 있다. '부동산 공화국'이라 할 만큼 자산 중 부동산 비율이 높은 우리나라에서 처분가능소득은 외국에 비해 중요도가 떨어진다.

그러면 왜 경제협력개발기구는 경제적 기준을 처분가능소득으로 삼을까? 기본적으로 경제협력개발기구 노인 빈곤율은 선진국들을 기준으로 하여 만들어진 것이다. 유럽과 북미 국가에서는 자산보다 현금 흐름을 중시한다. 우리 기준에서 보자면 몹시 불안정한 주거 형태인 월세 때문이나. 월세 임대차는 이들 국가에서 가장 일반적인 주거 형태다. 평생 집을 장만하지 않는 이들이 많다. 거기다 평균 주거비가 소득의 30%에 육박한다. 따라서 이들 국가에서 안정된 삶을 살아가자면 안정된 현금 흐름이 필요하다. 처분가능소득, 즉 수입이 높지 않으면 월세를 내지 못해 집에서 쫓겨날 수도 있기 때문이다.

### 처분가능소득은 적어도 자산 보유자는 많다

그러나 우리나라의 경우는 다르다. 주택점유 비중 중 자가가 50%를 넘는다. 나머지 점유 형태 중 전세와 무상(기타)이 50% 가까이 차지한다. 전체 주택점유 중 월세 비중은 23.7%에 그친다. 거기다 연령별 거주 형태를 분석해 보면 나이가 많을수록 자가 비

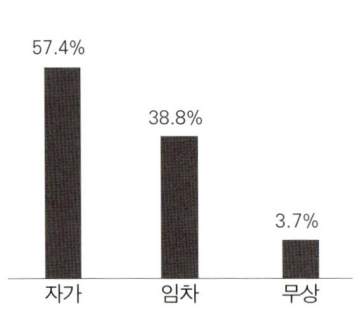
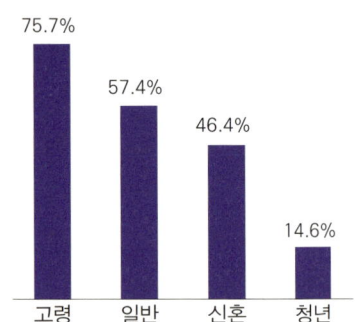

율이 올라간다. 65세 이상의 자가 비율은 75.7%에 이른다. 이런 특성 때문에 우리나라의 주거비는 경제협력개발기구 국가 중 가장 낮다. 통계청 자료에 따르면 우리나라의 소득 대비 주거비는 15.8%로 경제협력개발기구 국가 평균 20.5%에 한참 미치지 못한다.

좀 더 깊이 들어가보면 시니어들의 축적 자산도 상당하다. 우리나라의 '부 축적' 사이클을 보면 젊었을 때 벌어들인 소득으로 부동산을 매수하고 다시 팔아서 '목돈'을 마련하는 형태가 일반적이다. 선진국에서 젊었을 때 소득으로 미래의 연금을 준비하는 것과 매우 다르다. 우리나라에서 자산을 가진 시니어들은 대부분 집과 땅이 있다. 당장 처분가능소득은 적더라도 수십억 원대 자산을 보유한 시니어들이 많다. 실제 통계청 자료에 따르면 부동산이 자산에서 차지하는 비중은 82.4%이다(2022년 기준). 미국 38.7%, 유럽 60~70%보다 높다. 2024년 기준 가구주가 60세 이상인 가구의 평균 순자산액(자산-부채)은 5억 1,922만 원으로 나타났다.

한 일간지에서 소개한 '빈곤층 외삼촌'에 관한 이야기를 옮겨본다.

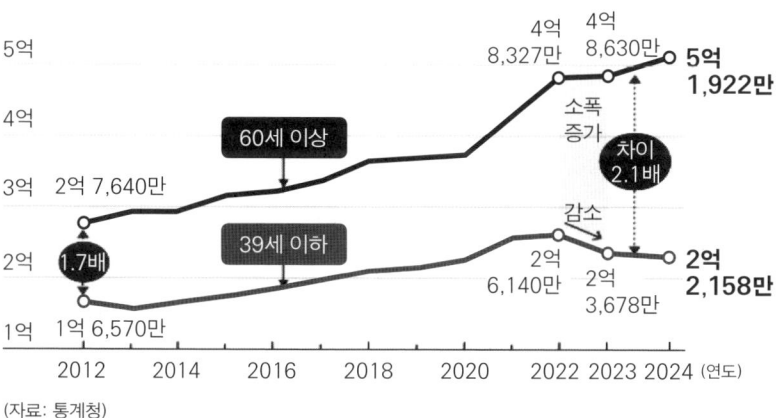

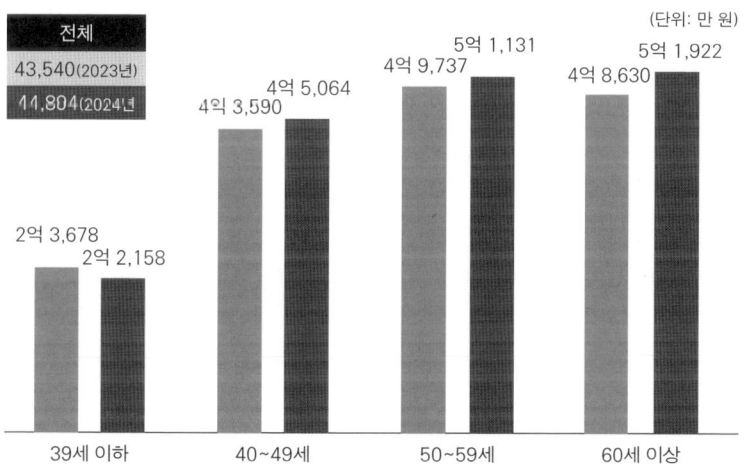

2024년 기준 60세 이상 고령자 가구 순자산은 5억 1,922만 원으로 40대의 4억 5,064만 원보다 높다. (자료:통계청)

"매달 연금을 포함해 약 90만 원의 소득으로 생활하는 70대 외삼촌은 통계 분류상 '빈곤층'이다. 그의 소득이 1인가구소득의 50%(중위값) 120만 원에 미치지 못하기 때문이다. 사실 90만 원

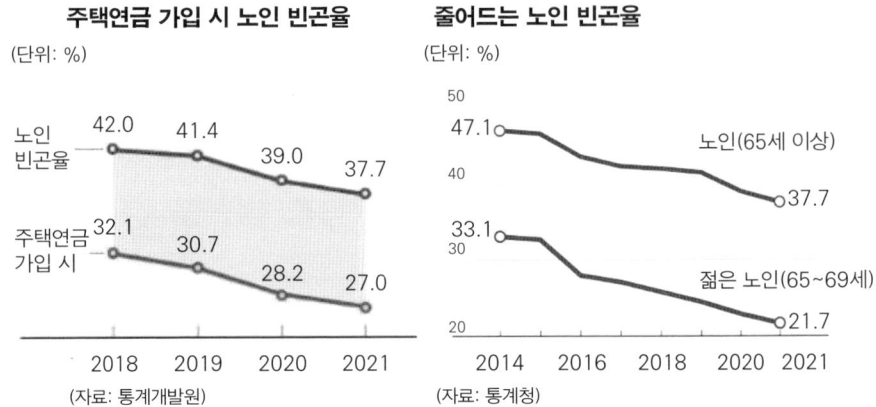

은 홀로 한 달 생계를 꾸리기에도 빠듯한 금액이다. 아파트 관리비를 내고 먹을거리를 사고 나면 남는 게 거의 없다고 아쉬운 소리를 하는 정도다. 그러나 외삼촌은 형제들 사이에서 알부자라는 소문이 돈다. 서울에 소유하고 있는 아파트는 매매가 10억 원을 웃돈다."

여러 상황을 고려할 때 우리나라의 노인 빈곤율은 크게 부풀려진 감이 있다. 통계청과 한국은행이 조사한 '가계금융복지조사'에 따르면 65세 이상 노인가구의 소득은 연 3,749만 원으로 전체 평균의 60% 수준이지만 순자산은 4억 5,364만 원으로 40대(4억 6,913만 원)와 비슷했다(2021년). 이들 보유 자산을 소득으로 환산하면 실제 빈곤율은 낮아질 수밖에 없다. 실제 주택 보유 고령층이 모두 주택연금에 가입할 경우를 시뮬레이션한 결과 노인 빈곤율은 37.7%에서 27%로 10%p 낮아졌다(2021년 기준).

### 젊은 노인은 소득이 증가하고 빈곤율이 낮아졌다

나아가 70대 미만의 '젊은 노인'의 노인 빈곤율은 크게 낮아지는

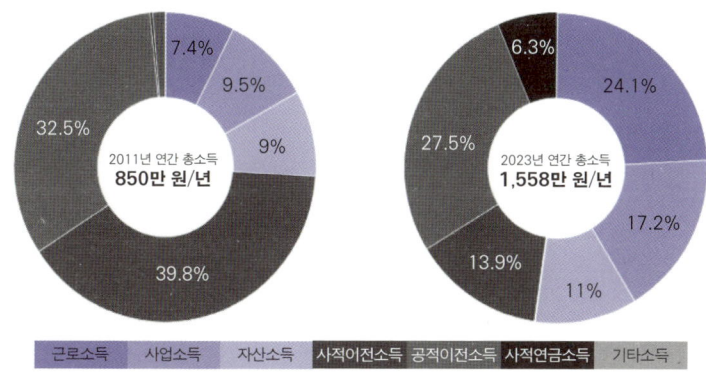

**2011년과 2023년 노인 연간 소득**

(자료: 노인실태조사, 보건복지부)

추세다. 베이비붐 세대 젊은 노인의 노인 빈곤율은 21.7%로 전체 노인 빈곤율 37.7%와 상당한 차이를 보였다(2021년 기준). 베이비붐 세대는 이전의 노인들과 달리 고도 성장기에 충분한 자산을 형성했고 자가에 거주하는 것만으로도 상당한 자산 상승 효과를 경험했다. 또한 1988년 도입한 국민연금으로 이전 세대와 달리 확실한 수입구조를 가지게 됐다. 게다가 은퇴 이후에도 사회 참여에 대한 의지가 높다.

이런 변화는 노인 실태조사에서도 확인할 수 있다. 2011년과 2023년 시니어들의 '연간 개인 소득'을 비교하면 2배 가까이 증가한 것으로 나타났다. 이는 시니어 세대의 소득이 독립적으로 변화한 덕분이다. 자녀로부터 받은 이전 소득은 감소한 반면 근로소득, 사업소득, 자산소득의 비중이 26%에서 52%로 급증했다. 장기적으로 베이비붐 세대가 시니어로 편입되면 빈곤 문제의 심각도가 점점 옅어질 것이다.

나이가 시니어의 일반적인 모습도 변화할 가능성이 크다. 이전의 노인은 '나이가 들어 늙은 사람'이었고 '늙다'는 것은 '한창때를 지나 쇠퇴하다'는 의미를 담고 있다. 그러나 베이비붐 세대가 노인 세대로 편입되면서 노인에 대한 고정관념도 변해가고 있다.

# 3
# 자립 노후
## : 고령 취업자가 증가하고 있다

"실컷 놀러 다니고 골프도 치고 지금까지 못 논 걸 다 놀아봤지. 그렇게 2년 살고 니니까 재미가 없더라고. 그래서 다시 '인생 30년 플랜'을 짜기 시작했지. 그리고 취직했어. 일해야겠더라고. 인생 30년 플랜의 첫 번째 목표가 '취직'이었어."

친구의 아버지는 국민연금을 받기 시작할 나이에 중견기업에 취직했다. 확실히 낮아진 급여에도 출근을 결정한 여러 이유가 있었다. 우선 자식들이 모두 성장해 목돈이 필요한 시기가 지나갔고 돈만을 위해 일하지 않아도 됐다. 아내도 "지하철 비용이 공짜라 출근할 맛이 날 것"이라며 남편의 출근을 반겼다. 다시 출근하는 남편 덕에 남은 시간을 자유롭게 쓸 수 있게 됐다고 했다. 친구의 아버지는 "주말이 기다려지는 생활이 좋다."라며 몇 년째 출근을 계속하고 있다.

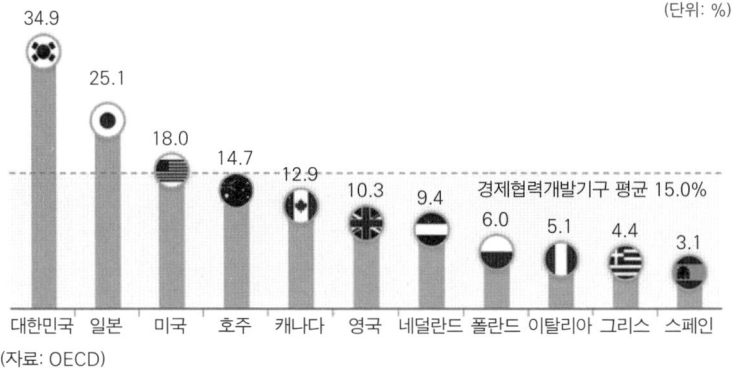

**경제협력개발기구 65세 이상 평균 고용률**(2021)
(단위: %)
(자료: OECD)

## 우리나라 65세 이상 취업률은 경제협력개발기구 1위다

우리나라 65세 이상 시니어들의 취업률은 2021년 기준 경제협력개발기구 38개국 중 단연 1위이다. 2023년에는 더욱 증가해 38.3%를 기록했다. 언론에서는 "노인들이 부족한 생활비 때문에 일을 내려놓지 못한다."라며 다소 측은한 심정으로 기사를 쓰고 있다. 빈곤 상태에 놓인 노인들의 처절한 노동 현장을 조명하기도 한다. 그러나 주변의 은퇴자들을 돌아보면 "정말 우리나라 노인들이 단순히 돈 때문에 힘든 노동을 참아가며 살고 있는 것일까?" 의문이 든다.

2023년 통계청이 발표한 노인의 근로 희망사유는 '생활비 마련을 위해서'(57.1%), '일하는 즐거움'(34.7%), '무료해서'(4.1%) 순으로 나타났다. 맞다. 생활비 마련을 위해서라고 답한 비율이 높았다. 그러나 노인의 근로 희망 사유는 일반 성인의 근로 희망 사유와 크게 다르지 않다. 어느 세대든 '일의 의미'를 물으면 절반 이상이 "보수를 받기 위한 수난"이라고 답한다. 노인의 근로에 대해서만 '하기 싫은 일을 돈 때문에 억지로 하는 것'이라는 선입견을 품을 필요는 없다. 갈수록 일하는 시니어들이 늘어나는 데는 또 다른 이유가 있는 것은 아닌지 살펴볼 필요가 있다.

2022년『조선일보』에서 4060 성인 남녀 900여 명에게 "언제까지 일하고 싶은가?"를 물었다. '70세까지 일하고 싶다.'라는 응답이 전체의 21.8%로 가장 많았고 65세(18.7%), 75세(11.1%) 순이었다. '죽기 전날까지 일하고 싶다.'라는 응답도 7.1%나 차지했다.

노년에 일하고 싶은 이유에 대해서는 '삶이 무료할 것 같아서'(41.5%)가 가장 많았다. 우리나라 장년층은 우두커니 집에 앉아 아무것도 하지 않고 지내기보다 밖에 나가서 무슨 일이라도 하겠다는 의지가 강하다. 다음으로 '연금만 갖고서는 부족해서'(31.2%), '건강 유지를 위해서'(30.2%), '일하는 보람을 느끼기 위해서'(27%) 순이었다.

노년에 일하는 이유는 크게 금전적 이유, 네트워크 유지, 시간 관리 3가지였다. 김동연 미래에셋 본부장은 나이가 들면서 달라지는 일의 의미에 대해 "20~30대엔 일자리$_{job}$이지만 40대엔 커리어$_{career}$로 변하고 50~60대엔 소명$_{calling}$으로 바뀐다. 70대에는 어딘가에 고용돼야만 쓸모가 있는 '직장인'에서 전문 지식이 필요한 '직업인'으로의 변신이 중요하다."라고 덧붙였다.

우리보다 앞서 초고령사회에 돌입한 일본에서는 이미 '평생현역'이라는 말이 일반화됐다. 1998년 법정 정년을 만 55세에서 60세로 늦췄으며 2000년부터 고령자 고용안정법을 개정해 65세까지 정년 연장을 유도했다. 회사에서도 노년에 대해 '일을 함께하기 곤란한 노동자'가 아니라 '노련한 근로자'라는 인식이 많아지고

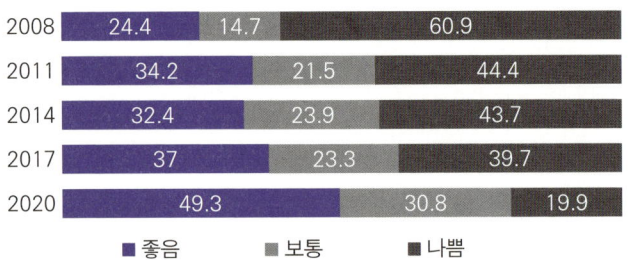

(자료: 보건복지부)

있다. 덕분에 일본의 60~64세 고령자 취업률은 2000년 51%에서 2020년 71%로 치솟았다. 2022년에는 '100세 정년'을 도입한 회사도 나타났다. 60세 이후 1년씩 갱신해 100세까지 일할 수 있게 구조를 바꾸었고 회사에서는 연 2회 건강진단을 제공하고 의사와 정기면담으로 무리 없이 일할 수 있는 환경을 만들고 있다.

또한 고령자 취업 증가의 근본적 원인은 시니어들의 건강과 체력 개선에서도 찾을 수 있다. 지난 수십 년간 우리나라 노인들의 '주관적' 건강 상태는 꾸준히 좋아졌다. 2008년에는 '건강이 좋다.'라고 답한 비율이 24.4%에 그쳤으나 2020년에는 49.3%까지 올라왔다. 양호한 건강 상태는 적극적인 보건 정책의 결과이기도 하다. 2002년부터 전 국민을 대상으로 국가건강검진이 실시됐다. 평균 진료율은 80%에 육박한다. 국가건강검진의 일반화로 '스스로 건강을 챙기는 문화'도 확산됐다.

또한 지상파는 물론 다양한 채널에서 건강 프로를 정규 편성해 건강 정보를 끊임없이 생산 보급하고 있다. 나이 들어가는 베이비붐 세대가 주요 시청자이다. KBS「생로병사의 비밀」, EBS「명의」「귀하신 몸」, MBC「기분 좋은날」등 다양한 건강 프로에서는 건강관리의 중요성을 강조한다. "노화Aging는 피할 수 없지만 노쇠Frailty는 막을 수 있다."라는 것이 의사들의 일관된 설명이다. 실제 운동, 영양 섭취, 노쇠 조기 진단 등으로 노쇠를 예방하고 속도를 늦추는 시니어들이 많아지고 있다. 요즘 시니어들 사이에선 신체 나이는 자신의 나이에서 15세 뺀 것이라는 이야기까지 나온다.

### 노인이라고 부를 수 없는 노인들이 많아진다

노인들 스스로도 기준 연령을 올려야 한다는 생각이 일반적이다. 2023년 노인실태조사에서 '노인들이 생각하는 노인 연령'은 평균 71.6세였다. 이는 2016년과 2018년 조사에서도 "몇 세부터 노인이라고 생각하는가?"라는 질문에 70~74세로 답한 이들이 가장 많았다. 75세 이상은 돼야 노인이라고 여기는 비율도 확연히 높아졌다. 같은 맥락에서 노인을 '장래연령prospective age'으로 정해야 한다는 목소리도 힘을 얻고 있다. '기대여명期待餘命 등가연령等價年齡'의 원칙으로 앞으로 살아 있을 것이라 기대할 수 있는 기간, 즉 '기대여명'이 같으면 '동일 연령'으로 보자는 말이다.

1980년대까지만 해도 '환갑잔치'는 일반적인 가족행사였다. 그러나 요즘 환갑잔치를 하는 사람은 거의 없다. 스스로는 물론 가족들도 60세인 환갑은 노년이 아니라고 생각한다. 이 배경에는 늙음의 기준을 단순히 나이가 아니라 장래연령으로 보는 시각도 담겨 있다. 실제 연령과 장래연령을 비교해 보자. 1980년 기대수명은 남녀 평균 66.15세지만 2023년의 기대수명은 남녀 평균 83.5세까지 늘어났다. 1980년에 환갑을 맞은 노인의 여생은 약 6년이었다.

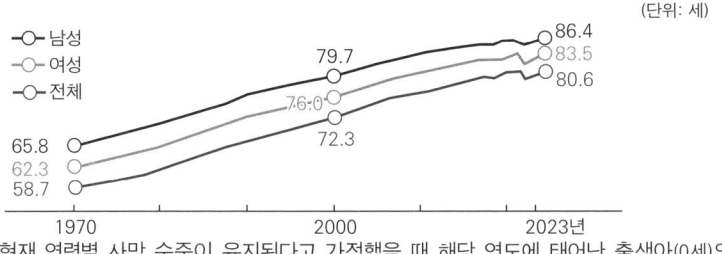

현재 연령별 사망 수준이 유지된다고 가정했을 때 해당 연도에 태어난 출생아(0세)의 기대수명 (자료: 통계청)

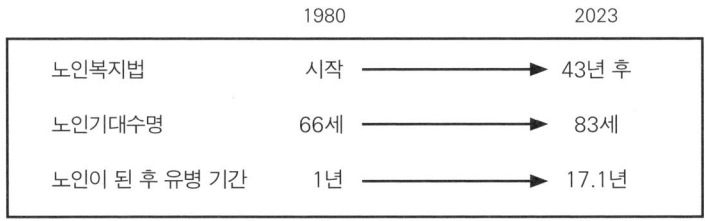

(자료: 통계청, 생명표 국가승인통계 101035호)

따라서 2023년에 여생이 약 6년인 77세가 1980년의 환갑과 같은 나이가 된다.

장래연령을 기준으로 2023년의 77세는 1980년의 60세와 같은 나이가 된다. "살 날이 6년밖에 안 남은 60세와 살 날이 23년이나 남은 60세는 같은 '노인'이 아니다."라고 말하는 노인들도 많다. 살아갈 날이 많다고 생각할수록 더 적극적이고 더 열정적이다. 장래연령을 기준으로 보자면 노인들은 기대수명이 늘어난 지난 반세기 동안 꾸준히 젊어졌다. "70은 이제 노인도 아냐!"라는 어르신들의 말씀은 허언이 아니다. 노인이라고 부를 수 없는 노인들이 많아지는 것도 이 때문이다.

일을 '노동'이 아니라 '삶의 가치를 실현하는 과정'으로 대하는 노년층도 많아지고 있다. 「2023 고령자 통계」에 따르면 일하는 노인들은 그렇지 않은 노인들보다 삶의 질이 높다고 답했다. 일하는 노인들은 자신의 건강 상태를 긍정적으로 평가하고(취업자 37.5% vs 비취업자 21.9%), 일상에서 스트레스도 덜 느낀다(취업자 34.4% vs 비취업자 36.4%)고 답했다. 흥미로운 점 하나는 취업자 10명 중 8명(81.9%)은 자녀와의 동거를 희망하지 않았다는 점이다. 비취업자의 수치(72.9%)보다 9.0%p 높았다. 경제적 능력을 유지할수록 자립적인 삶을 유지하려는 욕구가 큰 것을 알 수 있다.

자립이란 '남에게 예속되거나 의지하지 않고 스스로 서는 것'을 이야기한다. 과거에는 나이가 든 부모를 봉양하며 효를 다하는 것이 당연한 이치라고 생각했다. 그러나 이러한 풍경도 이미 많이 변화했다. 나이가 들어도 건강한 몸으로 노동을 유지하며 자립해 살아가는 시니어들이 새로운 풍경을 만들고 있다.

또한 다양한 연구에서 노년기에도 노동을 유지할 수 있는 능력이 충분하다는 것이 확인되고 있다. 미국 오하이오주립대학교 연구팀은 "인간의 창조성이 20대에 정점을 찍은 뒤 50대에 또다시 정점을 찍는다."라는 결과를 발표했다. 사람들이 경력을 시작할 무렵에는 인지 능력에만 의존해 일을 처리하다가 점차 뇌의 속도가 느려지기 시작하면 경험을 활용해 보완하는 방법을 찾아낸다고 한다. 노년의 창조력은 일을 즐겁고 효율적으로 해낼 수 있는 자원이 되고 있다. 바야흐로 경험과 지혜로 자립 노후를 살아가는 시니어들의 전성시대가 도래하고 있다.

# 4
# 액티브 시니어
## : 새로운 노인이 온다

'액티브 시니어Active Senior'란 은퇴 후에도 활발한 사회, 여가, 소비 활동을 즐기며 능동적으로 생활하는 통상 50세 이상의 인구를 칭한다. 미국 시카고대학교 심리학과 버니스 뉴가튼 교수가 저서 『나이듦의 의미』에서 소개한 이후 화제가 된 신조어이다. 뉴가튼 교수는 "오늘의 노인은 어제의 노인과 다르다."라며 55세 정년을 기점으로 75세까지를 '젊은 노인young old'으로 구분했다. 또한 젊은 노인을 4가지 유형으로 구분했다. 은퇴를 앞둔 '프리 시니어Pre-Senior', 액티브 시니어Active Senior, 경제력이 약하고 소비 수준이 낮은 '어더 시니어Other Senior', 자녀에 의존하는 쇠약한 '실버Silver'다. 2000년대 초반부터 일본에서는 액티브 시니어를 젊은 노인의 대명사로 부르고 있다.

**기존 시니어 vs 액티브 시니어**

| 구분 | 기존 시니어 | 액티브 시니어 |
|---|---|---|
| 세대특징 | 수동적, 보수적 | 적극적, 미래지향적 |
| 경제력 | 경제적 보유층이 적음 | 경제적 보유층이 두터움 |
| 노년의식 | 인생의 황혼기 | 새로운 인생의 시작 |
| 가치관 | 본인을 노년층으로 인식 | 실제보다 5~10년 젊다고 생각 |
| 소비관 | 검소함 | 합리적인 소비생활 |
| 취미활동 | 취미 없음 | 다양한 취미 |
| 노후준비 | 자녀세대에 의존 | 스스로 노후 준비 |
| 보유자산 | 자녀에게 상속 | 자신의 노후를 위해 사용 |

(자료: 산업연구원, 2016, NH투자증권 100세시대연구소)

### 액티브 시니어가 실버 웨이브의 주역이 된다

액티브 시니어는 적극적이고 미래지향적인 세대다. 경제적으로 여유가 있고 정서적으로는 노년기를 새로운 인생의 시작으로 본다. 스스로를 젊다고 생각하고 합리적인 소비, 다양한 취미, 노후 준비에 관심이 있고 자녀가 아니라 자신을 위해 자산을 사용하는 데서도 기존 시니어와 차이를 보인다.

우리나라의 경우 은퇴를 경험하기 시작한 베이비붐 세대(1955~1963년생)를 대표적 액티브 시니어라 할 수 있다. 2019년 LG경영연구원은 액티브 시니어에 대해 '탄탄한 경제력을 기반으로 나 중심의 선택적 소비할 것'이라는 보고서를 낸 바 있다. 은퇴 후에도 건강과 외모를 꾸준히 관리하고 경제적으로 여유가 있으며 적극적인 소비, 여가, 문화 생활을 즐길 것이라는 내용이 담겨 있다. 자기계발과 사회 문제에도 관심이 많고 정신적 측면에서도 혈기 왕성한 성향을 띨 것으로 보인다. 연금이나 자녀 용돈에 의존해 노년을 보내는 기존의 실버 세대와 뚜렷하게 구별되는 부분이다.

언론과 산업에서 액티브 시니어에 관심을 두는 이유는 실버 웨이브의 주역으로 주목받기 때문이다. 통계청 잠재 인구 추계에 따르면 55~69세 사이 인구, 즉 액티브 시니어 성향이 높은 연령이 2029년경 전체 인구의 24.7%를 차지할 것으로 예상된다. 25~39세의 청년과 비교하면 인구 비율이 2022년 기준 1.1배에서 2057년 2.1배까지 꾸준히 늘어난다. 액티브 시니어는 거대한 소비 집단이 될 전망이다. 영국 시사주간지 『이코노미스트』도 「2020년 세계경제대전망」 보고서에서 "만 65~75세 젊은 노인들의 전성시대가 도래했다."라고 하며 "그들의 선택이 앞으로 소비재, 서비스, 금융시장을 뒤흔들 것"이라고 전망하기도 했다.

### 산업의 주요 타깃이 중장년으로 옮겨간다

2007년 세계에서 가장 먼저 초고령사회에 진입한 고령화 선진국 일본에서도 액티브 시니어의 활약은 상당하다. 베이비붐 세대인 단카이團塊 세대가 대표적 액티브 시니어로 꼽힌다. 단카이 세대란 제2차 세계대전 이후 1947년부터 1949년까지 태어난 베이비붐 세대로 일본 인구의 약 680만 명이 여기에 해당한다. 단카이 세대는 2007~2008년 정년을 맞았으나 아직 500만 명 이상은 일을 하는 것으로 나타났다. 일본의 액티브시니어협회는 액티브 시니어를 전기고령자(65~75세)로 정의하고 특징을 "전후에 태어나 교육받았으며 고도 성장기를 경험하고 평생 현역을 지향한다."라고 정의했다. 우리나라의 베이비붐 세대와 일맥상통하는 내용이다. 또한 단카이 세대는 일본 총인구의 13%, 65세 이상 고령 인구(3,620만 명)의 46%를 차지하며 두터운 수요층으로 자리매김했다(2023년 기준).

일본 기업들은 액티브 시니어에 주목하며 이들을 대상으로 한 제품과 서비스를 내놓는 '시니어 시프트Senior Shift'를 진행하고 있다. 시니어 시프트란 고령화사회로 진입하면서 산업의 주요 타깃이 중장년 계층으로 옮겨가는 현상이다. 과거 시니어를 복지의 수혜자로만 보았지만 이제는 소비의 주체로 보는 '시각과 관점의 변화'가 나타나고 있다. 기업들도 액티브 시니어의 증가와 높은 구매력에 주목하고 제품과 서비스를 개발하며 마케팅 전략을 집중하고 있다. 시니어 시프트는 일본의 중요한 산업적 변곡점이 되고 있다.

장기간 저성장에 빠져 있던 일본 기업들은 시니어 소비자들의 기호에 맞는 제품과 서비스를 내놓으며 안정적인 성장을 일궈내고 있다. 단카이 세대가 시니어로 변모하면서 일본 역시 효에 대한 기본 생각들이 변화했다. 이전에는 부모를 직접 봉양해야 한다는 의무감이 강했다. 하지만 단카이 세대는 '사회 시스템과 돌봄서비스를 이용하는 경향'이 강하다. 물론 여기에는 개호보험의 확산도 한몫했다. 또한 단카이 세대는 은퇴 후에도 사회적 활동과 관계를 유지하길 바란다. 이를 위해 돌봄서비스를 적극적으로 외주화한다. 이러한 트렌드로 인해 일본의 돌봄 산업은 빠르게 성장해 왔다.

우리나라에서도 액티브 시니어 시장에 관심과 러브콜이 뜨겁다. 우리나라에서는 액티브 시니어 이전에 오팔(OPAL, Old People with Active Live) 세대라는 용어가 주목받았다. 고령화사회의 주역으로 떠오른 5060세대를 지칭하는 말로 신중년으로도 불린다. 서울대학교 소비자학과 김난도 교수가 『트렌드 코리아 2020』에서 주목해야 할 10대 소비 트렌드의 하나로 지목했다. 액티브 시니어는 건강 상태, 자산 규모, 삶의 가치 모든 면에서 확실한 차별점을 보인다. 이들은 경제 성장이 활발했던 국가적 고성장기, 즉 이전 세대보다 물질적 가치와 경제 성장의 가치가 더 높아진 시기에 청장년기를 보냈다. 자기 자신을 가꾸고 인생을 행복하게 살기 위해 노력하며 활력 있는 삶을 추구한다. 은퇴 이후에도 사회 참여에 대한 의지가 높다.

이러한 액티브 시니어의 소비 규모를 기준으로 볼 때 시니어를 대상으로 한 시장은 성장할 수밖에 없다는 예측이 지배적이다. 55~69세 전체의 소비지출 금액은 25~39세 전체가 소비하는 금액의 0.9배로 15년 전 0.4배 수준에 비하면 2배 이상 뛰었다. 과거 고령층과 달리 액티브 시니어는 자신을 가꾸고 문화생활을 즐기는 등 활발한 소비력을 보이기 때문이다.

일례로 서울문화재단이 발표한 「2018년 서울시민문화향유 실태조사」에 따르면 문화 활동이 가장 활발한 연령대가 50대(남성 77%, 여성 88.5% · 연긴 문화 활동 관람률)로 나왔다. 20대(남성 66.3%, 여성 66%)보다 높은 수준이었다. 앱 분석업체 통계에 따르면 50대 이상의 월평균 유튜브 이용 시간은 20시간 6분으로 20대의 31시간 22분보다는 적지만 30대의 18시간 25분보다는 많았다. 신기술에 능통한 50대가 늘어나면서 모바일 금융거래도 빠르게 증가했다. 이들도 곧 60대가 되어 액티브 시니어에 합류하게 된다.

또한 가계 동향 조사에 따르면 2011년 대비 2023년 노인들의 소비에서 식료품 등의 구입은 줄고 음식·숙박 사용은 늘었다. 집에서 직접 식사를 준비하는 대신 외식을 하며 시간과 노력을 줄이고 여행을 즐겨하는 형태로 변화한 것이다. 이제 일반적인 노년의 삶은 마지막을 차지하는 몇 년을 제외하면 자립석이고 수체적인 모

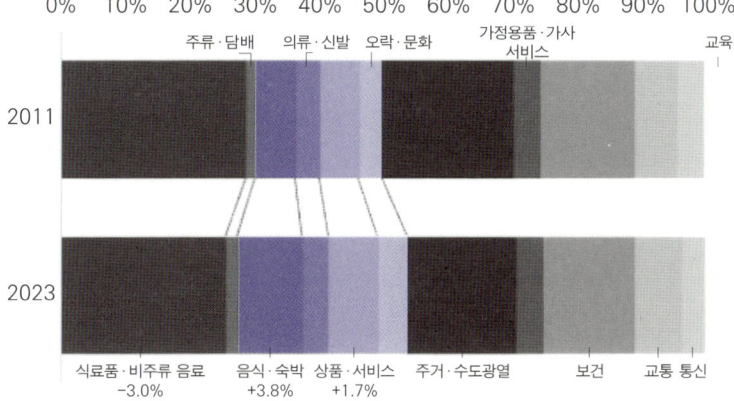

습이 될 것이다.

국내 기업의 시니어 시프트 역시 사업 전반에서 활발하게 나타나고 있다. 대기업들은 신규 브랜드 론칭, 법인 설립 등을 통해 시니어 시장 진출을 준비하고 스타트업들은 시니어 교육, 돌봄, 주거 사업에서 새로운 먹을거리를 만들어내고 있다. 건강한 라이프스타일을 제안하는 제품과 서비스, 시니어 세대의 관심도가 높은 건강과 행복을 테마로 한 콘텐츠 사업 등이 눈에 띈다. 노인 돌봄, 치매 예방 교육, 출판 등 시니어를 고려한 사업 역시 진화하고 있다. 다만 아직은 눈에 띄는 성과가 나오지 않아 위기와 기회가 공존한다는 평가가 일반적이다.

# 5
# 돌봄서비스
# : 유병장수의 시대다

'노인 돌봄'은 초고령사회를 두렵게 하는 가장 큰 이유이다. 현실을 살아가는 개개인에게 저출산·고령화로 대한민국의 성장 동력이 사라진다는 말은 '잠재적 위험'일 뿐이다. 일상을 살다 보면 문제들은 금세 잊혀진다. 그러나 '유병장수 시대의 도래'는 다르다. 당장 자신의 부모님이나 배우자가 질병에 걸려 돌봄을 시작해야 한다거나 자신에게 병이 생겨 누군가의 돌봄을 받아야 한다는 상상만 해도 정신이 아득해진다. 건강보험이나 노인장기요양보험처럼 국가적 안전망이 있다는 것은 알지만 안심이 되지는 않는다. 돌봄은 실버 웨이브 시대에 개개인이 경험하는 가장 현실적 고민이다.

노쇠는 누구에게나 찾아온다. 대표적 증상은 골격근이 감소하면서 운동 능력이 떨어지고 면역 체계 역시 약화되는 것이다. 시각, 청각, 미각 등 감각기관의 민감도도 떨어진다. 흔히 "어머니의 음식이 짜지기 시작하면 나이가 드신 것"이라는 말이 있다. 그러나

**출생연도별·성별 기대수명**

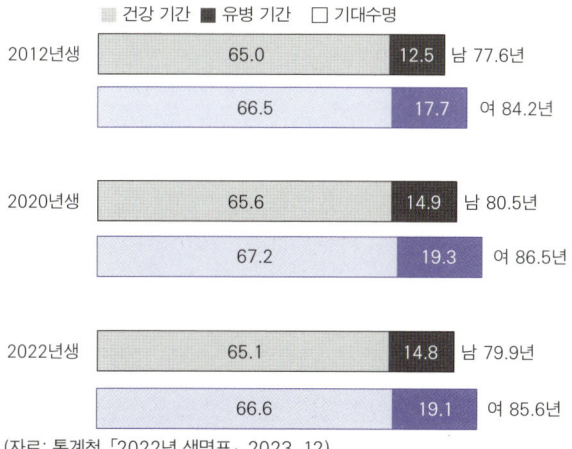

(자료: 통계청, 「2022년 생명표」, 2023. 12)

가장 먼저 기능이 떨어지는 것은 시력이다. 60세 이후부터는 야간 시각에도 문제가 생긴다. 백내장, 녹내장 유병률도 증가한다. 청각은 70세부터 30% 징도를 느끼지 못한다. 80대부터는 난청을 잃는 이가 절반이 넘는다.

고혈압, 당뇨, 고지혈증 등 만성질환의 발병도 노쇠와 관련이 깊다. 우리나라 노인 중 한 개 이상의 만성질환을 앓는 비율은 70%이다. 이러한 질병은 건강수명을 단축시킨다. 평균수명에서 질병을 앓거나 부상을 입은 기간을 뺀 건강수명이 짧아지는 것을 누구도 바라지 않는다. 그러나 2023년 통계청에서 발표한 건강수명은 남녀 모두 66세 안팎이다. 평균적으로 대한민국 남녀는 사망 전 14년에서 19년까지의 유병 기간을 보낸다.

그러나 암울한 예고에 겁부터 먹을 필요는 없다. 우리나라의 건강수명은 통계마다 조금씩 차이를 보이는데 통계청에서 발표한 「국민 삶의 질 2021」에서는 '한국인의 건강수명은 경제협력개발기구 평균 70.3세보다 2.8세 많은 73.1세'라고 보고하고 있다. 이처럼 통계마다 건강수명이 차이 나는 이유는 설문 조건이 조금씩 다르기 때문이다. 일례로 유병 기간이란 질병이 있고 치료를 진행하는 전체 기간을 말한다. 고혈압약을 한 알만 먹어도 유병 기간에 포함된다. 만일 직장생활을 하는 중 고혈압약을 먹고 있다면 이 또한 유병 기간에 포함된다. 질병에도 경중이 있건만 고려하지 않는다.

보통 사람들이 떠올리는 유병 기간은 비강에 영양 튜브를 끼고 침상에서 생활하는 기간이다. 실제로 임종을 앞두고 병원에서 보내는 기간은 약 2년 정도에 불과하다. 엄밀히는 국민건강보험공단에서 밝힌 우리나라 노인들의 요양병원이나 요양원 입원 일수가 707일이므로 2년이 채 되지 않는다.

다양한 정보를 종합해 보면 우리나라 사람들의 평균 건강수명은 70~75세로 보인다. 몇 년 전 미국 워싱턴대학교 건강측정평가연구소IHME에서 예측한 우리나라 사람들의 건강수명도 70.3세였다. 앞서서 장수 시대를 맞고 있는 일본도 남성 평균 72세, 여성 평균 75세의 건강수명을 살고 있다. 유병 기간은 남성 9년, 여성 12년으로 우리나라 노인들보다 짧게 나타났다. 향후 우리나라 시니어들의 건강관리 습관이 개선되면 이와 유사해지리라 예상한다.

### 유병장수 시대에는 어떤 제도들이 있나

유병장수 시대에 맞춰 우리나라는 어떤 준비를 하고 있는가? 장기요양보험은 노인 돌봄을 책임지는 대표적인 제도다. 2008년 7월에 시작돼 벌써 17년을 맞았다. 국민연금, 국민건강보험, 고용보험, 산업재해보상보험에 이어 다섯 번째로 만들어진 사회보험으로

2023년 기준 약 110만 명의 이용자에게 약 14조 5,000억 원의 공단부담금을 집행했다.

### 노인장기요양보험

65세 이상의 노인이나 노인성 질환을 가진 사람에게 신체 활동, 가사 활동, 인지 활동 지원 등의 장기요양급여를 제공하는 사회보험제도이다. 배설, 목욕 등의 신체 중심 서비스, 일상 가사 중심형 서비스, 의료 중심형 서비스를 제공한다.

### 노인장기요양보험의 급여 종류

1. 재가급여: 가정에서 돌봄을 받는 것을 지원하는 급여다. 방문요양, 방문목욕, 방문간호, 주야간보호, 단기보호 등이 있다.
2. 시설급여: 노인의료복지시설에 장기간 입소해 신체활동에 도움을 받고 심신 기능의 유지와 향상을 위한 교육과 훈련 등을 받을 수 있는 요양급여다.
3. 특별현금급여: 가족요양비, 특례요양비, 요양병원 간병비 등을 직접 지급하는 서비스다.

우리나라의 노인장기요양보험은 일본의 개호보험을 모태로 하고 있다. 일본어에서 개호介護란 신체나 정신 장애로 일상생활을 영위하는 데 지장이 있는 고령자와 장애인에게 사회적 인간으로서 지장 없이 살아갈 수 있도록 입욕, 배변, 식사 등을 지원하는 생활 돌봄을 말한다. 우리의 간호나 요양과 비슷한 단어로 생각할 수 있다. 다만 간호가 전문 자격이 있는 사람이 하는 의료행위라면 개호는 그보다는 좀 더 포괄적인 의미로 쓰인다. 반드시 전문 의료인이 아니더라도 제공할 수 있는 생활 돌봄 전반을 의미한다. 일본은 자신들보다 앞서 고령화와 의료비 증가 문제를 경험한 독일이 사회보험 형태로 이를 해결한 것을 보고 개호보험을 만들어 2000년 4월에 도입했다. 일본 개호보험이 인정심사회에서 인정 여부와 등급을 결정하듯이 우리나라의 노인장기요양보험도 등급판정위원회에서 신청자의 상태를 심사해 등급을 판정한다.

노인장기요양보험의 관리 주체는 국민건강보험공단으로 신청자의 상태에 따라 1~5등급 및 인지지원등급으로 구분해 급여를 차등 지급한다. 요양이 필요하다고 신청한 노인은 가정과 시설에서 재가요양 서비스와 생활보조 서비스 등을 받을 수 있다.

일본의 개호보험에서 흥미로운 점은 실시 배경이다. 표면적으로는 치매나 질병을 앓는 노인들을 돌보기 위해 개호보험이 도입된 것이 맞다. 그러나 보다 근본적인 이유를 살펴보면 부모와 가족의 개호를 위해 근로 현장을 떠나는 노동자들의 이탈을 막기 위해서 실시하게 됐다는 것이 전문가의 설명이다.

아직도 일본에서는 매해 약 15만 명의 근로자가 부모와 배우자의 개호를 위해 직장을 떠나고 있다. 일본은 개호를 위한 휴직제도, 휴가제도, 단시간 근무제도 등을 도입하고 대상자에게 24시간 서비스를 제공하는 지역포괄케어시스템까지 추가해 활용하고 있다. 하지만 개호로 인한 노동력 이탈을 완전히 막지는 못하는 상황이다.

개호를 위한 이직과 퇴직이 개호보험을 실시할 만큼 커다란 사회 문제로 떠오른 데는 저출산과 비혼화의 영향도 크다. 2014년 일

**한국과 일본의 노인장기요양보험 비교**

| 구분 | 한국 | 일본 |
|---|---|---|
| 제도명 | 노인장기요양보험 | 개호보험 |
| 시행 시기 | 2008년 7월 | 2000년 4월 |
| 시행 당시 노인 인구 비율 | 10.3% | 17.5% |
| 노인 인구 비율 (2024년) | 19.2% | 29.3% |
| 급여 대상 | -65세 이상<br>-65세 미만 중 노인성 질환자 | -65세 이상<br>-40~64세 노인성 질환자 |
| 재원 조달 | -보험료<br>-국고: 보험 예상 수입액의 20%<br>-본인 부담: 15% 또는 20% | -보험료: 45%<br>-정부 지원: 45%<br>(중앙 22.5%, 지방 22.5%)<br>-본인 부담: 10% |
| 본인 부담 | -재가 15%<br>-시설 20% | -재가 10%<br>-시설 10% |
| 고령화사회 (노인 인구 비율 7% 이상) | 2000년 | 1970년 |
| 고령사회 (노인 인구 비율 14% 이상) | 2017년 | 1994년 |
| 초고령사회 (노인 인구 비율 20% 이상) | 2025년 | 2006년 |

본에서 출간된 『르포 개호독신』에는 미혼 독신 자녀가 부모의 개호를 시작했다가 영영 사회로 돌아가지 못한 다양한 사례가 담겨 있다. 회사까지 그만두고 오랫동안 부모를 돌보다 돌아가시고 나면 독신의 자녀는 경제적 어려움과 사회적 고립에 직면하게 된다. 부모님이 생존해 계시면 노인연금으로 어느 정도 생활이 된다. 하지만 부모님이 돌아가시면 노인연금이 사라진다. 이직과 퇴직으로 사회적 네트워크가 끊어진 데다 부모님까지 사라지면 남겨진 장년의 사식은 세상에 홀로 남겨진 상태나 다름없다. 독신 자녀는 부모를

돌보며 어려움을 겪고 부모가 돌아가신 뒤에는 홀로 세상을 살아가야 하는 어려움마저 겪는다. 저출산과 비혼화의 현실에서 부모의 돌봄을 위탁할 수 있는 개호보험은 절실히 필요한 제도라 하겠다.

우리나라의 노인장기요양보험의 실시 배경은 조금 다르다. 표면적 이유는 동일하지만 근본적 이유를 살펴보면 "건강보험료 부담을 해소하기 위한 선택"이었다는 설명도 가능하다. 2000년을 전후로 소득 증대와 핵가족화로 치매와 같이 간병을 필요로 하는 노인들에 관심이 높아졌다. 당시만 해도 노인요양시설이 많지 않아 간병을 요하는 노인들은 가정과 병원에서 도움을 받았다. 직접 돌봐야 하는 가족들의 수고도 상당했지만 정부 입장에서 가장 큰 문제는 막대한 건강보험료의 지출이었다. 모든 질환은 당장 치료가 시급한 급성기와 장기적으로 관리가 필요한 만성기로 나뉜다. 잘 알려진 바와 같이 노인의 질환은 대부분 만성기에 머무르게 된다.

만성질환은 굳이 입원해서 치료할 필요가 없거나 치료 자체가 불가능한 질환이다. 그러나 만성질환을 앓는 노인을 집에서 모신다는 것은 보호자에게 굉장히 힘든 일이다. 그러다 보니 만성질환을 앓는 노인들을 병원에 장기간 입원시키고 간병인까지 고용하는 가정들이 꾸준히 늘어가고 있었다. 정부는 이러한 노인들의 입원비와 간병비가 사회적 낭비이며 그 상태가 심각하다고 인지했다. 노인장기요양보험이 실시되기 전 정부에서 추산한 간병이 필요한 노인 수는 약 80만 명이었는데 그중 8만 명이 장기 입원 상태로 병원에 입원해 있었다. 이들의 입원으로 투입되는 정부 추산 건강보험료도 1조 원에 달했다. 이를 해소하기 위해 노인장기요양보험이 절실히 필요했다.

### 국내 노인 돌봄 시장의 성장

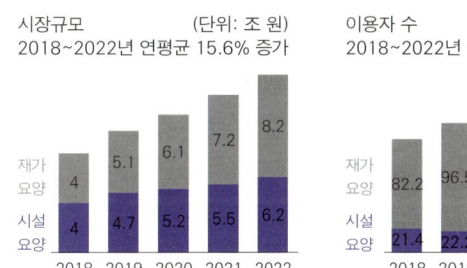
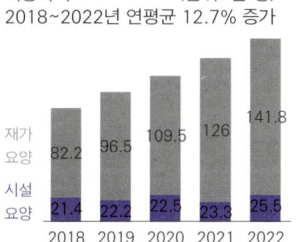
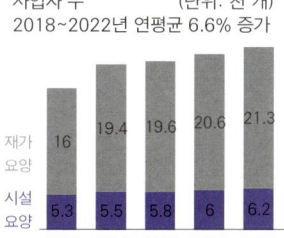

(자료: 보건복지부, 하나금융경영연구)

　노인장기요양보험의 실시로 정부에서 얻을 수 있는 실익은 크게 두 가지였다. 첫째, 장기요양급여를 주어 병원에 장기 입원 중인 노인을 요양시설로 옮기면 투입되는 건강보험료를 0으로 낮출 수 있다. 둘째, 장기요양급여의 상당 재원이 노인장기요양보험에서 충당되므로 정부 재원 부담이 경감된다.

　이러한 계산 후에 정부는 노인장기요양보험을 적극적으로 도입하고 확대했다. 필요 재원을 마련해 요양시설을 증축하고 요양 인력을 양성하고 재가급여와 시설급여 이용자들을 확충해 나갔다. 따라서 현재의 노인장기요양보험은 '최소의 비용, 최대의 효과'를 목표로 질병을 앓는 노인들이 가정과 시설에서 적절한 돌봄을 받도록 추진한 결과물이라 하겠다.

　또한 우리나라 노인 돌봄서비스의 본격적인 시작도 노인장기요양보험의 도입과 궤를 같이한다. 처음부터 모든 시스템과 서비스가 갖춰진 상태가 아니었기 때문에 재가요양기관과 요양시설이 증가할수록 이용자 수도 증가했다. 막 공급이 시작되고 수요가 생겨나기 시작한 시장이었다.

　통계를 보면 2023년 노인장기요양보험 인정자 수는 110만 명

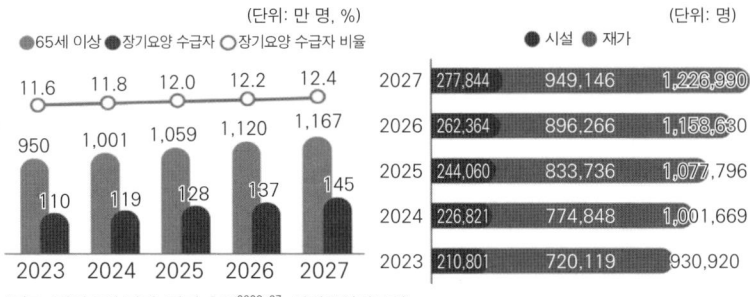

(자료: 장기요양 단기·장기 추계2023-27, 건강보험연구원)

으로 산술적으로 수급자 1명당 월평균 144만 원의 급여를 받고 있다. 전체 공단부담금은 13조 1,923억 원이다. 그러나 노인장기요양보험이 시니어 시장의 전체는 아니다. 한국무역협회는 2020년 기준 72조 원 규모였던 시니어 시장이 2030년까지 168조 원으로 확대될 것으로 예상했다. 이 통계에 따르면 시니어 시장은 주거, 돌봄, 금융, 식품, 일자리 창출, 헬스케어 등 다양한 분야에서 높은 성장 잠재력을 보인다. 이 중 노인장기요양보험 대상자(등급자)를 위한 급여 항목 규모는 10분의 1도 되지 않는다. 나머지는 민간에서 비등급자를 대상으로 한 비급여 항목들이다. 좀 더 정확히 말하면 건강한 노인과 건강은 좋지 않지만 장기요양등급을 받지 못한 노인을 위한 시장이 커진다는 것을 의미한다.

연간 총급여비는 2019년 연말 지급 기준 8조 5,653억 원에서 2023년 14조 4,948억 원으로 14.06%의 높은 연평균 성장률CAGR을 보여왔다. 앞으로도 노인장기요양보험 관련 이용자수, 사업자수, 시장규모는 일정 기간까지 성장세를 이어갈 전망이다. 문제는 노인장기요양보험의 확대했는데도 노인 돌봄에 필요한 물적·인석 자원은 충분히 확대되기 어렵다는 점이다. 그 이유는 재원 부

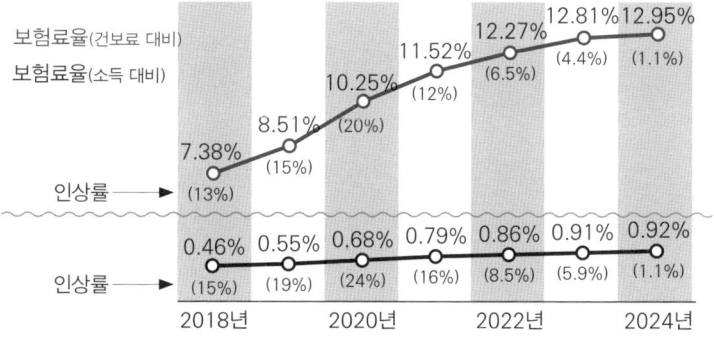

**장기요양보험료율 인상률 추이**

(자료: 보건복지부)

**노인장기요양보험 재정 전망**

(단위: 억 원)

| 구분 | 2023 | 2024 | 2025 | 2026 | 2027 | 2028 | 2029 | 2030 | 2031 | 2032 |
|---|---|---|---|---|---|---|---|---|---|---|
| 수입(A) | 150,510 | 166,807 | 183,514 | 201,518 | 220,674 | 240,700 | 261,796 | 284,269 | 303,295 | 323,992 |
| 지출(B) | 145,637 | 163,411 | 182,285 | 202,863 | 223,808 | 245,786 | 269,854 | 293,208 | 320,989 | 347,291 |
| 재정수지(A-B) | 4,873 | 2,396 | 1,229 | -1,345 | -3,134 | -5,086 | -8,058 | -8,939 | -17,694 | -23,299 |
| 누적준비금 | 38,945 | 41,342 | 42,570 | 41,225 | 38,091 | 33,006 | 24,948 | 16,009 | -1,685 | -24,984 |

(자료: 국회예산정책처, 2023. 10)

족이다. 국회예산정책처는 「노인장기요양보험 재정전망 보고서」에서 2025년 18조 2,285억 원, 2030년 29조 3,208억 원, 2032년 34조 7,291억 원으로 지출이 증가할 것으로 예상했다. 2026년부터는 수입보다 지출이 많은 재정수지 적자를 예상한다. 1,345억 원의 적자는 재정난의 시작일 뿐이다. 2032년에는 적자가 2조 3,000억 원으로 확대될 전망이다. 이후의 노인 돌봄 시장은 어떻게 전개될 것인가?

2021년 『케어북 노인 돌봄의 모든 것』의 출간을 준비하며 노인장기요양보험 도입 초창기부터 재가서비스를 이용한 지인들을 많이 만나 보았다. 그들은 노인장기요양보험으로 숨통이 트이긴 했지만 여전히 현실적 어려움이 많이 남아 있다고 토로했다.

"파킨슨병을 앓고 계신 어머니는 24시간 돌봄이 필요한데 노인장기요양보험에서 인정한 재가서비스 시간은 하루 4시간뿐입니다. 그래서 케어닥을 통해서 돌봄 인력을 따로 구하고 추가 비용을 지불하고 있어요. 아내와 맞벌이해야 해서 낮에는 요양보호사와 돌봄 인력을 활용하고 있습니다."

우리 사회에는 노인장기요양보험이 관리하지 못하는 많은 사각지대가 분명히 존재한다. 65세 이상 노인 1,000만 명 중 장기요양서비스 이용은 약 10% 남짓인 110만 명이다. 나머지 노인들은 장기요양서비스를 받지 못하고 있다. 이는 의료보험서비스와는 차이가 있다. 같은 사회보험이지만 의료보험서비스는 전 국민을 대상으로 한다. 노인장기요양보험은 일부 노인에게만 제공돼 사각지대가 만들어질 수밖에 없다. 여기에 더해 노인장기요양보험에서 지원받는 대상자들도 "원하는 만큼의 충분한 서비스를 제공받지 못하고 있다."라며 불만의 목소리가 높다. 재가급여 시간 부족, 요양시설 입소까지 수년의 대기 등은 오래전부터 제기된 문제들이다. 이런 문제들로 '스스로 서비스 받기를 포기하는' 장기요양등급 미이용자(등급은 받았으나 사용하지 않은 수급자)가 20만 명을 넘어서고 있다.

여러 상황을 종합해 보면 복지로 시작된 노인 돌봄서비스는 민간의 영역에서 확대될 수밖에 없다. 시장의 확대를 낙관하는 가장 큰 이유는 '인식의 전환'이다. 노인장기요양보험으로 돌봄 당사자와 가족 모두 '돌봄서비스'를 받는 환경에 익숙해졌다. 이전까지 돌봄 책임자는 가족이 최우선이었다. 부부가 안 되면 자녀가 돌봄을 담당해야 한다는 인식이 지배적이었다. 그도 안 되면 병원에서 의사, 간호사, 간병인이 돌봄을 담당해야 한다고 생각했다. 요양병원의 수가 급격히 늘어났다. 그러다 노인장기요양보험이 실시되면서 이러한 낡고 오래된 고정관념이 깨지기 시작했다. 이러한 인식의 변화는 돌봄 수요의 증가를 가속하고 있다.

# 6
# 의식주+의료
# : 4번째 생활 필수 영역

'의료'는 의식주에 이은 4번째 생활 필수 영역이다. 특히 우리나라는 세계에서도 병원 문턱이 낮기로 유명하다. 「경제협력개발기구 보건통계 2022」에서 발표한 우리나라 사람들의 연간 외래 진료 횟수는 14.7회로 경제협력개발기구 평균 5.9회보다 월등히 많다. 순위로 봐도 12.4회의 일본을 제치고 1위 국가로 꼽혔다.

의료가 필수재가 되면서 시니어들이 그리는 '은퇴 후 삶'도 변화를 겪고 있다. 2000년대 초까지만 해도 은퇴자들이 바라는 노년의 삶이란 한적한 시골에 그림 같은 집을 짓고 여유를 누리는 것이었다. 그러나 의식주(醫食住)가 주요한 기준이 되고 은퇴 후에도 도시에서 다양한 인프라를 누리며 살겠다는 액티브 시니어들이 증가하고 있다. 거기에 실제 전원주택에 살아본 이들의 경험담이 커뮤니티에 퍼지면서 노년기 주거에 대한 선호도가 급속도로 변하기 시작했다.

각종 설문조사 결과에서도 시니어들은 선호하는 거주 조건으로 도심지, 의료시설 접근성이 좋은 곳, 편의시설 접근성이 좋은 곳, 교통이 편한 곳 등이 꼽혔다. 여기에 더해 시니어 헬스케어 관련 제품과 서비스는 시니어 시장에서 가장 주목받는 상품으로 꼽히고 있다. 시니어들의 '의료 수요'가 높아지는 이러한 트렌드는 초고령사회 일본에서 먼저 나타났다. 일본 정부는 건강수명 연장을 위해 시니어 헬스케어 시장에 적극적인 지원을 약속했다. 후생노동성과 경제산업성이 주축이 돼 2025년까지 33조 엔(약 308조 5,000억 원) 규모의 시장 형성을 지원한다는 방침을 내놓았다. 실제 사회보장비 절감을 포함해 공적의료보험과 개호보험 외 서비스 시장 확대를 위해 지자체와 기업의 활동을 지원하고 있다.

우리나라의 시니어 헬스케어 시장에도 장밋빛 전망이 쏟아지고 있다. "2025년까지 세계 시장 규모가 1.5조 달러에 이를 것"이라는 예고 이후 다양한 시도와 투자가 진행되고 있다. '디지털 헬스케어'와 '시니어 헬스케어'를 결합해 다양한 사업을 추진하고 있다. 대표적으로 고혈압, 당뇨, 관절염 등 만성질환을 관리하고 재활 서비스와 건강관리를 지원하는 산업에 관심을 쏟는 기업들이 많다. 대기업들은 디지털 헬스케어, 인공지능 기반 진단 및 예측, 홈 헬스케어 분야에 집중 투자하고 있다. 웨어러블 스마트기기에 건강 모니터링 기능을 추가하고 시니어 맞춤 가전을 출시하고 시니어 맞춤 콘텐츠와 건강 콘텐츠를 제공하는 사업들이다. 그러나 아직 고객과 시장의 반향을 일으키기에는 미흡한 상황이다. 특히 '시니어 헬스케어'라고 하기에 차별성과 독창성은 미흡하다는 평가다.

시니어 헬스케어 시장에서는 스타트업의 약진이 두드러진다. 노인의 돌봄, 안전, 삶의 질 향상과 관련된 기술을 말하는 에이징테크를 개발하고 활용하는 스타트업이 많아지고 있다. 시니어 대상 인공지능 로봇 제조, 시니어 토털 케어 플랫폼, 시니어 대상 방문요양서비스, 빅데이터 기반 간병인 중개 플랫폼, 비대면 인지 건강 케어 플랫폼, 시니어 개인 맞춤 헬스케어 플랫폼, 인공지능 기반 인체통신 기술 서비스, 온라인 치매 진단 플랫폼, 스마트폰을 이용한 생체신호 분석 플랫폼 등이 개발돼 활용되고 있다. 스타트업의 특징은 디지털 전환과 O2O이다. 디지털 기술을 활용해 기존의 니즈들을 더 편리하고 빠르게 해결할 수 있도록 지원한다.

향후 시니어케어 시장은 노인의 라이프스타일 유지 사업(건강한 노인의 자립생활 지원)과 간호·간병을 포함한 돌봄서비스(질병을 앓고 있는 노인 돌봄)로 양분될 것으로 보인다. 두 개의 영역을 하나의 플랫폼에서 지원하는 경우도 가능하다. 중요한 것은 다양한 기술을 활용해 양질의 개인 맞춤형 서비스를 제공하는 것이다. 사업자의 창의성이 '맞춤형 서비스' 구현으로 발현돼야 한다. 의료업계와의 협업도 체크 포인트이다. 시니어케어에 필요한 질환의 특성을 폭넓게 이해하고 질환에 특화한 서비스를 제공하려면 의료인이 참여해야 한다. 관련 기업이 인수합병M&A을 통해 전문성을 확보할 여지도 크다.

'시니어 주거'는 시니어의 의식주醫食住 문제를 종합적으로 해결할 상품으로 관심이 쏠리고 있다. 주거공간은 전 생애에 거쳐 영향을 미치는 요소다. 노년기에는 그 중요도가 더 커진다. 신체 기능이 떨어지면 집에 머무는 시간이 늘어난다. 신체 기능 저하로 장을 봐서 음식을 준비하고 음식을 통해 필요한 영양소를 섭취하는 데도 문제가 생긴다. 저하된 신체 기능을 보조하는 장치와 기구도 필요하다. 질환이 심해지면 집에서도 질병 관리를 적극적으로 해야 한다. 노인들의 신체 변화에 대응하고 욕구 충족을 지원할 수 있는 주거 공간으로서 '시니어 하우징' 시장의 확대를 예상해 볼 수 있다.

# 7
# 시니어 하우징
## : 노인 맞춤형 주거 시장의 폭발

2010년대 중반 일본에서는 '편의점 난민'이라는 신조어가 등장했다. 인구감소, 지방 소멸, 그리고 초고령화가 동시에 진행되다 보니 상권이 사라진 마을에 노인만 남게 됐다. 노인들이 생활에 필요한 물품을 구할 수 있는 마지막 지점이 편의점이다. 편의점마저 사라지면 노인들은 생필품을 구하지 못하는 난민 신세로 전락하고 만다. 동명의 책은 거주지 반경 500미터에 편의점이 없는 '편의점 난민' 노인들이 전체의 60%에 해당한다며 노인을 위한 사회적 인프라가 부족하다는 점을 꼬집었다.

### 시니어 맞춤형 주거는 반드시 필요하다

시니어 맞춤형 주거는 노인의 생활을 안정적으로 지원하는 최선의 방법으로 떠오르고 있다. 실제 일본에서 시니어 주거는 매우 큰 시장을 형성하며 노인들의 불편과 욕구를 충족시키는 대표적인

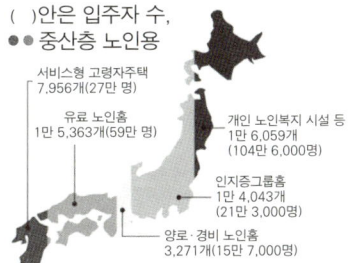
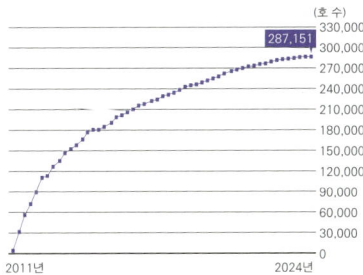

(자료: 후생노동성, 2023년 발표, 2021년 기준) (자료: 아시아경제)

해결책으로 꼽히고 있다. 2010년 이후 일본 정부는 간병과 돌봄의 중심을 의료시설에서 재택서비스로 변화시켰다. 그러면서 시니어 하우징 시장에도 큰 변화가 찾아왔다. 2011년 고령자주거지원법이 개정되면서 '서비스형 고령자주택(사코주)'이 등장했고 시니어 하우징의 대중화를 주도했다. 일본은 시설급여에서 노인주택을 지원해 소비자 부담을 줄여주고 운영자에게도 안정적인 수익구조를 제공하고 있다.

이에 비해 우리나라의 시니어 주거 시장은 아직 걸음마 단계이다. 일본의 사례를 답습할 것으로 예상한 다양한 사업자들이 시니어 주거 시장에 뛰어들고 있지만 아직까지는 노인복지주택 공급 규모가 매우 작다. 2023년 기준 노인복지주택은 40개, 입소정원은 9,006명 수준이다. 전년 39개 대비 1곳이 늘었지만 여전히 노인 인구의 0.1%도 수용할 수 없는 상황이다. 일본과 비슷한 규모로 노인복지주택을 준비하자면 노인 인구의 2.6%, 즉 26만 명 이상을 수용할 수 있는 노인복지주택이 마련돼야 한다. 그러다 보니 실버 웨이브의 가장 큰 파고가 닥칠 곳으로 '시니어 주거'를 꼽는 전문가들이 많다. 시니어 맞춤형 주거가 반드시 필요하고 수요가 공급을 이끌 것이라는 전망이다.

"아버님이 먼저 가보자고 하셨어요. 8년 전 어머니가 돌아가시고 자식들이 돌아가면서 찾아뵀는데요. 이제 그것도 그만하라고 하시는 거죠. 팔순을 넘기시면서 기력도 전에 없이 쇠약해지시고 밥 해 드시는 것도 귀찮다고 하세요. 시니어 하우징에 입주하면 식사도 챙겨주고 취미 활동도 할 수 있다고 먼저 말씀을 하시더라고요. 외출도 자유롭고 자식들도 편하게 들락날락할 수 있다니까 바로 결정을 하셨어요. 근처에 사시던 친구분들이 하나둘 떠나신 게 가장 큰 계기가 아니었나 싶기도 하고요."

케어닥에서 운영하는 시니어 하우징 '케어닥 케어홈'에 입주한 어르신의 며느리가 전해준 말이다. 입주자와 가족들을 만난 자리에서 입주 결정 계기를 물어보면 '의료'와 '건강' 이야기가 가장 많이 나온다. 응급 상황 발생 시 대처할 수 있는 간호팀이 상주하고 있고 식사를 포함해 건강관리도 시원하는 것을 시니어 하우징 입소의 큰 장점으로 꼽았다. 반대로 시니어 하우징 입소를 꺼리는 이유로는 '기존 인간관계와 단절' '기존 거주지 대비 작은 공간' '새로운 공간에 대한 적응 어려움' '비용 부담' 등을 꼽았다. 그럼에도 자녀에게 부담을 주지 않기 위해, 안전하고 편안한 주거공간을 위해, 노년기 공동체 생활을 즐기기 위해 노인주거시설을 문의하는 수요자들이 꾸준히 늘고 있다.

### 시니어 주거 시장의 폭발적 성장을 예상한다

우리나라의 시니어 주거 시장의 폭발적 성장을 예상하는 가장 큰 이유는 일본의 시니어 하우징 산업이 상당한 성장세를 거듭해

**국가별 시니어 레지던스 가구 비중**
(단위: %, 2023년 기준, 65세 이상 인구 대비)

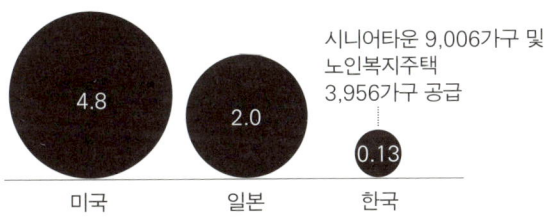

(자료: 기획재정부)

**노인주거복지시설 현황**

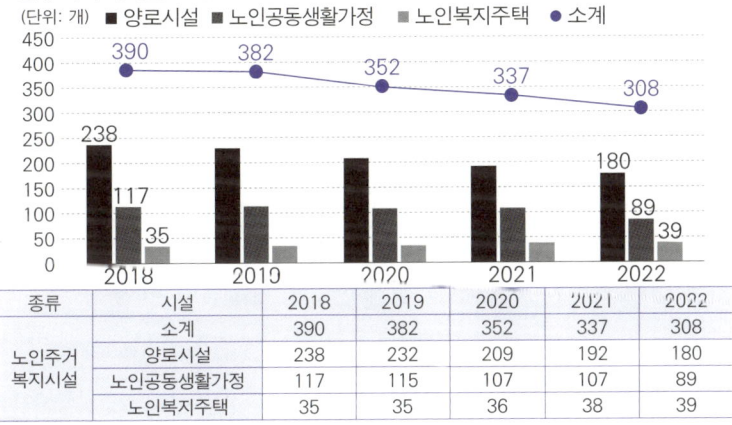

(자료: 통계청)

왔기 때문이다. 일본은 우리나라보다 약 20년 앞서 초고령사회를 경험했다. 우리나라의 노인장기요양보험은 일본의 개호보험을 롤모델로 삼았다. 동양권의 비슷한 문화를 향유하는 이웃나라 일본의 시니어 산업 성장세를 우리나라도 어느 정도 답습할 가능성이 크다. 또한 시니어 주거는 노인이 필요로 하는 모든 욕구를 종합적으로 해소하는 공간으로 신체적, 정신적, 문화적 어려움에 대해서도 상당한 도움을 주는 것으로 확인되고 있다.

일본에서도 시니어 주거에 관심이 쏠리기 시작한 것은 단카이 세대의 은퇴가 예고된 2000년대 초반부터였다. 단카이 세대의 정년퇴직은 일본 사회의 다양한 분야에서 새로운 변화를 불러왔다. 그중 하나가 시니어 주거의 확대이다. 현재 단카이 세대는 70대 중반으로 시니어 주거 시장의 주요 고객으로 자리 잡고 있다. 이들이 80세 이상이 돼 완전히 근로 현장에서 빠져나오는 향후 2~3년 뒤에는 시니어 주거 시장도 피크점에 도달하리라 예상하고 있다.

우리나라에서는 많은 사람이 '시니어 하우징' 하면 '고급 실버타운'을 떠올린다. 시니어 하우징에 대한 이해도 높지 않고 종류도 한정적이다. 이러한 시니어타운(실버타운)은 법적으로 앞서 말한 노인복지주택에 해당하며 전국에 아직 50개도 채 되지 않는다. 한편 미국, 유럽, 일본 등 선진국의 시니어 하우징은 저소득자도 입주가 가능한 기본형의 주택부터 최고급 하이엔드 주택까지 종류도 다양하고 범위도 넓다. 시니어 하우징 산업이 발달하면 이 부분부터 개선이 될 것으로 기대한다. 물론 종류가 다양해지려면 수적 증가가 반드시 따라와야 한다. 현재는 미흡하지만 향후 발전 가능성이 높고 수요에 의해 공급이 확장될 것을 예견해 볼 수 있다.

2030년이 되면 우리나라의 1차 베이비붐 세대(1955~1963년 출생)도 75세 이상 후기 고령기에 진입하게 된다. 실질적인 은퇴가 예고되는 시점이다. 후기 고령기의 시니어들은 의료, 균형 잡힌 식사, 그리고 돌봄이 절실해진다. 이들을 위한 시니어 하우징이 필요하다. 이미 금융, 건설, 보험 등 레거시 산업의 기업들이 사업 확장 혹은 신산업의 개념으로 시니어 하우징 시장에 뛰어들고 있다. 시장의 폭발은 예견된 미래이다.

# 8
# 시니어 로드맵
## : 나이듦을 설계하라!

"인생이라는 긴 여행은 참으로 흥미진진했지만 이 세상의 그 무엇도-어쩌면 인간의 어리석음은 예외일 수 있겠지만-영원할 수는 없는 법이다. 사람은 원한다고 해서 죽는 것이 아니다."

스웨덴 작가 요나스 요나손의 장편소설 『창문 넘어 도망친 100세 노인』의 주인공 알란 칼손의 말이다. 소설 속 주인공은 긍정적이고 즉흥적인 100세 노인이다. 그는 한 세기 동안 제1, 2차 세계대전을 겪고 중국이 공산화되는 것을 목격하고 김일성도 만난다. 그리고 독일 통일과 소련 해체까지 보았다. 길고 지루한 세계사를 책이 아니라 현장에서 본 그가 100세 생일에 한 일은 창문으로 도망쳐 갱단의 트렁크를 훔친 일이다. 그는 원하는 때 죽을 수 없다는 걸 알고는 100세임에도 새로운 모험을 시작했다.

100세 이후의 삶은 소설 속 이야기만은 아니다. '80세 인생 시대'는 이제 과거의 패러다임이다. '100세 인생 시대'가 본격화됐다.

**80세 시대와 100세 시대 비교**

| | 80세 시대 | 100세 시대 |
|---|---|---|
| 노인에 대한 인식 | 시혜적 복지의 대상<br>사회적 부담<br>부정적 인식 | 생산적 존재<br>사회적 자원 |
| 고령층 복지 부담 | 취업자 | 취업자와 은퇴자 공동 |
| 노후 대비 | 개인별 준비와 공적연금 보조 | 공적연금, 개인연금, 퇴직연금 등 다양한 보장체제 구축 |
| 교육 수요 | 30대 이전까지 집중 | 전 세대에 걸친 교육 수요 |
| 일자리 | 세대 간 단절 | 세대 간 공유 |
| 가정 구성 | 부부 중심 | 결혼, 가족 개념 약화<br>1인 또는 공동체 가정 |
| 주거 | 노인 가구 고립 | 자생적인 노인공동체 형성 |
| 금융 | 재산 증식의 수단 | 생애주기별 지원 수단 |
| 산업 | 대규모 제조업 중심, 수출 중심 | 제조업 쇠퇴, 다양한 수요의 서비스업 및 실버산업 등장 |

(자료: 이수영, 서울대학교 행정대학원 교수)

110세까지 보장하는 보험 상품이 출시된 지 벌써 10년이다. 지금 태어나는 아이들을 위한 태아보험은 기본이 110세 만기다. 우리의 인식보다 상품과 서비스가 먼저 변하고 있다. 이제 개인들도 100세 시대에 맞춘 인생 설계를 시작해야 한다. 구시대의 패러다임 '80세 인생 시대'와 신시대의 패러다임 '100세 인생 시대'의 차이는 인생을 어떻게 나눠서 어떻게 사용하느냐에서 시작된다. 100세 인생 시대에는 새로운 생애주기와 인생 3막에 대한 준비가 필요하다.

### 80세 인생과 100세 인생은 다르다

80세 생애주기에서는 인생을 전반기와 후반기로 구분하는 것이 일반적이었다. 은퇴 이후를 인생 후반기로 보고 건강을 유지하며 삶을 누리는 형태로 계획하곤 했다. 이러한 단순 구분은 '인생 설계' 개념으로 볼 때 미흡한 면이 많다. 이를 보완하는 개념으로 인생을 3개 구간으로 구분해 '30년-30년-20년'으로 설계하는 것이 일반적이었다. 인생 1막은 학업을 마치는 시기, 2막은 취직해서 사회생활을 하는 시기, 3막은 노후의 여유로운 자유시간이다.

100세 시대 생애주기는 인생 3막을 '30년-30년-40년'이나 '30년-40년-30년' 또는 '30년-50년-20년'으로 바꿔볼 수 있다. 법률적 은퇴 시기는 55세에서 65세까지지만 사회적 퇴직 시기는 이보다 훨씬 늦다. 인생 설계상의 퇴직 시기도 5060에서 6070으로 연장하는 것이 바람직해 보인다. 문제는 일을 오래 해도 길어진 노후 시간은 어쩔 수 없다는 것이다. 좀 더 세밀하고 확실한 시니어 로드맵이 필요하다. 20년 이상의 긴 시간을 얼마나 의미 있게 쓸 것인가, 어떤 준비와 대비가 필요한가 고민이 시작되는 지점이다.

인생 3막의 키워드는 '자율'이다. '평균'의 개념은 의미가 없다. 인생 1, 2막과 가장 큰 차별점이다. 인생 1막에서는 누구나 교육과 성취를 위해 숨가쁘게 달리는 시간을 보낸다. 모두가 비슷한 인생을 살기 때문에 평균이 중요한 가이드라인이 되기도 한다. 비슷한 시기에 대학을 졸업하고 취업하고 결혼해서 집을 장만하고 은퇴한다. 하지만 인생 3막은 사회에서 물리적으로 문화적으로 강제하는 평균이 없다. 개인이 자유롭고 여유로운 시간을 어떻게 소비할 것인가 고민하고 해결해야 한다. 잘 설계하고 잘 준비한다면 그만큼 값진 인생의 마지막을 맞이할 수 있다.

1960년대생으로 아직도 현역으로 왕성한 시간을 보내는 경영자 선배로부터 '인생 3막'에 대한 이야기를 들은 적이 있다. 선배의 어머니는 국내 최고의 시설로 손꼽히는 노인요양시설에서 죽음을 맞이했다. 그러나 선배에게는 큰 회한이 남아 있었다. 시골에서 생활하신 어머니의 노후를 편안하게 해드리고자 노인요양시설에 모시고 매월 비용을 수백만 원 지불했지만 말년의 어머니는 자신의 기대만큼 즐겁고 행복해 보이지 않았다. 돌이켜 보면 말년의 어머니는 젊은 시절부터 해오던 노동을 멈추고 지인도 없는 낯선 공간에서 새로운 생활을 시작해야 했다. 거기다 만성질환이 심해지니 육체적으로 심리적으로 생에 대한 강한 애착을 갖기 어려웠을 수도 있다. 선배는 자신의 선택이 어머니의 삶의 의지를 꺾는 과정이 아니었는지 반성하기도 했다.

50대에 어머니를 먼저 떠나보낸 선배는 자신에게 남은 기간을 계산하고 자신의 가치에 맞게 그 시간을 쓰기로 마음을 먹었다. 그는 60세에 정년을 맞게 될 자신의 여생을 10년 단위로 설계했다. 그에게는 3개의 '인생의 마디'가 남아 있었다. 첫 10년(70대까지)은 전과 같이 왕성한 사회생활을 하고, 다음 10년(80대까지)은 사회에 봉사하는 활동을 하고, 마지막 10년(90대까지)은 삶을 온전히 정리하는 시간을 갖겠다는 계획이었다. 칠순을 한두 해 남기고 아직 사회생활을 열심히 하는 선배는 "곧 마지막 출근이라 생각하니 하루하루가 즐겁다."라고 했다.

전문가들은 행복한 노년이란 젊을 때의 활력을 최대한 오래 유지하는 것이 아니라고 조언한다. 경제적 생산성을 기준으로 한 잣대와 사회적 기대에서 벗어나 자신의 가치를 찾는 것이 중요하다는 조언이다. 그러기 위해서는 독립성과 자율성이 유지돼야 한다. 일명 '시계 거꾸로 돌리기 연구'는 많은 시사점을 전해준다. 1979년 하버드대학교 심리학과 엘렌 랭거 교수는 70~80대 노인 8명을 20년 전으로 꾸며진 생활공간으로 데려갔다. 일주일을 지낸 노인들은 20년은 젊어진 것 같은 체력과 생활력을 보여주었다. 연구 결과를 두고 사람들은 '추억여행의 효과'에 깜짝 놀랐다. 그러나 엘렌 랭거 교수는 중요한 것은 '과거로 돌아간 것 같은 착각'이 아니라 '독립성과 자율성을 유지하는 삶'이라고 설명했다. 실험에 참여했던 8명의 노인에게는 두 가지 규칙이 주어졌다. 첫째는 20년 전 생활을 재현하는 것이었다. 둘째는 '직접 집안일을 하는 것'이었다. 노쇠한 몸이었지만 참가자들은 청소, 빨래, 요리 등을 직접 해냈다. 일주일 시간이 흐른 뒤에 참가자들은 보호자 도움 없이 혼자 옷을 입었고 계단을 내려갔고 식욕도 늘었다. 독립적인 생활의 경험이 일상 속 활력을 높여준 것이다.

사회 통념상 노인은 늙고 느리고 신체 기능이 떨어지는 것으로 알려져 있다. 스스로를 노인이라고 생각하는 사람일수록 자신을 쓸모없는 존재로 생각하는 경향도 강하다. 상당수의 노인 우울증이 여기에서 시작된다. 독립적인 일상과 자율적인 환경을 유지할 수 있을 때 가치도 회복될 수 있다. 또한 100세 시대 인생 설계와 액티브 시니어의 증가는 노년기의 새로운 니즈로 이어진다.

### 새로운 생애주기가 새로운 니즈를 만든다

『인구 감소, 부의 대전환』의 저자 전영수 교수는 이처럼 중년기를 거쳐 노년기로 이어지는 새로운 니즈가 '알짜 틈새시장 산업군'으로 자리 잡을 것이라 예견했다. 베이비붐 세대가 대거 소비시장에 진출해 자기다움을 실현할 것이라는 전망이다. 베이비붐 세대는 학력이 높고 여행 자유화를 거쳐 많은 경험을 했고 30~40대 시절 웰빙 열풍도 만들어냈다. 실제 퇴식 연령은 72세로 경제 여건도 나쁘지 않다. 이들이 '100세 인생 시대'의 주인공으로 우뚝 설 경우 경험 소비에 적극적일 수밖에 없다.

이러한 소비 주인공의 변화(혹은 세대 교체)는 일본에서도 드러난 현상이었다. 일본의 액티브 시니어는 기존의 실버 세대보다 소비에 적극적이고 상속 의지가 적으며 본인을 위한 소비 욕구가 강하다고 평가되고 있다. 일례로 '서서 신는 신발'이라는 수식어가 붙은 '스팟 슈즈'는 일본에서 100만 켤레 이상 판매돼 메가 히트 상품 반열에 올랐다. 허리를 숙이거나 무릎을 굽히는 것이 힘든 고령자들을 타깃으로 한 신발이었다. 서서 신고 벗을 수 있게 고안돼 타깃 고객에게서 굉장한 호응을 끌어냈다. 미국 브랜드인 스케쳐스의 상품 '핸즈프리 슬립인스'도 편하게 신고 벗을 수 있고 무게도 가벼워 고령자들에게 높은 인기를 끌었고 덕분에 안정적 매출세를 유지하고 있다.

새로운 생애주기는 새로운 니즈를 만들고 있다. 소비 세대의 변화는 소비 욕구의 변화를 의미한다. 중년층에서 장년층과 노년층으로 확대되는 소비층을 위한 새로운 제품과 서비스를 준비해야 할 때이다. 특히 100세 인생 시대에 나이듦을 설계하는 이들은 '떠오르는 강력한 소비 집단'이다. 이들이 설계하는 시니어 로드맵에는 일, 건강, 여가, 자산 관리, 상속 등 다양한 주제가 포함된다. 선진국에서는 이미 검증됐지만 우리나라에서는 특별히 주목받지 못했던 비즈니스 모델도 다수 포함된다. 100세 시대 생애주기에 맞는 상품과 서비스를 만드는 과정은 실버 웨이브에 올라타는 비즈니스의 시작점이 될 것이다.

# Silver Wave

실버 웨이브 2

## 뉴 시니어가 만드는
## 새로운 파도

# 1
# 신인류 노인의 탄생

영화를 볼 때 관람객들이 가장 먼저 찾는 것이 '주인공'이다. 주인공의 상황과 성격을 이해하면 스토리의 절반 이상은 이해한 것이다. 마찬가지로 실버 웨이브를 이해하자면 주인공 '실버'의 동의어인 시니어, 노인, 어르신이 누구인지 알아야 한다. 그들이 누구인지 안다면 시니어 시장이 어떻게 열릴지도 감을 잡을 수 있을 것이다.

우선 법률부터 살펴보자. 우리나라의 사회 정책은 55~65세를 '노인'으로 규정하고 있다. 고령자고용촉진법(제2조 1항)은 55세 이상을 고령자로 규정하고 있다. 국민연금법(제61조)은 노령연금 급여대상자로서의 노인을 60세 이상으로 규정하고 있다. 노인복지법과 국민기초생활보장법은 65세 이상을 노인으로 규정하고 경로우대 혜택을 제공하고 있다. 법에서 규정한 '노인'의 나이는 제각각이고 확실한 기준선은 없는 상황이다.

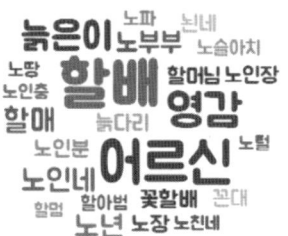

**노인의 정의**(1951년 제2차 국제노년학회)

- 환경 변화에 적절히 적응할 수 있는 자체 조직에 결손이 있는 사람
- 자신을 통합하려는 능력이 감퇴되어 가는 시기에 있는 사람
- 인체의 기관, 조직, 기능에 쇠퇴 현상이 일어나는 시기에 있는 사람
- 삶 자체에서 적응력이 정신적으로 결손되어 가고 있는 사람
- 인체의 조직 및 기능 저장의 소모로 적응이 감퇴되어 가는 시기에 있는 사람

노인에 대한 규정을 어떻게 할 것인가?

노인에 대한 규정은 전 세계적인 고민거리다. 가장 먼저 노인(은퇴자)의 기준 나이를 정한 사람은 독일의 재상 비스마르크였다. 19세기 말 철의 재상으로 불리던 비스마르크는 독일을 경제적, 지정학적 강대국으로 변모시키기 위해 다양한 정책을 마련했다. 당시 독일은 석탄과 철 매장량이 많고 자본이 축적돼 인구도 늘어났다. 신문물인 내연 기관, 화학 염료, 아스피린, X선 기계 등을 세상에 내놓으며 한창 전성기를 누렸다.

그런데 비스마르크에게 불안을 안겨주는 존재가 나타났다. 바로 카를 마르크스와 프리드리히 엥겔스였다. 비스마르크의 눈에 이들은 정치 선동가로 보였고 이들이 강조한 사회주의 운동은 노동자들에게 혁명의 바람을 일으킬 것만 같았다. 2차 산업혁명기의 열악한 환경에 처해 있던 노동자들의 요구에 더 이상 침묵할 수만은 없었다. 그는 선제적 조치로 70세 이상 노동자에게 퇴직급여를 보장하는 정책을 수립했다. 프로이센의 국왕 빌헬름 1세도 "나이와 거동의 불가로 일할 수 없게 된 사람들은 국가의 보살핌을 요청할 자격이 충분하다."라는 내용의 서안을 의회에 보내 비스마르크의 정책을 지원했다. 이렇게 입법과정을 거쳐 1889년 세계 최초 연금제도가 독일에서 실시됐다.

현재 독일의 세계 최초 연금제도는 독일의 사회주의 혁명을 막은 비스마르크의 '영민한 정책'으로 평가되고 있다. 당시 독일인의 평균수명은 50세에 불과했다. 연금제도의 수혜자인 70세 이상의 노동자는 그 수가 많지 않았다. 1916년에는 연금(퇴직급여) 수령 나이를 70에서 65세로 하향했다. 이후 연금제도는 유럽을 넘어 전 세계로 퍼져나갔으나 생산력을 잃은 노인(연금 수급 개시 연령)에 대한 기준은 제각각이었다. 1898년 뉴질랜드는 65세 이상에게 연금을 지급하기 시작했다. 1892년 덴마크는 극빈층을 대상으로 연금 지급을 시작했는데 연금 수령 나이를 60세 이상으로 했다. 1908년 국가 연금제도를 실시했던 영국은 수혜 대상을 70세 이상으로 했으며 일본은 1942년에 후생연금제도를 도입하고 수급 개시 연령을 55세로 했다. 일본은 이후 연령을 점차 상향 조성해 2004년에는 개시 연령을 65세로 고정했다.

1988년 도입된 우리나라의 국민연금제도는 가입 대상을 18세 이상 60세 미만 모든 경제활동인구로 했고 지급대상자는 60세 이상으로 규정했다. 국민연금제도는 1999년부터 전 국민으로 확대됐고 국민연금법 역시 노령연금 지급대상자를 60세 이상으로 하고 있다. 이처럼 노인의 나이가 제각각인 가운데 '65세'라는 기준선으로 통일된 것은 유엔(UN)이 고령지표를 산출할 때 65세를 기준으로 한 것이 통설로 받아들여지고 있다.

한편 노인을 가르는 기준선이 모호한 것과 함께 연령에 대한 규정들이 불과 40~100년 전에 만들어졌다는 사실이 21세기를 사는 시니어들을 당혹스럽게 한다. 기대수명이 50~70세이던 시대에 만들어진 노인의 기준이 21세기 현재에도 그대로 통용되고 있다. 덕분에 현재의 각종 제도는 이미 일어난 변화조차 수용하지 못하고 있다는 비판을 피하기 어렵다.

우리나라도 마찬가지다. 노인복지법이 만들어진 1981년 기대수명은 66.7세였다. 반세기 가까이 지난 2024년의 기대수명은 84.3세이다. 16.6세나 증가했다. 그러나 법적 정년은 1981년이나 2024년이나 동일하게 60세이다. 어찌 보면 근로 현장에서 떠나는 실질 퇴직 나이가 70대 중반이 되는 것은 수명 증가에 비례한 현상일 수도 있겠다.

'기대수명 대비 이른 은퇴, 이후의 준비되지 않은 긴 여명'이라는 문제는 전 세계가 함께 겪는 고령화의 현상이다. 유엔의 「2024년 세계인구전망 보고서」에 따르면 2019년엔 65세 이상 노인 인구가 전체 인구의 9%에 그쳤지만 2039년에는 14%를 넘을 예정이다. 이때부터 전 세계가 고령사회의 문턱을 넘는다. 2070년에는 20% 이상인 초고령사회로 진입한다. 고령화의 문제가 전 세계로 확산되는 것에 대해 '불행한 미래'를 예견하는 목소리도 크다.

시간이 지날수록 '노인의 정의'를 새롭게 해야 한다는 목소리가 커지고 있다. 단순히 나이만이 아니라 심리적으로 신체적으로 인체를 점검하고 노인의 기준점을 상향해서 재정의해야 한다는 주장이다. 앞서 언급했듯 보건복지부와 보건사회연구원에서 실시한 노인실태조사에서 우리나라 사람들이 인식하는 노인의 나이는 71.4세로 나타났다. 심리적 기준 나이가 71세라고 할 수 있다. 기대여명으로 장래연령을 계산해 봐도 노인의 나이는 70세에 가까워진다. 하지만 신체적 기준으로 노인의 나이는 더 많아진다. 성인의 타인의존도를 측정하는 '한국형 일상생활활동 측정도구K-ADL' 검사에서 후기고령자로 정의되는 75세 이상부터 점수가 95점 이하로 하락한다. 거동이 불편해지는 것이다. 신체적 기준으로 보자면 노인의 기준은 75세 이상이 맞다.

세계보건기구에서 노인의 경계선을 60~65세 사이로 두루뭉술하게 정리한 사이 세계경제포럼WEF은 노년을 기대여명이 15년 남은 시점부터 시작되는 장래연령으로 하는 제안을 내놓기도 했다. 이러한 기준으로 보자면 우리나라를 포함해 경제협력개발기구 가입국 상당수의 노인 연령이 69세로 조정돼야 한다. 현실적으로 노인의 나이를 늦추는 것은 '노령연금 개시' 같은 민감한 사안과 연결된다. 그러나 사회의 변화를 수용하지 못한 과거의 기준과 과거의 제도를 고수해서는 새로운 것들을 시도하거나 도전할 수 없다. 100세 시대에 나타나는 여러 문제도 이렇듯 과거의 기준과 제도를 고수하는 데서 나타나고 있다. 점점 젊어지고 있는 노인을 고려해 실효적이고 유연한 접근이 절실한 때다.

### 노인은 자신을 노인이라 부르지 않는다

"거기 순 노인네들밖에 없어."

예전에 경로당이라고 불리다가 지금은 복지회관으로 불리는 곳에 자주 가지 않는 '어머니들의 변명'이다. 어머니들은 왜 노인이 됐는데도 복지회관에 가지 않느냐고 묻는 자식들에게 할 말이 많다. 그들 중 한 명인 나의 어머니는 내일모레 칠순을 바라보고 있다. 진즉에 손주들이 태어나 할머니가 된 지도 오래다. 그런데도 누군가 "할머니"라고 부르면 절대로 뒤를 돌아보지 않는다. 손주들에게나 할머니지 남들한테는 결코 할머니가 아니길 바란다. 어머니에게 '할머니'는 아직도 낯선 단어고 '노인'이란 말은 더더욱 듣기 싫어한다. 그래서 노인들이나 가는 복지회관에는 절대로 가지 않겠다고 고집을 피운다.

"그거 해봤다. 별 소용도 없다. 괜히 돈만 버리지 뭐 한다고!"

고집 피우기로 보자면 '아버지들'도 만만치 않다. 귀가 안 좋아진 것을 확인하고 보청기를 맞춰보자고 하지만 한사코 병원에는 가지 않겠다고 한다. "옆집 영감도 해봤는데 별로 좋아진 것 같지 않단다." 어설픈 변명으로 병원을 가자는 자식들의 손을 뿌리친다. 그들 중 한 명인 나의 아버지는 팔순을 넘기셨다. 이미 또래의 절반 정도는 청력에 문제가 생길 나이다. 가까이서 이야기하지 않는 한 소리를 잘 알아듣지 못한다. TV 소리가 집 안을 울리고 핸드폰 벨소리는 건넌방 손주들에게도 들릴 정도다. 그럼에도 "영감탱이나 차고 다니는 보청기는 죽어도 안 찬다."라고 목소리를 높인다. 자신은 절대 그런 영감탱이가 아니라면서 말이다.

'늙다'는 '젊다'의 반대말이다. 그런데 품사가 다르다. '늙다'는 동사다. 꾸준히 늙어간다. 그러나 '젊다'는 형용사다. 상태를 나타낼 뿐이다. 누구도 젊어질 수는 없다. 그래서 그런지 '늙었다'는 말을 좋아하는 사람은 아무도 없다. 노인이라는 단어에 대한 사회적 인식도 마찬가지다. 노인은 '젊은이'의 상대적 개념으로 나이가 들어 능력이 없다는 의미를 담고 있다. 일정 연령 이상의 집단을 부르는 호칭이라지만 누구도 속하고 싶어 하지 않는다. 노인을 대상으로 한 상품은 대체로 싸늘하다. 노인들이 거부감을 드러낸다. 이쯤 되니 산업계에서는 노인을 노인이라 부르지 않는 것이 상식이 됐다.

1955년 케첩으로 유명한 식품 대기업 하인즈에서 60세 이상 노인을 위한 음식인 노인식 제품을 내놓았다. 재료를 미리 으깬 영양죽 통조림이었다. 그런데 이 제품은 시장에서 처참하게 실패했다. 하인즈는 치아가 좋지 않은 노인들이 거버의 이유식 제품을 이용한다는 사실에 주목했다. 하지만 정작 노인들은 자신들을 위한 제품을 구매하지 않았다. 1974년 미국에서는 노인들이 쓰러질 때를 대비해 개인응급응답시스템 상품을 내놓기 시작했다. 펜던트 목걸이 같은 제품이었다. 그러나 이 제품도 노인들의 주머니를 열게 하진 못했다. 2004년까지 65세 이상 인구 2%만이 이 제품을 이용했다. 노인들은 이 제품을 보청기, 미아 방지 펜던트, 애견용 목걸이처럼 불쾌하게 생각했다.『노인을 위한 시장은 없다』의 저자 조지프 코글린은 '노인 전용' 제품이 외면받는 이유로 "노인을 위한 제품이란 것을 밝히는 순간 노인들이 도망가 버리기 때문"이라고 분석했다.

시니어의 신체적 필요를 바탕으로 제품을 개발하는 것은 유의미한 활동이다. 하지만 기업들은 먼저 감정적, 사회적 허들이 존재한다는 것을 알아야 한다. 노인들은 대부분 노인 모델이 나오는 광고엔 눈길도 주지 않는다. 스스로도 전혀 매력을 느끼지 못한다고 말한다. 한 연구에서 70세 이상 고령층 400명을 대상으로 노인이 나오는 광고를 보여주고 반응을 물었는데 '좋다'고 답한 비율은 20%도 되지 않았다. 시니어용 제품들의 실패를 반면교사로 삼아야 한다.

국내에는 시니어 시장을 공략하되 시니어 이미지를 희석시켜 성공한 제품도 있다. '하이뮨'은 시니어 대상 식음료 중 성공을 거둔 대표적인 상품이다. 2010년 출시 당시 하이뮨은 30개들이 박스당 소매가격 30만 원에 출시됐다. 단백질이 함유된 고가의 음료로 경쟁상대는 백화점의 한우세트였다. 명절날 어르신들에게 선물할 수 있는 고가 제품이 되길 바랐다. 그러나 매출은 부진했다. 일각에서는 '노인들은 몸에 좋은 고가의 제품이라면 덥석 살 것'이라는 단순한 판매 예측이 실패한 것이라고 지적했다.

2020년 새로운 하이뮨이 나왔다. 파우더 형태를 액상으로 바꾸고 가격도 확 낮췄다. 간편성과 건강을 강조하고 맛도 보강했다. 모델로는 40대 이상 팬층이 두터운 트로트 가수를 내세웠다. 고령자에게 브랜드 인지도를 올리는 것은 물론 호감도를 높이기 위한 전략이었다. 하이뮨의 주요 소비층인 고령층의 욕구를 수용하고 강하게 어필하되 고령자 이미지를 전면에 내세우지 않은 전략이 크게 성공했다. 단백질 음료가 주목받기 시작하자 하이뮨의 매출도 상승하기 시작했다. 새 단장 1년 만에 하이뮨은 베스트셀러에 올랐다.

지금까지도 하이뮨의 주요 수요층은 고령자이다. 식사량이 줄고 소화 기능이 떨어져 단백질 섭취가 어려운 고령자에게 맞춤한 케어푸드로 인기를 끌고 있다. 하지만 여전히 하이뮨은 '고령자'를 전면에 내세우지 않는다. 고령자용 케어푸드 브랜드로 '하이뮨 케어메이트'를 분리하고 균형 영양식과 균형 당뇨식을 내놓았을 뿐이다. 하이뮨의 성공으로 분유업계 만년 3위의 일동후디스는 단백질 보충제 1위 기업으로 탈바꿈했다.

글로벌 기업들의 공략 기법도 '노인 전용'을 전면에 내세우기보다 소비자의 불편을 해소하는 제품을 만들었으니 한번 사용해 보라는 마케팅에 전념한다. 여성 화장품에 내용물이나 거울이 잘 보이도록 돋보기를 부착하거나 시니어들도 제품을 잘 잡을 수 있게 표면을 거칠게 디자인하는 식이다. 일본의 백화점은 엘리베이터와 휴게 공간에 의자를 배치하고 통로를 넓게 하는 것만으로 시니어 소비자들의 호감을 얻고 있다.

한편 의류 업계에서는 '에이지리스$_{ageless}$' 전략이 유행하고 있다. 전 연령을 타깃으로 하는 제품을 선보이는 것이다. 그러나 에이지리스의 현실은 20~30대를 주요 소비층으로 하던 제품들을 40~50대까지 확장해 판매하는 것이다. 에이지리스 제품의 주요 소비층은 40대 이상으로 이들의 소비율이 배 이상 높아졌다고 한다. 이처럼 '나이 든 사람'이고 싶지 않고 '나이 든 사람'으로 불리고 싶지 않은 소비자들이 늘어나고 있다. 오팔 세대도, 시니어 액티브도 자신을 드러내는 소비 패턴으로 막강한 소비 파워를 자랑하고 있다. 따라서 실버 웨이브의 한 축에는 이들의 막강한 소비력을 흡수할 제품들이 자리 잡게 될 것이다.

### '평균적 노인'이라는 집단은 없다

'생애'란 한 사람이 태어나서 사망할 때까지 한평생의 기간을 말한다. '생애주기'란 개인이나 가족의 생활에서 발생하는 커다란 변화를 기준으로 평생을 일정한 단계로 구분한 과정이다. 보통 4~8개 구간으로 구분한다. 보건복지학에서 배우는 가장 세분화한 생애주기는 발달심리학자 에릭 에릭슨이 고안한 '성격 발달 8단계'이다. 유아기(0~2세), 초기 아동기(2 6세), 아동기(6~12세), 청소년기(12~18세), 초기 성인기(18~40세), 중년기(40~65세), 후기 성인기(65세 이상)로 구분한다. 그런데 에릭슨의 생애주기 단계를 보면 의문이 하나 생긴다. 만 18세 성인기까지는 4개 구간이 있다. 반면 65세 이상 노인은 하나의 덩어리로 뭉쳐져 있다. 게다가 65세 이상 후기성인기의 발달 과업은 "생의 마지막 발달 단계에서 지나온 삶을 재정립하고 통합해 자신의 삶을 후회 없이 수용해야 인생을 행복하게 마무리할 수 있다."라고 설명한다. '노인'에 대한 고정관념이 그대로 담겨 있다.

원인은 간단하다. 에릭슨이 발달 단계를 구분해 발표한 해는 1950년이다. 그때는 맞고 지금은 틀리다. 약 75년 전에 만들어진 에릭슨의 발달단계가 교육을 통해서 그대로 학습되고 있다는 것이 문제다. 교육 이론뿐만 아니라 우리 사회의 다양한 제도와 규범은 수명 연장의 결과물을 반영하고 있지 못하다. 환경, 사회, 그리고 일과 삶의 변화를 반영하는 새로운 세대 구분법이 필요한 시점이다.

그 첫 번째 단계는 에릭슨이 하나의 덩어리로 뭉쳐놓았던 '65세 이상의 인간'을 세분화하는 것이다. 과거로부터 지금까지 우리는 노인을 하나의 동질 인구 집단으로 여겼다. '고려장'이라는 단어에서 연상되는, 스스로는 생계를 꾸릴 수 없기 때문에 타인이 베푸는 호의에 기대어 살아가야 하는 존재라는 시각도 있었다. 노인을 주요 소비자로 생각하지도 대우하지도 않았다. 그러나 실버 웨이브를 맞이하는 현실은 달라졌다. 고령이란 공통분모로 하나의 인구 집단을 형성할 수 있지만 '평균적 노인'은 점차 사라져 가고 있다. 구성원 개개인의 환경과 상황이 다르기 때문에 낱낱의 특성을 가진 여러 분류가 필요하다.

"노인정에 가서 전쟁 때 고생한 이야기를 한참하고 있었어. 끊어진 다리를 겨우 헤엄쳐 건너서 피난을 갔잖아. 서울 수복이 돼서 엄마 손 잡고 간신히 집으로 돌아왔단 말이야. 그런데 옆에 친구가 자기도 전쟁 때 엄청 힘들었다고 이야기를 하는 거야. 그래서 너는 어디까지 피난을 갔냐고 물어봤지. 그랬더니 자기는 피난을 안 갔대. 자기는 일본군한테 끌려서 필리핀까지 갔다는 거야. 알고 보니 1940년대 태평양 전쟁 때 학도병으로 끌려갔던 어르신이더라고. 그래서 내가 '아고 아버지' 하고 벌떡 일어나 허리를 숙이고 인사를 했지."

서울의 노인정에 처음 들른 아버지가 전한 경험담이다. 우리 사회는 65세도 노인이요, 100세도 노인이다. 그들을 모두 노인정이라는 한 공간에 밀어 넣는다. 그래서 노인정에 오는 노인들의 인생사를 살펴보면 대한민국 현대사뿐만 아니라 식민지 조선의 이야기까지 들을 수 있다. 그러나 뭔가 이상하다. 1900년대 초에 태어나 일제강점기에서 10대를 보내고 한창 젊을 때 광복을 맞은 사람과 1950년대 한국전쟁 후에 태어나 1997년 IMF 외환위기를 거치고 정보화 시대 끝단에 퇴직한 사람이 하나의 덩어리로 취급받는 것이 우리의 현실이다. 이게 과연 말이 되는 상황인가?

요즘 직장에 가면 30대 직원과 20대 직원 간에도 말이 잘 통하지 않는다고 한다. 세대 차이가 나서 말도 못 한다는 것이다. 그런데 노인들은 다를 것이라고 상상한다. 사회적 배경과 문화적 맥락이 전혀 다른 90세 노인과 60대 노인이 말도 통하고 취향도 같을 거라는 생각은 착각이자 망상일 뿐이다.

일본의 단카이 세대는 1946년부터 1949년까지 태어난 베이비

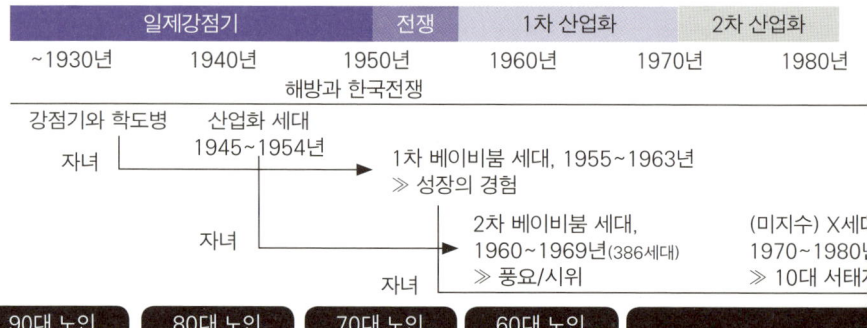

붐 세대다. 단카이團塊란 '덩어리'라는 뜻을 담고 있다. 많은 인구가 한꺼번에 쏟아져 나와 덩어리가 됐다는 의미로 만들어졌다. 하나의 덩어리로 묶을 수 있는 시간은 고작 4~5년이다. 동질감과 공통된 문화는 같은 시각, 같은 공간에서 같은 경험을 했을 때 만들어진다. 가장 일반적인 것이 학교이다. 의무적으로 같은 시각, 같은 공간에서 배움이라는 경험을 공유한다. 같은 때에 졸업하고 사회생활도 비슷한 시기에 한다면 하나의 덩어리로서 충분히 의미가 있다.

그러나 사회생활이 지속될수록 동질성은 떨어진다. "20~30대 때는 너나 나나 같다고 생각하지만 40~50대쯤 되면 인생의 스펙트럼이 넓어진다. 60~70대가 되면 각자의 삶이 굉장히 다르다는 것을 인정하게 된다." 고령의 인생 선배들에게 직접 들은 말이다. 각자 삶을 살아내며 자신의 욕구와 성향을 파악한다. 따라서 나이가 들면 들수록 동년배들과의 공통점보다는 개인의 독창성과 독특함이 더 도드라지게 마련이다. 노인이라는 기존의 범주에 묶어두었지만 삶을 들여다보면 들여다볼수록 개별적이라는 것을 인정해야 한다.

| 민주화와 전자 | 인터넷 | 스마트폰 |
|---|---|---|
| 1990년  2000년 | 2010년 | 2020년  2025년 |

밀레니엄 세대(Y세대)
1981~1996년
≫ 전자혁명

Z세대
1997~2010년
≫ 인터넷

알파세대
2010년~
≫ 스마트폰

청년·장년

미성년자 (청소년)

# 2
# 노인을 위한 시장은 있다

경험이 세대를 가른다

우리는 인구의 20% 이상을 차지하는 65세 이상의 노인을 어떻게 세분화할 수 있을까? 『멀티 제너레이션, 대전환의 시작』의 저자 펜실베이니아대학교 와튼스쿨 마우로 기옌 교수는 "과거에는 한 세대를 30년으로 보고 동시대에 2~3세대가 함께 살았지만 현대 사회는 길어진 수명과 배움, 경험, 사용하는 기술의 차이로 세대 구분이 짧아졌고 동시대에 6~8세대가 공존하며 살아가고 있다."라고 설명한다.

21세기 사회생활에서 미국은 침묵의 세대부터 Z세대까지 5세대가 함께 살고 한국은 산업화 세대부터 Z세대까지 6세대가 함께 살아가고 있다고 한다. 이들은 동일한 역사적 사건을 경험하고 비슷한 학력 수준을 가지고 동일한 최첨단 기술에 노출되었기 때문에 하나의 덩어리 집단으로 의미를 지닌다는 설명이다.

**미국과 한국의 세대 구분**

| 미국 | 침묵의 세대 | 베이비붐 세대 | X세대 | 밀레니얼 세대 | Z세대 |
|---|---|---|---|---|---|
| 출생 연도 | 1925~1945 | 1946~1964 | 1965~1980 | 1981~1995 | 1996~ |
| 역사적 사건 (주로 유년기) | 제1, 2차 세계대전 | 냉전 시대 | 사회주의 붕괴 민권법 제정 이후 세대 | 걸프전 | 9.11테러 이라크전 주택 버블 |
| 인구 사회학적 특성 | 전통적 4인 가구 | 이혼과 재혼 증가 3~4인 가구 | 맞벌이 부부 가구원 수 감소 히스패닉 이주민 정착 | 다양한 가족 형태 증가 | 다양한 인종의 가족 등장 |

| 한국 | 산업화 세대 | 베이비붐 1세대 | 베이비붐 2세대 | X세대 | 밀레니얼 세대 | Z세대 |
|---|---|---|---|---|---|---|
| 출생연도 | 1945~1954 | 1955~1964 | 1965~1974 | 1975~1984 | 1985~1996 | 1997~ |
| 역사적 사건 (주로 유년기) | 한국전쟁 베트남전 | 새마을 운동 | 민주화 운동 | 대중문화 운동 | 올림픽 | 월드컵 IMF 외환 위기 |
| 인구 사회학적 특성 | 실버산업 세대 | 인구조사 시작 합계출산율 5~6 대학진학률 20%대 | 가족계획 이후 합계출산율 3~4 대학진학률 30%대 | 수능 세대 여성 교육 수준 급격한 상승 자녀 수 감소 본격화 대학진학률 급증 | 저출산·고령화 1인 가구 증가 대학진학률 80%대 | 가구 분화 증가 초저출산 |

(자료: 『멀티 제너레이션, 대전환의 시작』, 마우로 기엔, 2021)

우리나라의 베이비붐 세대는 헤어져 있던 이들이 만나 전쟁으로 미루었던 결혼을 해서 인구가 급증한 세대다. 베이비붐 세대는 전쟁 이후의 참혹한 현실을 경험했고 이는 가치관 형성에 지대한 영향을 미쳤다. 노동시장에 진입할 때는 도시로 이주해야 했고 '아파트'라는 새로운 거주 형태를 경험하기 시작했다. 1차 베이비붐 세대의 자녀들인 X세대는 '정의할 수 없음'을 의미하는 X를 포함한 세대다. 경제적 풍요 속에서 성장했고 처음으로 수학능력시험을 통해 대학에 들어갔다. 현재는 소비시장에서 가장 주목받는 세대이며 이전과 달리 1인 가구가 증가하는 세대이다. 밀레니얼 세대는 2차 베이비붐 세대의 자식으로 대거 대학에 들어갔다. 10대 때 스마트폰을 접해 SNS에 능숙하며 자기표현 욕구도 강하다. Z세대는 태어날 때부터 스마트폰을 이용한 '포노사피엔스'들로 글로벌 환경에 거부감이 없고 다양성을 존중한다. 2025년을 기준으로 우리나라의 노인은 산업화 세대와 베이비붐 1·2세대가 포함되며 X세대가 은퇴를 시작하는 10년 후부터는 X세대까지 법적 노인 세대로 편입될 예정이다.

베이비붐 세대의 고령화로 기존 노년 세대와 액티브 시니어로 불리는 신노년 세대의 구분이 더욱 확실해질 것으로 보인다. 기존 노년 세대는 노년을 인생의 황혼기, 인생 말년이라 생각했지만 액티브 시니어는 노년을 인생의 새로운 시작으로 본다는 점에서 큰 차이섬을 보인다. 젊은 노인일수록 스스로를 실제 나이보다 5~10년 더 젊게 인식하고 그에 맞게 경제력, 소비력을 갖추려 한다. 여가와 노후 준비에도 차별화된 태도를 보인다.

이를 기준으로 노인을 연령대로 세분화하는 노력이 필요하다. 마우로 기옌 교수의 세대 구분을 법과 제도에 적용하는 것이 어렵다면 노인의 연령을 3개로 구분해 세대 구분을 해보는 것도 고려할 수 있다. 65~74세는 연소노인$_{young\text{-}old}$, 75~84세는 중고령노인$_{middle\text{-}old}$, 85세 이상은 고령노인$_{old\text{-}old}$으로 분류하는 식이다. 국내에서는 65~69세를 전기 노인, 70~79세를 노인, 80세 이후를 후기 노인으로 분류하자는 제안도 있었다.

중요한 것은 생애 경험을 기준으로 세대 구분을 시도해보는 것이다. 이는 노인이라는 몰개성화된 집단에 개성을 부여하는 작업이기도 하다. 점차 기존의 30년 주기 세대 구분, 생물학적 나이, 법적 은퇴는 낡은 개념이 될 것이다. 시니어 비즈니스 모델 역시 세대를 어떻게 세분화해 니즈에 부응하는가가 성공의 관건이 될 것이다.

### 시니어 타깃 시장은 세그먼트에 답이 있다

상품과 서비스를 구매하는 소비자는 '주인공'이다. 그러나 산업계에서 노인은 여전히 주인공으로 대접받지 못하고 있다. 각국의 소비자 보고를 보면 "소비자로서 배려받고 있지 않다."라고 답하는 노인들이 절반 이상이 된다. 노인의 욕구를 충족시키는 제품과 서비스가 부족한 것이 현실이다. 노인을, 시니어를 주인공으로 대접하는 제품을 내놓아야 한다. 우선 전체 시니어에 대한 감을 잡을 수 없다면 세그먼트에 집중해 소수일지라도 맞춤한 제품과 서비스를 제공해야 한다.

세계 어디나 디지털 문화가 확산하면서 오프라인 잡지들의 폐간이 줄을 잇고 있다. 잡지 대국으로 불리던 일본도 디지털 쓰나미를 비켜 가지 못했다. 그러나 『하루메쿠ハルメク』라는 여성 시니어를 위한 월간 잡지는 아직도 정기구독자 50만 명을 자랑한다. 활동성이 떨어진다는 선입견이 있는 60~80대 여성 시니어를 주요 독자로 함에도 이 정도 판매고를 올린다는 것은 실로 대단한 성과다. 일본 ABC협회에 가입한 잡지 중 판매 부수 1위를 기록한다. 오프라인이나 온라인 서점에서는 판매하지 않고 오로지 정기구독만으로 이

만큼의 구독자를 유지하고 있다는 것에 다시 한 번 놀라게 된다.

『하루메쿠』의 제작진은 자신들의 생존력이 "철저하게 독자의 니즈를 바탕으로 제작한다."라는 기조에 있다고 설명한다. 실제『하루메쿠』는 시니어 여성들이 원하는 옷, 화장품, 취미생활에 대한 정보를 생생하게 전달한다. 이를 위해 연간 70회의 독자 모임도 불사하고 매달 잡지사로 쏟아지는 2,000건의 독자 엽서도 꼼꼼히 체크한다. 독자의 의견은 요리, 미용, 패션, 건강, 가사, 여행, 금융 등 다양한 섹션의 기사에 반영하고 데이터로도 남긴다. 시장의 타깃을 가까이서 관찰하고 제품에 반영하는 것은 어느 시장에나 효과적인 전략이다.

여기에 더해 '보이지 않는 것을 보는 눈'이 있다면 조금 더 파급력을 키울 수 있다. 2000년 출시된 가네보의 시니어 뷰티 브랜드 '에비타ェビータ'는 시니어 화장품 브랜드의 선구자라는 평가를 받을 정도로 선풍적인 인기를 끌었다. 에비타는 뷰티 브랜드 중 최초로 패키지에 '50세'라는 글자를 크고 보기 쉽게 표기했다. 30대 모델이 대부분이라 시니어용 제품을 찾기 어렵다는 시니어의 고민에 착안한 제품 포장이 성공 포인트로 꼽혔다. 에비타는 2007년에 연 매출 100억 엔(9,500억 원)을 달성했다.

시니어 뷰티라는 개념이 생소하던 시절에 남의 시선을 신경 쓰지 않고 '직접, 쉽게, 부담 없이' 시니어 제품을 찾아 고를 수 있도록 한 가네보의 전략이 일본 시니어들의 정서에 크게 부합한 결과였다. 특히 가네보는 사회적 평가에 민감한 일본에서 다양한 제품을 직접 고를 수 있도록 편의점과 드럭스토어에 진출해 오래전부터 인기를 끌었다.

2000년대 이후 시니어들이 화장품에 관심과 구매욕이 커졌고 시장 내 시니어의 영향력도 갈수록 높아졌다. 일본 출판사 슈에이샤가 운영하는 온라인 정보플랫폼 이미다스imidas에서는 이미 2009년 "(뷰티 시장에서) '50대용'이라는 단어는 더 이상 금기어가 아니다."라는 내용을 담은 칼럼이 나오기도 했다. 2010년을 넘기며 시니어 여성들이 화장품 시장의 큰 손으로 자리 잡았다. 2015년에는 시세이도 매출의 50% 이상이 50대 이상 고객층에서 발생했다. 시세이도는 지속적으로 시니어 여성을 위한 브랜드를 출시했다. 가네보 화장품은 타깃 연령을 60대로 높여 제품을 내놓고 개별 맞춤을 지원하는 카운슬러도 매장에 상주시켰다.

시장에는 언뜻 보기에 기업 인지도, 브랜드 콘셉트, 타깃 연령 등에 차이가 없어 보이는 제품들이 쏟아진다. 그러나 어떤 제품은 실패하고 어떤 제품은 성공한다. 소비자의 니즈를 정확히 파악해 대응하느냐가 관건이다. 노인은 연령대로만 보아도 60대에서 90대까지 스펙트럼이 굉장히 넓다. 젊은 사람 못지않게 생활환경과 경제적, 사회적 상황에서 차별점이 많다. 거대한 시장에 매몰되지 않고 개인별 취향과 욕구를 파악하는 것이 중요하다. 시니어 시장의 성패는 적절한 그리고 확실한 세그먼트에 달렸다고 해도 과언이 아니다.

2020년대 들어서며 MZ가 새로운 소비층으로 떠올랐다. 산업계에서부터 경제계, 문화계까지 이들을 분석하고 그에 맞춤한 제품을 내놓기 위한 '학습 과정'이 한창이다. 안타깝게도 시니어 시장에서는 이러한 노력의 10분의 1도 찾아보기 어렵다. 경제주간지 『이코노미스드』 산하 경영정보 연구기관인 이코노미스트 인텔리전스

**건강과 돈을 기준으로 한 시니어 라이프스타일 분류**

| 프리미엄 시니어 | 1억 엔 이상의 자산을 보유하고 보통의 건강을 가진 부류 |
|---|---|
| 스포티브 시니어 | 보유 자산이 많고 건강하게 활동하는 부류 |
| 엔조이 라이프 시니어 | 취미와 음식 등을 즐기면서 생활하는 부류 |
| 유유한 재택 노인 | 집에 기거하며 사람과 접촉, 대화를 별로 하지 않는 부류 |
| 액티브 시니어 | 직장이나 사회 공헌 활동 등에서 활약하며 생애 현역을 지속하는 부류 |
| 합리적인 시니어 | 보유 자산과 연금이 적지 않으며 활동적인 생활을 유지하는 부류 |
| 개호가 필요한 시니어 | 가정에서 간호받거나 요양시설에서 생활하는 부류 |

(자료: 일본건강시니어기술종합연구소)

유닛EIU의 조사에 따르면 31%의 기업만이 고령화를 대비한 시장조사를 한다고 한다. 50세 이상 시장조사에는 밀레니얼 세대에 대한 조사비용의 10분의 1도 쓰지 않는다고 한다.

산업계의 주요 의사결정권자들은 여전히 '노인들은 그럴 것'이라는 착각을 고수하고 있다. 대부분의 실패가 거기서 만들어지는 것을 인정하지 않는다. MZ를 이해하기 위해 새로운 시각이 필요하듯 시니어를 이해하기 위해서도 새로운 시각이 필요하다. 경영진이 시니어라고 해서 시니어 세대를 잘 아는 것도 아니다. 객관적이고 합리적인 분석에서 시작해야 한다.

일본의 일본건강시니어기술종합연구소는 2020년 '건강'과 '돈'에 착안하여 시니어 라이프스타일을 8개로 분류한 포지셔닝 맵을 발표했다.

시니어의 라이프스타일을 구분할 수 있는 잣대는 다양하다. 시간의 여유, 여가와 행복 추구 정도, 거주 형태, 가족과의 관계 등 다양한 기준으로 시니어들을 분류할 수 있고 다양한 마이크로 트렌드가 만들어지고 있는 것을 확인할 수 있다. 이들의 내면적 욕구는 무엇인가? 이를 해결하기 위해 어떤 제품과 서비스가 필요한가? 시니어의 문제와 불안을 해소할 수 있는 기업이 실버 웨이브의 승자가 될 수 있다.

# 3
# 시니어 산업의 성장은 필연적이다

 전문가들은 21세기가 시작되자마자 시니어 산업의 성장을 예견했다. 우리나라에도 20여 년 전 한 번의 밀물이 들어왔었다. 하지만 모두가 아는 것처럼 예측은 실현되지 않았고 썰물이 진 자리처럼 시장은 오랫동안 침묵 속에 잠겼다. 당시 전문가들의 주장은 "500만 실버 시대가 온다."라는 것이었다. 500만 명이면 현재 인구의 10분의 1이다. 이들을 위한 금융, 보험, 제약 등 다양한 제품과 서비스가 필요할 것으로 예상했다. 대기업들도 신사업 확장에 뛰어들었다. 그러나 500만 명의 시니어들은 거대한 시장 지배력을 나타내지 못했고 이들을 상대로 한 비즈니스 모델도 확립되지 않았다. 이런저런 사업을 시작했던 기업들은 단기간의 실패를 이유로 시장에서 철수해 버렸다.

## 새로운 수요가 생겨나고 있다

정부도 시니어 산업 성장에 팔을 걷어붙였다. 2006년 12월에 '고령친화산업진흥법'이 제정했다. 고령 친화 제품과 서비스와 시설 등 노인의 삶의 질 개선에 기여하는 모든 산업을 대상으로 한 법안이었다. 산업계에서는 정부 지원을 통해 시니어 산업 성장이 뒤따를 줄 알았다. 그러나 2007년 4월 노인장기요양보험법이 제정되면서 정부 지원은 사라진 거나 다름없는 상황이 됐다. 주관 부처인 보건복지부가 노인장기요양보험 운영에 주력하다 보니 고령친화산업 지원은 우선순위에서 밀리고 말았다. 그 결과 그나마 발전된 시니어 산업은 노인장기요양보험 같은 사회보험과 관련되거나 크게 의존하는 분야에 한정됐다.

현실을 냉정하게 보자면 금융, 여가, 교육 등 시니어의 삶에 필요한 전반적인 산업이 발전하지 못하고 있다. 그러나 이러한 싸늘한 시장 상황도 '수적 우세'로 인해 점차 호기를 찾아갈 것이라는 게 전문가들의 의견이다. 과거에는 500만 시니어 시대를 논했지만 현재는 1,000만 시니어 시대가 됐다. 2023년 출생아는 23만 명에 불과하지만 1961년 출생아는 104만 명에 달한다. 마찬가지로 2005년 80세 이상 인구는 50만 명도 안 됐으나 2010년에는 90만 명을 넘어섰다. 2021년에는 80세 이상 인구가 200만 명을 넘어섰고 2030년에는 320만 명에 이를 전망이다(이때는 90세 이상 인구도 70만 명에 달한다).

베이비붐 세대가 시니어 인구로 편입되면서 절대적 사이즈가 커졌고 시장도 커졌다. 역으로 만일 우리나라 기업들이 이들을 주요 소비자로 잡지 못하면 내수시장이 쪼그라들어 전체 기업들의 생존이 어려운 것이 현실이다. 이러한 위기의식 속에 가전업계와 패션업계가 먼저 시니어 시장에 뛰어들고 있다. 이들이 만드는 새로운 제품과 서비스가 시니어 비즈니스 업계의 성장 동력이 되리라는 예측이다.

'시니어 산업의 발달, 시장의 확대'는 글로벌 트렌드다. 고령층의 인구 증가와 소비력 증가는 전 세계적으로 예견된 미래다. 2022년 미국은퇴자협회AARP에서 발표한 자료에 따르면 글로벌 소비지출에서 50세 이상 집단이 차지하는 비중이 2020년 50%에 도달했다. 그리고 수치는 계속 상승 중이다. 2030년에는 54%이고 2050년에는 59%를 차지할 전망이다. 세부적으로 살펴보면 2020년부터 2030년까지 10년 동안 노인의 소비지출액 비중은 독일, 영국, 미국은 1~2%p 증가하고 한국, 중국, 일본은 각각 8.6%p, 7.3%p, 5.7%p 증가할 것으로 예상된다.

2030년은 국내 인구 3분의 1(33.7%)인 1,726만 6,000여 명이 60세 이상이 될 것으로 예상되는 해이다. 50세 이상 집단의 소비지출 비중이 60%를 넘어설 것이라는 예측이다. 이러한 시니어 집단의 소비지출 증가는 국내총생산GDP, 일자리, 노동소득에도 긍정적 영향을 미치는 것이다.

2030년 우리나라의 고령친화산업 전체 시장규모는 168조 원으로 추정한다. 고령친화산업 전체 규모는 2012년 27조 3,808억 원에서 2020년 72조 8,304억 원으로 증가했다. 이후 성장세가 더 가팔라지고 있다. 특히 의약품, 의료기기, 화장품, 식품, 요양, 여가, 주거 등 산업의 규모가 성장하는데 연평균 성장률은 13%로 기존 산업(7%)의 두 배에 달할 전망이다.

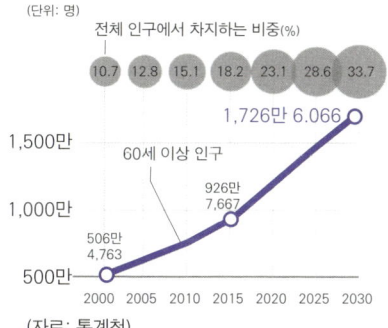

미래의 시니어는 교육 수준이 높고 디지털에 익숙하고 체력적으로 건강하고 사회활동도 활발하다. 구매력 또한 매우 높다. 욜드 YOLD, Young Old로도 불리는 액티브 시니어는 시니어 경제를 이끌 주요 고객군이다. 생산력과 소비력 모두가 높아 이들에게 맞춤한 비즈니스 모델이 새로운 성장 엔진이 될 것이다. 문제는 이들을 위한 제품과 서비스를 누가 제공할 것인가이다. 노인장기요양보험이 시작되면서 고령친화산업 지원이 멈추는 과거의 실패를 반복하지 않아야 한다. 그러기 위해서는 처음부터 민간 주도로 시장이 성장해야 한다. 정부의 지원 없이도 성장할 수 있는 금융, 의료, 패션, 교육 등에서 경쟁력을 갖춘 사업자가 나타나야 한다.

### 고령자에 대한 시장조사와 마케팅이 부족하다

"엄마 옷 사기 엄청 힘들어요."

한 동료의 하소연을 들은 적이 있다. 그는 3세 아이를 두었고 남편과 함께 맞벌이하고 있다. 그의 어머니는 자식 부부를 대신해 손주를 봐야 해서 는 바쁘다. 그래서 동료가 퇴근길에 필요한 것들을 사다 나르는 모양새다. 그 쇼핑 목록 중 하나가 어머니의 옷이다.

"우리 엄마한테 중요한 수치가 2개 있어요. 하나는 팔 길이예요. 한여름에도 소매가 팔꿈치를 덮어야 해요. 블라우스건 남방이건 기본이 그래요. 조선시대 사람도 아닌데 아무튼 그래요. 다음으로 밑위 길이예요. 허리에서 가랑이 사이가 길어야 해요. 우리가 말하는 '몸빼바지'가 딱인데 그게 입어보면 참 편해요. 특히 애들 안고 앉았다 일어났다 할 때 엄청 편해요. 그런데 엄마는 또 그걸 입을 세대는 아니라고 하세요. 그래서 백화점을 뺑글뺑글 돌아서 밑위 길이 긴 바지를 찾아요. 웃기죠? 젊은 사람들은 하나도 신경 안 쓸 것들을 신경 쓰느라 옷을 살 수가 없어요."

나이가 들면 '취향'이 없어지는 줄 안다. 여유로워지고 관대해지고 포근해져서 아무거나 대충 사다 줘도 되는 줄 안다. 그러나 시장에서 실제 시니어 고객을 대면해 본 사람들은 안다. 그들의 까다로움은 이루 다 말할 수 없다. 특히 말년의 노인은 감정적이고 쉽게 노여워하고 젊은 사람들의 말은 죽도록 안 듣는다. 도대체 왜 그런 걸까?

대부분 상품은 시력이 1.0은 되는 젊은 사람들을 고려해 디자인된다. 시니어 입장에서 상표는 읽기 어렵고 포장을 푸는 데도 어려움을 느낀다. 사용설명서를 보기 위해서는 돋보기가 필요하다. 제품 확인부터 애를 써야 하는 상황이 반복되면 쇼핑이 기분 좋은 일이 되기 어렵다.

다음으로 원하는 물건을 찾기가 쉽지 않다. 트렌드는 변한다. 하지만 개인의 기호가 결정되는 것은 보통 10대 후반에서 20대 초반이다. 동료의 어머니처럼 10대 때 유행했던 제품을 일생에 걸쳐 꾸준히 사용하는 경우가 흔하다. 그러나 시장의 유행은 변하고 이전의 트렌드를 반영한 제품을 찾기는 갈수록 어려워진다. 나이가 들수록 기호와 취향에 맞는 제품을 찾기가 어려워진다.

마지막으로 쇼핑하는 내내 대화가 쉽지 않다. 어른이기 때문에 어린 종업원을 대하는 것이 편하리라 예상한다. 이것 역시 오해다. 시니어 소비자들은 물건을 제대로 찾지 못하는 자신이 열등하게 비칠까 걱정한다. 적극적으로 원하는 물건을 찾아 나서는 쇼핑을 포기하기도 한다.

불편한 경험이 반복되면 그 일을 하기가 싫어진다. 취향에 맞는 물건을 찾기도 어렵고 쇼핑은 점점 더 어렵고 복잡해진다. 젊은이들을 대하기도 쉽지 않다. 이런 상태의 시니어는 괴팍하고 까다로운 블랙컨슈머 누명을 쓰기 십상이다. 역지사지로 살펴야 한다. 그들이 말하지 못하는 것들을 듣고 감지하지 못하는 불편을 느끼고 앞서서 애로사항을 해결해 줘야 한다. 이것이 진정한 고객 맞춤이다.

일본의 기업들은 우리나라 기업들보다 앞서 까다로운 고령층의 주머니를 열기 위해 적극적으로 나서고 있다. 일례로 홈플러스나 이마트 같은 일본의 오프라인 쇼핑몰 이온AEON은 세계 22위의 대형 판매점이다. 최근에는 고령자를 사로잡는 쇼핑몰로 인기를 끌고 있다. 이온에서 내세운 전략은 "상품이 아니라 시간을 판다."라는 것이다. 쇼핑몰에 가보면 어디나 '물건 소비형' 고객과 '시간 소비형' 고객이 있다. 꼭 필요한 물건이 없어도 무료한 시간을 달래기 위해, 남는 시간을 쓰기 위해 쇼핑몰을 찾아오는 사람들이 시간 소비형 고객이다. 바쁜 일이 상대적으로 적은 고령자들은 시간 소비형이 많다. 이온 쇼핑몰은 이들이 이용할 수 있는 문화교실, 피트니스 스튜디오, 카페, 서점, 반려동물숍 등을 오픈해 시니어들에게 시간을 살 수 있게 했다. 성과는 상당했다.

게이오 백화점은 고령 친화적 인테리어로 시니어 고객을 사로잡았다. 매장 의자 높이와 계단 손잡이를 15~20센티미터 낮추고 넓은 엘리베이터 안에 의자를 배치했다. 시니어들이 자주 찾는 안티에이징 제품을 전면에 매치하고 50대 이상 여성들과 소통이 잘되도록 직원들을 훈련시켰다. 그 결과 백화점 내점 고객 중 65세 이상이 60%를 차지했다. 50세 이상은 86%나 됐다.

일본의 편의점 로손은 시니어들이 필요한 제품을 다량 갖추어 시니어들의 발길을 잡았다. 기저귀부터 간식, 의약품, 건강 관련 잡화 등 시니어 특화 제품들을 편히 살 수 있게 했다. 한편에 이러한 제품들로 구성된 시니어 살롱을 만들고 매장 내 조제 약국을 운영하며 시니어들에게 건강 상담도 해주었다. 시니어들 사이에서 로손 편의점은 우리나라 다이소만큼 인기가 높아졌다.

일본의 사례처럼 글로벌 기업들도 시니어 시프트에 적극적으로 나서기 시작했다. 주요 고객층을 기존의 젊은 세대에서 중장년층과 고령자 위주로 바꿔가는 것이다. 비즈니스의 타깃도 함께 변화하고 있다. 그러나 앞서 지적한 것처럼 고령자가 차지하는 비율에 비해 시장조사와 마케팅은 여전히 부족하다. 미국에서 판매되는 자동차의 절반 이상이 50세 이상의 소비자에게 판매되지만 이들에게 할당하는 자동차 광고 예산은 10%에 불과하다는 통계도 있다. 애플의 아이패드 매출의 19%가 45세 이상 소비자들에게 판매되지만 마케팅 활동 대상은 여전히 35세 이하에 한정돼 있다. 심지어 발기부전 치료제도 정작 필요한 고령자는 배제된다고 한다.

우리나라 기업들 역시 1,000만 시니어를 붙잡기 위해 시각과 생각을 가장 먼저 바꿔야 한다.

# 4
# 노인에 대한 고정관념은 틀렸다

**노인에 대한 고정관념을 버려라**

"고령자는 쇠약하다." "고령자는 싼 것만 좋아한다." "노인의 욕망은 생존, 건강, 안전 등 기초적인 것에 국한된다."

고정관념은 실패를 부르는 가장 큰 이유다. 이러한 고정관념을 지닌 기업은 시니어 시프트를 성공적으로 완수할 수 없다. 일례로 60여 년 전 크라이슬러는 '노인의 자동차 old person's car'라는 애칭이 붙은 차를 선보였다. 필요한 기능만 제공해 연료도 절약되고 운전도 편리했다. 다만 속도가 잘 나지 않았다. 어차피 노인이 운전할 차이기 때문에 대수롭지 않게 여겼다. 그러나 이 차는 예상과 달리 판매가 좋지 않았다. 보급형 차에 환호할 줄 알았던 노인들이 보여준 반응은 싸늘했다. 이 사건을 계기로 자동차 업계에서는 "젊은이가 타는 차를 노인에겐 팔 수 있어도 노인이 타는 차를 젊은이에겐 팔 수 없다."라는 이야기가 나왔다.

실버 웨이브 시대에 실패를 반복하지 않기 위해서 노인에 대한 다섯 가지 고정관념을 없애는 것이 급선무다. 첫째, 노인은 노약자라는 착각이다. 노약자석에 앉을 수 있는 기준은 장애인, 노약자, 임산부이다. 그러나 노인이 모두 노약자는 아니다. 나이는 들었으되 신체적으로 정신적으로 약하지 않은 노인들이 대부분이다. 죽기 전 병원에서 생활하는 평균 기간은 2년이며 71세까지 건강한 신체를 유지하는 이들이 대부분이다. 노인들도 왕성한 활동들이 가능하다는 전제 아래 상품과 서비스 제작에 임해야 한다.

둘째, 노인은 아이와 같다는 착각이다. 아이와 같이 돌봄이 필요하다 해서 가족과 돌봄 종사자들이 노인을 아이처럼 대하는 경우가 종종 있다. 노인복지관이나 노인 돌봄 시설을 방문해보면 취미 생활을 해야 한다며 어린이용 색칠공부나 종이접기를 제공하는 경우가 흔하다. 유아를 상대로 한 데이터와 노하우를 노인 돌봄에 그대로 활용하는 일도 종종 벌어진다. 그러나 노인은 아이가 아니다. 영유아기 아이들의 두뇌 발달을 목표로 하는 교육 행위와 고령기 노인들의 인지력 저하를 예방하는 인지 자극 프로그램은 달라야 한다. 그럼에도 노인들을 위한 마땅한 인지 자극 프로그램이 없고 노인들도 특별히 불만을 표시하지 않는다는 이유로 유아용 프로그램을 가져다 쓰는 것은 잘못된 일이다. 노인의 건강과 인지 상태를 확인하고 욕구에 맞는 활동들을 준비해야 한다.

셋째, 노인은 욕망이 없다는 착각이다. 나이가 들면 건강을 생각해서 저염식을 먹고 기름진 음식은 피하는 것이 올바른 식사법인 것은 누구나 안다. 질병이 있는 사람들은 나이가 많든 적든 그에 맞는 식사를 해야 한다. 그러나 모든 노인이 건강 가이드에 맞춰서 먹고 마시지는 않는다. 젊은이들과 똑같다. 달고 감칠맛 나는 음식을 좋아한다. 음식 외에도 다양한 분야에 취향과 욕망이 존재한다. 이것을 인정하고 해결해 줘야 한다.

넷째, 노인은 산 좋고 물 좋은 곳에 살고 싶어 한다는 착각이다. 노인들의 주거 선택 기준이 한적한 곳에서 의료와 편의시설이 갖춰진 곳으로 바뀐 지 오래다. 베이비붐 이후 세대들은 학력 수준이 높고 도시화를 경험한 세대들이다. 오랫동안 문명의 편리를 누리며 살았다. 그런 세대가 노인이 된다고 갑자기 산과 바다가 좋아질 리 없다. 특히나 건강관리를 위해 의료서비스를 꾸준히 받아야 하는 상황에서 의료시설과 떨어진 외진 곳은 선호 지역이 될 수 없다.

다섯째, 노인에게도 디지털 돌봄이 가능하다는 착각이다. 최근 에이지테크와 돌봄 산업에 기술력이 보강된다는 다양한 이야기가 나오고 있다. 일본에서는 목욕 서비스가 상용화됐다. 고강도의 노동과 인력 수급 문제로 고민을 앓고 있는 돌봄 산업에서 인공지능과 로봇이 활약할 거라는 장밋빛 전망이 나온다. 그러나 노인이 아니라 자신에게 물어보라. 안심하고 로봇에게 나의 몸을 맡길 수 있는가? 로봇 손이 나의 몸을 씻겨주는 것이 좋은가? 디지털 돌봄은 최선이 아니다. 인공지능 스피커는 이야기하고 싶지만 친구가 없는 사람에게 필요한 제품이다. 친구가 있다면 인공지능 스피커는 필요 없다. 돌봄도 사람에게 받는 것이 최선이다.

가상현실VR·증강현실AR을 활용한 디지털 돌봄도 마찬가지다. 어르신들은 가상현실 안경을 쓰고 영상을 통해 전국 팔도를 유람하는 것을 좋아한다. 그러나 이면을 보라. 어르신들이 왜 가상현실 안경을 쓰고 영상을 보는 걸 좋아하는가? 실제 전국 팔도를 다니며 꽃도 보고 봄바람도 쐬고 싶기 때문이다. 나갈 수 없기 때문에 '그나마' 가상현실기기를 이용해서라도 그런 기분을 느끼고 싶은 것뿐이다. 근본적 욕구를 무시하고 적용해보니 좋더라는 말만 믿고 디지털 돌봄이 인간 돌봄을 대체할 수 있을 거라고 기대해선 안 된다.

고령층을 위한 상품과 서비스를 개발할 때 고정관념과 착각은 최대한 배제해야 한다. 과거의 많은 실패가 이러한 고정관념과 착각에서 시작됐다. 덧붙여 시니어를 상대로 한 다양한 데이터와 노하우를 쌓아가는 과정이 필요하다. 기존의 어떤 계층과 유사하다고 다른 자료를 데이터로 활용해선 안 된다. 고객, 소비자, 주인공의 정보를 활용해야 한다. 유사 계층의 자료가 버젓이 시니어 자료인양 활용되는 것이 안타까워서 하는 말이다.

### 누구나 나이가 들게 되고 돌봄이 필요하다

돌봄 산업은 현재까지 시니어 산업의 성장을 견인한 부문이다. 노인장기요양보험은 110만 명의 수급자를 돌보기 위해 2024년 한 해에만 약 14조 5,000억 원의 보험료를 지급했다. 국회예산정책처는 「노인장기요양보험 재정전망 보고서」에서 보험료 지급액이 2025년 18조 2,285억 원, 2030년 29조 3,208억 원, 2032년 34조 7,291억 원으로 증가할 것이라 예상했다. 그러나 실제로는 재정적자를 염두에 두어 공격적인 장기요양서비스를 확대하지는 않았다. 그 때문에 보험료 지급액은 예상보다는 적을 것으로 전망되고 있다. 그럼에도 2026년부터는 더 많은 재정수지 적자가 예상된다. 결국 노인장기요양보험의 비용 부담은 국가와 국민 모두에게 부담으로 돌아올 것이다.

수치만 봐도 시니어 산업 내에서 돌봄 산업이 필연적으로 성장할 수밖에 없다는 것을 알 수 있다. 고령화가 가져오는 돌봄 산업의 팽창을 이해하기 위해서는 '나이듦의 진실'을 알아야 한다.

첫째, 나이듦은 누구나 피할 수 없다. "에이, 그걸 모르는 사람이 어디 있나?"라고 생각할 수도 있을 것이다. 그러나 현실에서 이 부분을 염두하고 사는 사람은 많지 않다. 오히려 연애나 결혼과 출산을 더 현실적으로 느낀다. 그러나 생각해 보면 연애, 결혼, 출산은 선택이지만 나이듦은 무조건이다. 더 오래 살고 무조건 돌봄이 필요할 때까지 살아남는다고 생각해야 한다.

둘째, 돌봄은 누구나 필요하다. 앞서 사망 전 와병 생활을 하는 기간이 평균 2년 정도라고 언급했다. 배우자, 자녀, 간병인, 요양보호사 누가 됐든 돌봐줄 사람이 있어야 한다. 대표적으로 치매는 노인들을 노리는 흔한 질병이다. 국내 65세 이상 인구 10명 중 1명이 치매로 고통받고 있다. 또한 대한신경과학회에서 조사한 결과에 따르면 노인장기요양보험에서 등급을 받은 수급자 중에 치매와 알츠하이머를 진단받은 비중이 꾸준히 늘고 있다. 중앙치매센터가 발표한 2024년 65세 이상 국내 치매 환자수는 105만 명에 달했다. 2015년 63만 명에서 매년 꾸준히 증가해 2024년 100만 명을 넘겼다. 이밖에도 암, 관절염, 류머티즘, 고혈압, 당뇨, 고지혈증, 루프스 등 면역질환까지 질병은 다양하다. 나이는 질병의 빈도와 정도에 가장 크게 영향을 미치는 요인이다. 그런데 모두 오래 산다. 유병장수 기간, 돌봄 기간을 여생의 일부로 받아들여야 한다.

셋째, 돌봄은 꼭 나이 순서대로 필요한 것이 아니다. 그리고 돌

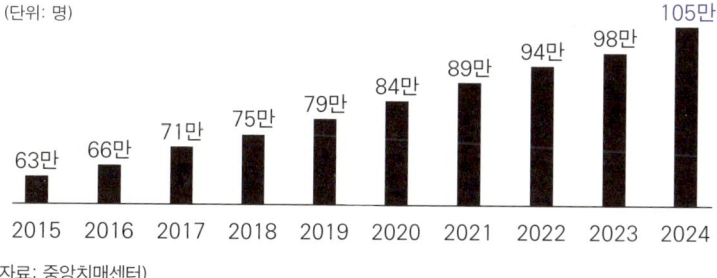

국내 65세 이상 치매 환자 수
(단위: 명)

63만 66만 71만 75만 79만 84만 89만 94만 98만 105만
2015 2016 2017 2018 2019 2020 2021 2022 2023 2024

(자료: 중앙치매센터)

봄에는 졸업도 없다. 부모와 아이를 같이 돌보는 딸에게 어느 쪽이 더 힘드냐고 물어보면 열 중 아홉은 부모를 돌보는 것이 더 힘들다고 이야기한다. 경중의 문제가 아니라 '끝이 있고 없고의 차이'이다. 육아의 경우 갈수록 편하고 쉬워지지만 돌봄은 갈수록 힘들고 어려워진다. 전담해서 하다 보면 꼭 한계에 부딪히게 마련이다. 돌봄은 졸업이 없고 중퇴만 가능하다. 집보다 더 나은 환경, 나보다 더 잘 돌봐줄 수 있는 이들에게 돌봄을 위탁할 때가 반드시 온다.

넷째, 긴 돌봄에 효자가 없다. 타인 앞에서는 인정하고 싶어 하지 않지만 직접 부모나 배우자를 돌보는 것은 현실적인 어려움이 너무 많다. 시니어 음료 담당 마케터와 이야기를 나눈 적이 있다. 시장에 경쟁 제품이 난립하다 우여곡절 끝에 정리가 됐다. 담당 마케터는 "부모님에게 줄 것은 싸고 양이 많은 것, 자신들이 먹을 것은 비싸고 좋은 것을 고른다."라고 했다. 실제 자료를 보니 연령이 올라갈수록 가격이 저렴한 것이 많이 팔리고 중년 고객 제품은 가격이 높게 책정돼 있었다.

아픈 부모를 어쩌지 못해 극단적 선택을 하는 사례가 종종 언론에 보도되고 있다. 일본도 사태가 심각해 개호보험을 확대하는 정책을 펴고 있다. 마을이 노인 세대를 돌볼 수 있는 지역포괄케어시스템은 긴 돌봄에 효자가 없는 현실에서 모두가 살 수 있는 선택지였다.

"행여나 자식들한테 아파서 못살겠다는 그런 소리 하지 말아!"

부산 매축지의 쪽방촌 할머니들과 봄놀이 다닐 때 할머니들에게 들은 우스갯소리다. 현재 우리나라는 노인장기요양보험에 의해 요양원에 입소할 때 순수 본인 부담금(비급여 제외)이 85만 원(1개월 기준)을 넘지 않는다. 어찌 보면 큰 금액이지만 할머니 이름으로 나오는 노령연금과 국민연금을 합치고 여기에 몇십만 원만 보태면 요양원에 보낼 수 있게 된다. 할머니들은 자신들이 아프다고 하면 자식들이 요양원에 데려다 놓을까를 걱정했다. 농담 반 진담 반 이야기를 듣고 할머니들은 깔깔깔 웃음을 터트렸지만 마지막 표정은 밝지 않았다.

우리나라에 요양원과 같은 시설이 있고 돌봄이 필요한 시니어들에세 보험의 혜택을 제공할 수 있는 것은 다행스러운 일이다. 그러나 고령화가 유병장수 기간을 늘리는 상황에서 정부 주도의 복지 정책은 한계에 다다를 수밖에 없다. 할머니들이 나이듦을 두려워하지 않아도 되는 민간 주도의 돌봄 산업 발달이 필요한 때이다.

### 실버 테크에 대한 환상은 금물이다

4차 산업혁명과 함께 찾아온 다양한 신기술이 실버 웨이브의 엄청난 동력이 될 것이라는 기대가 크다. 실제 노인이 있는 집에 가 보면 가정용 CCTV와 인공지능 스피커, 화재 방지, 알람 센서, 동작 감지기 등 사물인터넷 제품들이 즐비하다. 급속한 고령화와 기술 발전이 동시에 이루어지다 보니 건강하고 독립적인 생활을 지원하는 기술들도 많아졌다. 고령 친화 산업도 고령자를 위한 스마트홈 장치, 웨어러블, 디지털 헬스, 이동성·안전·실종방지 등 일상생활 관련 장치와 시스템을 구축하는 데 집중하고 있다. 사회와 연결되는 커뮤니티, 여가, 금융 등 전체 라이프스타일을 관장하는 상품과 서비스로도 확장될 전망이다.

노인의 신체적, 정서적 문제를 해결하고 삶의 질을 향상시키기 위해 정보통신기술ICT, 로봇, 모바일 기술, 인공지능 등을 활용하는 것을 에이지테크AgeTec라고 한다. 에이지테크 시장은 차세대 프론티어 시장이라 할 정도로 빠른 성장이 기대되고 있다. 글로벌에서는 구글, 애플과 같은 대기업의 활약도 있지만 벤처와 스타트업의 개발도 한창이다. 세계가전전시회CES*에서 2023년에는 에이지테크 쇼케이스가 열렸고 2024년에는 우리나라를 포함한 스타트업 제품들이 소개됐다.

에이지테크 시장에서 고령 인구의 역할 증대, 의료비용 증가, 돌봄 인력의 부족 문제 등이 빠르게 확대되고 있다. 대부분의 선진국에서 고령화와 저출산 문제가 함께 나타나고 있어 돌봄 인력 부족이 세계적인 문제가 되고 있다. 또한 고령화로 정부의 의료비 부담이 가중되고 있다.

주요국들은 에이지테크 산업 지원 정책에도 적극적이다. 미국은 국립보건원의 국립노화연구소에서 에이지테크 관련 중소기업 지원 사업을 하고 있다. 영국은 연구혁신기구에서 최신 기술을 활용

---

\* 최신 기술 트렌드를 소개하는 전시회로 매년 라스베이거스에서 열린다.

한 고령자용 제품과 서비스 개발을 위해 활발히 움직이고 있고민간 에이지테크 스타트업과 '건강한 노년 촉진상'을 시상하며 시장화 가능성을 높이고 있다. 일본은 후생노동성이 경제산업성과 함께 돌봄 로봇의 개발·보급 촉진 사업을 시행하고 있다. 중국은 산업 클러스터의 발전 장려와 고령자용 제품의 지능형 업그레이드 촉진을 주요 내용으로 하고 있다.

돌봄 인력 부족과 의료비용 증가는 실버 경제 활성화에서 가장 큰 문제로 지적되는 부분이다. 선진 국가들은 노인들이 산업 현장에 남을 수 있도록 지원하고 돌봄 인력 부족과 의료비용 증가는 정부 차원에서 지원책을 추진하고 있다. 그러나 아무리 기술과 기기가 발달해도 에이지테크가 인간을 대체하기는 어려울 것이다. 앞으로 우리나라도 에이지테크 산업의 정부 개입이 필요해 보이지만 2024년 고령 친화 산업 육성을 위한 예산이 전액 삭감되는 사태가 벌어지기도 했다. 일각에서는 돌봄 로봇과 지능형 제품 개발이 늦어지면 해외 제품이 국내 시장에 들어와 한국형 에이지테크 산업이 싹틀 여건이 사라진다는 우려의 목소리도 높다.

돌봄 산업을 운영하는 입장에서 에이지테크를 바라보면 많은 사람이 거대한 환상을 갖고 이 산업을 바라보고 있다는 것이 우려된다. 당장 돌봄 로봇이 현장에 투입돼 모든 돌봄 문제가 해결될 것처럼 말이다. 앞에서 실버 세대가 스마트기기를 친구만큼 친숙하게 대하고 기기가 제공하는 돌봄에 익숙해지기는 어려울 것이라고 이야기했던 것과 같은 맥락이다. 에이지테크는 '지원 방법'일 뿐이다. 인간에게 최상의 정책은 자신의 몸을 스스로 가누고 인간적 유대를 유지하며 공동체 속에서 온기를 느끼며 사는 것이다. 에이지

## 해외 주요국의 에이지테크 산업 주요 지원 정책

| 국가 | 지원기관 | 에이지테크 관련 지원 내용 |
|---|---|---|
| 미국 | 국립노화연구소<br>National Institute on Aging, NIA[1] | • 에이지테크 관련 중소기업 지원<br>- 노화의 조기 감지, 특성화, 모니터링을 위한 중소기업의 디지털 기술을 촉진<br>- 고령자, 의료서비스 제공자, 간병인의 요구사항을 해결하고 고령자가 지역사회에 계속 거주할 수 있도록 사회적, 행동적, 환경적으로 지원하는 연구 및 개발을 우선 지원<br>- 보철장치, 보조장치, 로봇공학, 디지털·소프트웨어 기술(치매 조기발견 테스트기·간병인 솔루션 등) 등 |
| 영국 | 영국연구혁신기구<br>UK Research and Innovation, UKRI[2] | • 고령자를 위한 디자인상<br>- 25개 이상 프로젝트에 2,000만 파운드(350억 원) 지원<br>- 고령층에 적합한 아이디어와 기술을 개발하고 건강과 삶의 질을 향상시키도록 장려<br>- 고령층을 위해 최신 기술을 활용한 제품과 서비스 개발 도모<br>- 고령층과 공동 설계를 통해 전동 보조운동 기계부터 시각 장애인을 위한 스마트 내비게이션 시스템에 이르기까지 고령층의 요구 충족이 목표 |
| 영국 | 영국연구혁신기구<br>UKRI<br>징크Zinc(에이지테크 스타트업) | • 건강한 노년 촉진상<br>- 제품과 서비스로 전환 가능한 에이지테크 연구 진행자에게 펀딩, 전문가 코칭, 징크사 지원 제공<br>- 파킨슨병 환자를 위한 홈 모니터링 기기, 인공지능을 활용하여 간병인에게 복잡한 간병 업무를 지원해 주는 가상 진료 파트너 플랫폼, 고령자의 사회적 연결과 운동 촉진을 지원하는 지능형 대화 프로그램 등 |
| 일본 | 후생노동성<br>경제산업성 | • 돌봄 로봇 개발·보급 촉진 사업<br>- 6분야에 대한 로봇 기술 개발 및 도입 지원<br>  · 리프팅, 이동, 배변, 모니터링 및 커뮤니케이션, 목욕, 돌봄 업무<br>- 돌봄 로봇 도입에 대한 보조금 지원 및 개호보험 서비스 적용(복지용구 대여) |
| 일본 | 후생노동성<br>(주식회사 NTT 데이터 경영연구소에 위탁) | • 돌봄 로봇 개발·실증·보급을 위한 플랫폼 구축 사업<br>- 로봇 돌봄 개발 기업과 돌봄 시설이 연계될 수 있는 상담 창구를 설치하여 리빙 랩의 네트워크 구축<br>- 리빙 랩 네트워크를 통해 개발 및 실증에 관한 조언 제공(컨설팅, 실험실 사용·분석 등의 비용은 후생노동성이 부담)<br>- 실증에 협력하는 돌봄 시설과 개발 기업 매칭(대규모 실증 알선) |
| 중국 | 공업정보화부<br>민정부<br>국가위생건강위원회 | • '제14차 5개년(2021~2025) 계획'에서 고령자 사업을 국가 전략으로 격상<br>- 중국 국가 고령자 사업의 발전과 양로 서비스 체계에 관한 계획에 '실버경제 발전'을 포함<br>· 고령자용 제품의 연구개발 및 제조 강화<br>· 산업 클러스터(노인 돌봄 산업 협력 파크)의 발전 장려<br>· 고령자용 제품의 지능형 업그레이드 촉진<br>· 스마트 건강양로 산업 발전 행동 계획(2021~2025년)<br>- 가정(재택), 지역사회, 전문 돌봄기관을 위한 플랫폼과 시스템을 기반으로 IoT화, 인터넷화, 지능화된 노후 서비스를 신속하고 효율적으로 제공<br>- 스마트 노인 돌봄을 위한 6가지 중점 임무 제시<br>· 제품 공급 능력 향상(고령자용 모니터링, 홈서비스 로봇, 등 5대 제품 중점 개발 육성 등)<br>· 데이터 활용 능력(건강 및 고령자 케어를 위한 지역 빅데이터센터 구축 장려)<br>· 건강관리 능력 향상(원격의료, 인터넷+돌봄서비스 육성 등)<br>· 노인 돌봄서비스 능력 향상(스마트 노인 돌봄을 위한 솔루션 개발 등)<br>· 고령층 스마트 기술 활용 능력 향상(고령층에 적합한 기술 개발 기업 장려, 고령자 교육 등)<br>· 공공 서비스 능력 향상(파일럿 실증 실험을 위한 데모 타운·데모 기지 건설, 표준 제정·창업 인큐베이터 등 5대 업무 추진 등) |

자료: 한국보건산업진흥원(2023), 'AI, IoT 등을 접목한 에이지테크(제품, 서비스) 정책 동향', 「Policy Issue Report」, pp. 3-24의 내용을 표로 정리함
1) 미국 국립보건원NIH의 산하기관이다.
2) 영국의 공공기관으로 과학혁신기술부DSIT의 과학 예산을 통해 연구 및 혁신 자금을 지원한다.

(자료: 산업연구원, 김숙경, 2024. 7.)

테크가 발달하더라도 그 한계를 넘어설 수는 없다. 에이지테크를 준비하는 기업에서도 이 부분을 놓쳐서는 안 된다. 각종 기술과 기기 그리고 인공지능과 로봇은 부족을 채우는 차선이 될 것이다.

 돌봄은 마음을 어루만지는 위로와 따뜻한 손길에서 시작된다. 단순히 의식주의 문제를 해결하는 것이 아니라 정서적, 정신적 유대 관계에 기초하는 노동이다. 기술의 발전을 위한 노력은 지속하되 인간의 고유성을 가진 돌봄을 로봇이 대체한다는 섣부른 망상에 사로잡혀서는 안 된다.

# 5
# 복지로 노인 돌봄을 해결할 수 없다

노인장기요양보험의 재정난은 풀어야 할 숙제다. 2026년 적자로 돌아선 노인장기요양보험은 2032년에는 2조 3,000억 원의 적자를 낼 전망이다. 우리보다 8년 앞서 개호보험을 실시했던 일본의 사례를 보며 해결책을 찾아보려는 노력이 한창이다.

일본은 이미 2006년 세계 최초로 초고령사회에 진입했다. 노인복지정책은 1960년대부터 시작했다. 일본의 노인복지정책을 살펴보면 크게 6개 구간으로 나눠볼 수 있다. 1963년 처음으로 노인복지법이 제정됐으나 당시는 지원 내용이 생활보호대상자만 해당돼 기초복지제도라고 봐도 무방한 수준이었다. 경제가 호황이던 1970년대에 본격적인 노인복지정책이 시행됐다. '70세 이상 노인에 대한 의료비 전액 지급' 정책을 펼치며 끝나지 않을 호황을 즐겼다. 그러나 정책 시행 1년도 되지 않아 오일쇼크가 일어났다. 복지수정론이 제기됐다. 1980년대 들어서 노인보건법이 제정되고 노인 의료비 전액 지원 제도가 정액 본인 부담제로 전환됐다. 참고로 당시의 선택은 현명했으나 후폭풍이 전혀 없는 것은 아니었다. 현재 의료비는 일본의 사회보장비의 3분의 1을 차지한다. 그중에서 37%는 초고령층이 사용하고 있다.

1986년 노인 돌봄에 대한 고민 끝에 노인보건시설이 등장하고 1987년에는 노인 전문 돌봄 인력 양성을 위해 사회복지사 및 개호복지사법이 제정됐다. 곧 이은 1989년 고령자 보건·복지 추진 10개년 계획을 세웠다. 1994년에는 복지 목표를 상향해 신골드플랜을 내놨다. 그리고 2000년 지금의 복지정책의 골자인 개호보험이 시행됐다. 정책이 변화함에 따라 민간 영리 기관이 들어오게 되고 서비스 선택권이 높아지게 됐다.

2010년 지역포괄케어시스템이 도입됐다. 베이비붐 세대가 75세가 되는 2025년을 목표로 실행돼 2024년 기준 전국에 지역포괄지원센터 5,451개소, 지점 포함 7,362개소로 파악되고 있다. 지역포괄케어시스템은 기초자치단체가 지역의 특성에 따라 종합적 복지정책을 실행해 가는 형태로 기존의 시설서비스 중심에서 재가서비스 중심으로 전환됐다. 예방 서비스까지 영역이 확대되어 의료와 복지 서비스의 연계가 확실해졌다.

### 일본 국가 부채의 주요인은 고령화다

노인복지정책의 다양한 발전과 함께 사회보장비 지출도 꾸준히 증가했다. 고령화로 연금과 의료보험을 포함한 사회보장비는 매년 최대치를 경신하고 있다. 2023년 일본 정부가 편성한 사회보장비 예산은 37조 엔(약 360조 원)이었다. 지방의 사회보장 부담을 보조하는 지방교부금 16조 엔(약 125조 원)과 국채 원리금 상환비 25조 엔(약 237조 원)을 합하면 전체 예산의 70%가 된다. 국가 부채를 일으키는 대표적인 이유가 고령화이다. 2005년 65세 이상이 20%를 초과해 초고령사회에 진입한 후 급증하는 국가 부채를 줄이기 위해 안간힘을 썼지만 2012~2013년 국내총생산GDP의 200%를 돌파했다.

초고령화로 인한 지출 증가는 어쩔 수 없는 현실이다. 2000년 개호보험 도입 첫해 이용자 수는 149만 명이었으나 2022년에는 516만 명으로 늘었다. 전체 개호비용도 2000년 첫해에는 3조 6,273억 엔(약 34조 원)이었으나 2022년 약 13조 3,000억 엔(약 127조 원)으로 늘었다. 지출을 많이 하자면 수입도 그만큼 늘어야 한다. 40세 이상이 부담하는 개호보험료와 개호보험 이용자들이 내는 본인 분담금도 꾸준히 늘고 있다. 도입 20년 만에 개호보험료는 2배가 됐다. 2020년 65세 이상의 개호보험료가 처음으로 평균 월 6,000엔(약 5만 7,000원)을 넘어섰다. 후생노동성은 일본의 1차 베이비붐 세대인 단카이 세대(1947~1949년생 약 680만 명)가 모두 75세 이상이 되는 2025년 개호보험료가 월평균 6,856엔(6만 5,130원)이 될 것으로 전망했다. 고령자가 많아지면 보험 수급자도 늘어나므로 인상도 불가피한 상황이다.

일본 정부는 적자를 막기 위해 개호보험 이용자의 본인 부담률도 지속적으로 올려 왔다. 2000년 개호보험이 도입될 때 기본 본인 부담률은 10%였지만 2015년 8월부터는 일정 소득 이상 고령자의 부담률이 20%로 올랐고 2018년에는 다시 30%로 확대됐다. 더 심각한 문제는 개호보험이 모든 노인에게 제공되지 못하는 것

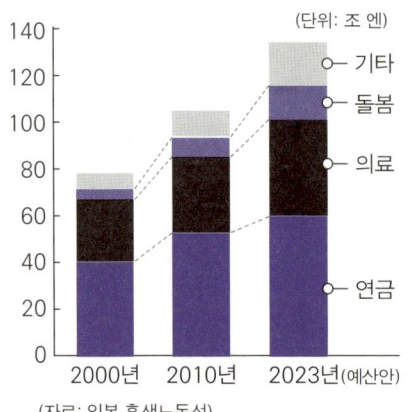
일본 사회보장비 추이

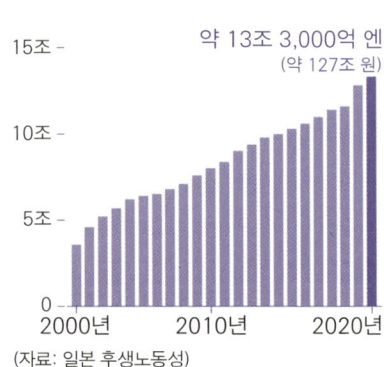
일본 개호보험 총비용 변화

이다. 일본의 노인 인구 3,500만 명 중 650만 명만 개호보험을 이용하고 있다. 전체 일본 노인 인구의 20%가 되지 않는다. 나머지 80% 이상은 국가가 제공하는 돌봄서비스를 이용하지 못하고 있다. 한정된 재원으로 이용자를 늘리자면 본인 부담률의 상승이 불가피하다. 이는 우리나라도 마찬가지다. 한정된 재원으로 인한 돌봄 소외 계층의 증가는 양국 모두 풀어야 할 숙제이다.

한편 개호보험의 본인 부담률 증가는 '개호 이직' 증가에도 영향을 미쳤다. 일본에서도 간호와 개호를 담당하는 상당수는 가족이다. 노년의 배우자와 중년의 자녀가 대상자를 돌보는 '노노개호'도 문제가 되고 있다. 개호 이직과 노노개호의 문제를 해결하기 위해 정부는 2005년 개호보험법을 개정해 '지역포괄케어센터'를 설립하기 시작해 현재 7,000여 곳이 운영되고 있다. 가정이 아니라 지역에서 노인을 돌본다는 기조로 가족구성원의 부담을 줄여주고자 하는 취지였다. 하지만 지역포괄케어시스템이 효과를 내고 있는지는 아직 의견이 분분하다.

한편 일본 정부가 가장 촉각을 곤두세우는 시기는 2040년이다. 2040년은 2차 베이비붐 세대인 '단카이 주니어 세대(1971~1974년생)'가 65세에 접어드는 시기다. 65세 이상 고령자가 약 400만 명 증가하고 취업자는 약 900만 명 줄어든다. 1,100만 명분의 노동력이 부족할 것이라는 예상이 나오고 있다. 취업자 1.5명당 1명의 고령자를 부양해야 하는 사회구조가 된다. 전체 사회보장비도 급증할 것이다.

일본이 이 시기를 어떻게든 넘어간다고 해도 초고령화와 인구감소는 장래를 점점 더 어둡게 만들고 있다. 2065년에 일본의 인구는 8,000만 명으로 줄어들 전망이다. 이때쯤 되면 고령화율은 40%에 이른다. 생산가능인구는 줄고 의료와 복지비용은 급증할 것이다. 이러한 추세에서 일본 정부 역시 본인 부담률 증가, 개호보험 시설 인허가 감소, 개호 서비스의 민영화와 산업화를 예상하고 있다. 또한 중앙 정부 주노가 아니라 지자체 에신 중심의 돌봄 지원이 강화될 것이다. 예견된 돌봄 시스템은 더 많은 노인에게 더 큰 비용이 드는 것이다. 이를 위한 대비책은 무엇일지 일본 정부의 답변이 궁금하다.

우리나라의 노인 돌봄 지출도 비상등이 켜진 것은 마찬가지다. 솔직히 노인장기요양보험료는 소득의 1% 정도로 국민건강보험에 가려 존재감이 떨어진다. 금액도 세대당 월평균 보험료가 1만 원을 조금 넘는 수준이다. 일본에 비해 상당히 저렴한 수준이다. 게다가 월급쟁이의 경우 급여에서 원천징수로 떼다 보니 존재 자체를 모르는 국민도 많다. 그럼에도 급격한 고령화로 지출이 많아지면 그 자체로 '재정 블랙홀'이 될 것이라는 우려가 깊다.

**총인구 변화 전망**

(단위: 만 명)

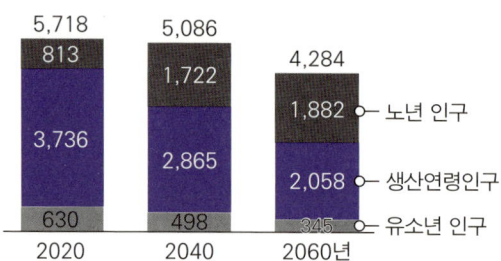

(자료: 통계개발원)

**고령화 추이 전망**

(단위: %)

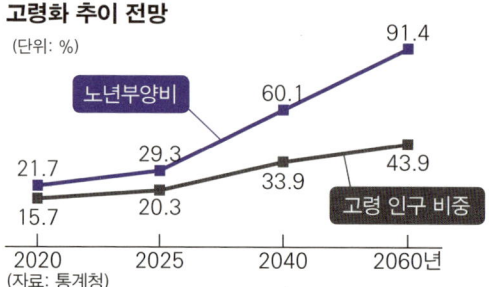

(자료: 통계청)

    국회예산정책처가 발표한 「2023~2032년 노인장기요양보험 재정진망」에 따르면 노인장기요양보험 재정수지는 2026년부터 구조적 적자에 빠진다. 우리나라 역시 고령 인구가 늘어나는 반면 생산가능인구(15~64세)는 줄어들어 부양 부담이 커질 수밖에 없다. 생산가능인구가 노년층을 부양하는 비율인 노년부양비도 2040년 60.1%, 2060년 91.4%로 급격히 늘어날 전망이다. 적정 노년부양비는 30~50% 수준이다.

    고령화로 인한 노인장기요양보험 적자액의 증가도 심상치 않다. 2030년 3조 8,000억 원, 2040년 23조 2,000억 원, 2050년 47조 6,000억 원, 2060년 63조 4,000억 원, 2070년 76조 7,000억 원의 적자가 발생할 것으로 예상된다. 이러한 적자는 모두가 세금으로 돌아올 것이다. 그럼 과연 누가 세금을 낼 것인가?

암울한 미래를 놓고 우리가 이야기할 수 있는 대안은 한 가지다. 초고령사회에서 나타나는 모든 문제를 '복지'로 해결하자면 답이 없다. 재정적자가 눈덩이처럼 커질 것은 뻔하고 다음 세대에게 크나큰 짐이 되고 말 것이다. 앞서서 노인장기요양보험을 예로 들었지만 국민건강보험과 노령연금 등 노인들을 대상으로 한 복지 서비스가 한둘이 아니다. 이를 지원할 생산가능인구가 줄어드는 상황에서 노인들을 위한 돌봄을 국가 예산으로 채워간다면 세대 간 불평등으로 인해 세대 갈등까지 증폭될 수밖에 없다.

"국가가 돌봄을 어디까지 언제까지 할 것인가?"

기존의 상식을 뛰어넘는 명확한 대안이 나와야 한다. 그렇지 않다면 우리도 일본의 전철을 밟아 세대 갈등이 커질 것이다. 결국 증가한 세금을 부담할 젊은 층 그리고 부유층의 이탈이 현실로 나타날 것이다.

### 노인 돌봄이 '부담'이 아니라 '산업'이 돼야 한다

"제 또래 중에 일본에 살면 무사태평하다고 생각하는 사람은 거의 없을 겁니다. 이대로 침몰해 가는 건가 싶어요."

KBS「다큐인사이드」'엑소더스 재팬'*에 출연한 후루무라 아키라의 말이다. 지난 30년간 일본의 임금은 4.4%가 올랐다. 최근에는 물가까지 급등해 서민들이 고통받고 있다. 인구 구조는 일본의 젊은이들이 일본에 희망을 품지 못하는 이유 중 하나다. 젊은 사람

---

* 2024. 10. 31.

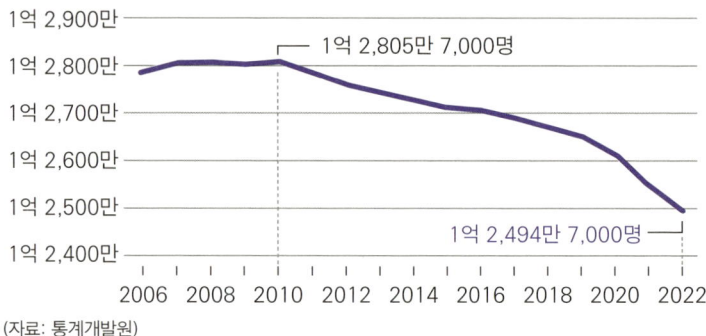

들보다 노인들이 많아지다 보니 세금과 준조세 부담이 젊은이들을 짓누르기 시작했다.

일본은 전 세계에서 노령화 지수가 1위인 국가다. 노령화 지수는 유소년 100명당 65세 이상 인구수를 의미한다. 일본의 노령화 지수는 262.2%이다. 전 세계에서 고령화가 가장 많이 진행돼 인구 3명 중 1명이 노인이다. 늘어난 사회보장비를 떠안는 것은 젊은이들이다.

일본의 젊은이들은 부양해야 할 노인들이 늘어나는 구조를 견디지 못하고 일본을 떠나고 있다. 일례로 돈을 벌고 싶은 청년들은 워킹홀리데이 비자 등을 이용해 호주, 뉴질랜드, 캐나다로 이주하거나 생산가능인구가 많은 동남아시아에서 새로운 사업을 펼치고자 한다. 해외 창업을 목표로 요리를 배우려는 청년들이 줄을 잇고 있다. 반면 젊은이들이 떠난 일본의 지방 소도시는 소멸돼 가고 있다. 상점들은 종업원을 구하지 못해 문을 닫고 거리에는 사람들이 사라진다. 일본의 청년들은 성장 잠재력이 떨어지는 일본에 남는 것은 위험부담이 너무 크다며 해외에서 미래를 설계하고 싶다고 말한다.

나라의 성장 동력인 청년이 해외로 빠져나가는 일본을 보는 우리나라 사람들의 마음도 가볍지만은 않다. 고령화에 따른 사회적 비용 증가는 우리나라도 만만치 않다. 국민건강보험과 노인장기요양보험 두 곳 모두에서 적자와 재원 고갈 문제가 지속적으로 제기되고 있다.

서울대학교 경제학부 홍석철 교수(저출산고령사회위원회 상임위원)가 2023년 5월에 내놓은 「건강보험 진료비 추산 증가액」을 보면 미래 청년들의 사회적 부담은 상당해질 것을 알 수 있다. 홍 교수는 1인당 내원일수(코로나19 영향을 고려해 2019년 값 적용)와 내원 일당 진료비(2021년 값 적용)가 변함없다는 가정 아래 통계청의 장래인구추계 결과를 적용한 결과 앞으로 30년 동안 건강보험 진료비는 2021년 90조 원에서 2050년 133조 원으로 증가하는 것으로 나왔다. 다른 요인은 전혀 고려하지 않고 고령 인구 증가의 영향만으로 향후 30년간 의료 이용이 48% 증가할 것이라는 예상이다.

또한 65세 이상 노인 진료비가 전체 진료비에서 차지하는 비중은 2021년 44%에서 2050년 74%로 늘 것으로 추산했다. 오직 65세 이상 인구 증가만으로 2040년까지 매년 1조 5,000억 원에서 2조 원의 진료비가 누진적으로 지출될 것이다. 따라서 고령화에 따른 추가 건강보험 진료비 지출액은 2022년 1조 8,000억 원에서 2050년에는 43조 원으로 늘 것이다. 국민 1인당 추가로 짊어져야 할 연간 건강보험 부담액도 2030년 35만 원, 2040년 71만 원, 2050년 95만 원으로 증가할 것으로 추정했다.

문제는 건강보험료 대부분을 책임져야 할 25~64세 생산가능인

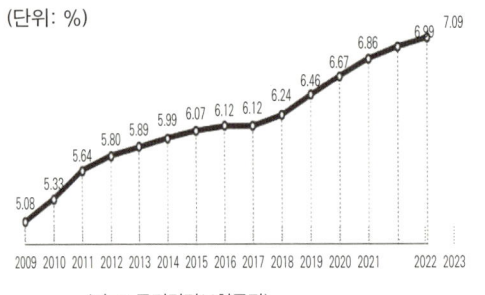
연도별 직장가입자 건강보험료율
(자료: 국민건강보험공단)

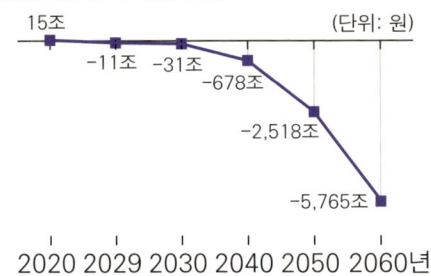
건강보험 장기 재정 전망
(자료: 보건복지부·국민건강보험공단)

구가 줄어드는 것이다. 개개인이 부담해야 할 건강보험 추가 부담액은 2030년 60만 원, 2040년 136만 원, 2050년 201만 원으로 훨씬 커진다. 이는 2022년 기준 생산가능인구의 1인당 보험료 부담액보다 2030년에는 25%, 2040년에는 57%, 2050년에는 84% 높은 수치다.

한편 국민건강보험은 전체 수입의 15%를 정부 지원금이 담당하고 있다. 재정적자 사태를 막기 위해서는 건강보험료를 올리거나 정부 지원금을 늘려야 한다. 정부 지원금은 곧 세금이다. 생산가능인구가 주 부담 대상이다. 고령화가 젊은 세대에게 크나큰 짐이 되는 것은 어쩔 수 없어 보인다.

다음으로 노인장기요양보험은 초고령화로 인한 비용 증가가 더욱 확실해지는 사회보험이다. 국민건강보험공단은 "2050년이면 이용자가 248만 명, 노인장기요양보험 지출액이 28조 원에 이를 것"이라고 예상했다. 이용자 증가에 따른 적자 폭을 줄이자면 노인장기요양보험 재정의 20% 정도를 차지하는 국고 지원을 늘리거나 보험 가입자의 보험료를 인상하는 방법밖에 없다. 수치로 보자면 2024년 기준으로 0.9182%인 노인장기요양보험의 필요보험료율

**노년부양비 전망**

65세 이상 인구 1명당 15~64세(생산연령) 인구수

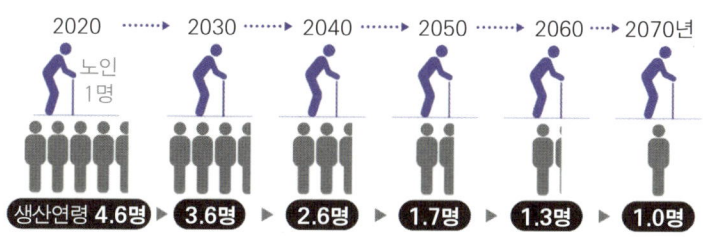

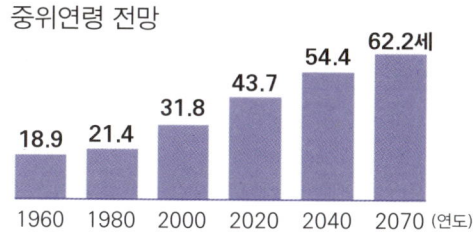

(자료: 저출산고령사회위원회)

을 2065년 6.4%까지 지속적으로 올려야 증가하는 재정지출을 충당할 수 있다. 보험료율로만 보면 2020년보다 6배 이상 높여야 하는 것이다. 그러나 이 역시 젊은이들에게 부담이 가중되기는 마찬가지다.

　노인 관련 의료비와 사회보험 부담 증가는 당연히 노년부양비 증가로 이어진다. 그래프를 보면 2020년에 청년인구 4.6명이 노인 1명을 부양했지만 2040년에는 청년인구 2.6명이 노인 1명을 부양하게 된다. 2070년에는 청년 1명이 노인 1명을 책임져야 하는 상황이다.

　문제는 이러한 추세에 '가속도'가 더해지고 있다는 것이다. 출생인구는 빠르게 줄고 고령화로 생존 고령층은 더 많아진다. 거기다 노인부양을 포함한 다양한 직간접세금에 부담을 느낀 청년들은

**장기요양보험료율 인상 추이**
(자료: 보건복지부)

**노인요양시설 확충 사업 예산**
(단위: 원)
2020~2023년은 국회 확정금액, 2024년은 부처 요구계획 기준 (자료: 기획재정부)

'이민'을 선택한다. 이러면 사회는 더 빨리 늙어갈 수밖에 없다. '엑소더스 코리아'는 대한민국을 망하게 할 최악의 시나리오이다. 이 상황을 막기 위해 노인 돌봄이 '부담'이 아니라 '산업'이 되는 변화와 혁신이 반드시 필요하다.

물론 정부에서도 이 같은 재정 악화, 재정 고갈 문제를 모르지는 않는다. 나름의 해결책도 찾아보고 있다. 최근의 대표적인 솔루션은 '급여 제한'이었다. 이용자를 줄이고 상대적으로 덜 비싼 서비스 제도를 이용하게 해서 총지출을 줄이는 방법이다.

노인장기요양보험 등급 판정자가 받을 수 있는 급여 종류는 크게 재가급여와 시설급여로 나뉜다. 재가급여는 집에서 받는 요양 서비스이다. 요양보호사가 집으로 방문해 돌봄서비스를 제공한다.

간호, 목욕, 주야간보호, 단기보호 서비스도 받을 수 있다. 시설급여는 노인요양시설, 노인요양공동생활가정 등 시설에서 받는 요양서비스이다. 흔히 말하는 '요양원'이 여기에 해당한다.

재가급여와 시설급여의 '비용적 차이'만 들자면 재가급여는 싸고 시설급여는 비싸다. 재가급여의 경우 1일 3~4시간 이용이 가능하다. 시설급여는 24시간 요양서비스를 받을 수 있다. 그러다 보니 금액 차이가 크게 발생한다. 재가급여의 전체 비용은 인지지원등급자의 경우 한 달 약 64만 원, 1등급자의 경우 한 달 약 206만 원을 받게 된다. 물론 이 비용은 등급자가 직접 받는 것은 아니고 공단에서 시설에 제공하는 비용이다. 재가급여 수급자의 경우 1일당 2만 원에서 6만 6,000원 정도의 지원을 받는 셈이다. 시설급여 내 요양원(노인요양시설)에 있는 수급자의 경우 3~5등급은 약 221만 원, 1등급은 약 252만 원의 지원을 받는다. 하루당 6만 9,000원에서 8만 4,000원 사이다. 시설급여사에게 너 많은 보험료가 지출된다.

한도액에도 차이가 있다. 2024년 1등급 수급자 기준 시설급여 월 한도액은 252만 7,200원으로 재가급여 206만 9,900원보다 약 25% 많다. 게다가 재가급여는 방문요양만 이용해서는 월 한도액을 다 쓰지 못하는 경우가 많다. 재가급여 이용자보다 시설급여 이용자가 더 큰 비용을 사용하는 것이 일반적이다. 이를 간파한 국민건강보험공단에서는 시설급여 사용을 제한하는 방향으로 비용 증가를 억제하고 있다. 대표적으로 노인요양시설을 늘리지 않는 것이다. 시설에 가고 싶어도 시설이 없다면 갈 수가 없다. 시설급여를 받을 수 없어서 울며 겨자 먹기로 재가급여를 이용하게 되는 것이다.

　노인요양시설은 민간에서 비용을 전부 지출해서 짓거나 정부에서 비용을 들여 짓는 수밖에 없다. 민간은 허가를 받아야 하고 비용도 많이 든다. 그럼에도 수입은 많지 않기 때문에 선뜻 나설 수 없는 사업이다. 정부에서는 세금을 들여 시설을 지어야 한다. 그런데 최근 정부 발표에 따르면 노인요양시설의 사업 예산이 꾸준히 줄고 있다. 공공 노인요양시설은 정부에서 지방자치단체에 설립 비용의 절반을 지원하면 지자체가 나머지를 부담해 시설을 설립하게 된다. 그런데 정부에서 지원을 줄이면 지방자치단체도 노인요양시설을 지을 여유가 없어진다. 전국 노인요양시설 2만 6,547개 중 지자체에서 운영 중인 곳은 246곳에 불과하다. 전체 노인요양시설 중 1%도 되지 않는다. 공립 노인요양시설 부족은 꾸준히 제기된 문제였다. 그럼에도 정부 예산은 줄어가는 추세다.

　결과적으로 요양원(노인의료복지시설 중 노인요양시설)의 증가 폭은 방문요양 서비스의 증가세를 전혀 따라가지 못하고 있다. 2019년 요양원은 3,595개에서 2023년 4,525개로 25% 증가했지만 방문요양 서비스 업체는 6배 이상 증가했다. 전체 이용자수도 재가요양 이용자는 2018년 52만 명에서 2022년 99만 명으로 71% 증가했지만 시설요양 이용자수는 2018년 21만 명에서 2022년 25만 명으로 19% 느는 데 그쳤다.

　시설급여 줄이기 전략의 결과는 국민건강보험공단이 발표한 「2023 노인장기요양보험 통계연보」에서 잘 드러난다. 급여종류별 공단부담금 추이를 살펴보면 시설급여 비중이 갈수록 주는 것을 확인할 수 있다. 게다가 정부 입장에서는 시설급여를 줄이고 재가

**연도별 급여종류별 공단부담금 추이**

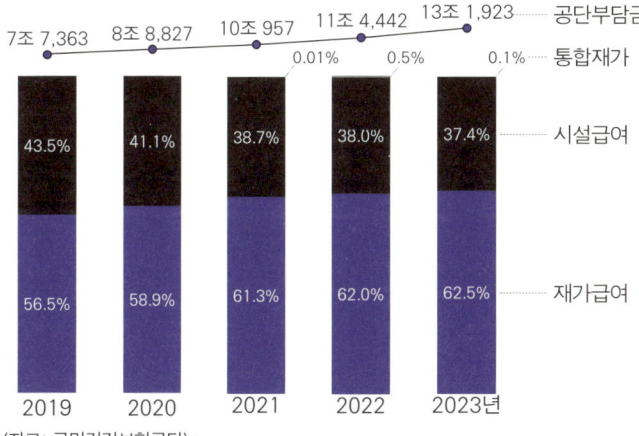

(자료: 국민건강보험공단)

급여를 늘리면 더 많은 등급자에게 서비스를 제공할 수 있어 이용자수를 늘리는 효과도 있다.

문제는 '원하는 서비스를 받을 수 없는 등급자'들이 늘고 있다는 것이다. 중증도의 치매로 가정에서 모시기 어려울 때 가족은 애를 태우며 요양원을 찾아다녀야 한다. 전국 요양원에 입소대기자가 없는 곳이 없다. 마땅히 갈 곳이 없어 높은 상급병실료(1인실이나 2인실 이용료)를 지불하면서 요양원을 찾아가는 등급자들도 상당하다. 노인장기요양보험의 취지에 전혀 맞지 않는다.

우리나라의 복지 중심 고령화 대책은 점점 한계에 다다르고 있다. 지금까지의 해결책은 대부분 미봉책일 뿐이다. 근본적이지 않은 해결책으로 재정 부담이 가중되고 결국 코리아 엑소더스로 이어지고 말 것이다. 가장 먼저 복지 중심의 고령화 대책을 전면 수정할 필요가 있다. 민간이 비즈니스 모델로 고령화의 난제들을 해결할 수 있도록 해야 한다. 산업의 발달, 고용의 창출, 새로운 해법으로 저출산·고령화 문제를 해결하게 해야 한다. 또한 건강보험 재정 악화를 막기 위해 의료비를 줄이는 슬기로운 방법들을 찾아서 실천해야 한다. 의료비 지출의 대표 문제는 후기 고령기에 접어든 시니어들이 만성질환으로 과도한 의료비를 지출하는 것이다. 이들이 질병에 걸리지 않도록 관리와 돌봄, 적절한 요양, 예방적 건강관리를 제공해야 한다. 여기에 바이오헬스 기술 활용까지 포함한 다양한 시스템을 적용할 수 있다. 제도의 유연화와 다변화로 혁신적 변화를 실천해야 할 때이다.

### 노인은 두렵고 자녀는 불안하다

1952년생인 병임 씨는 5년 전 치매 진단을 받았다. 병임 씨에게는 아들 하나와 딸 둘이 있었다. 함께 사는 아들은 결혼을 안 했다. 둘째 딸은 가족과 함께 중국에 가 살고 있었다. 병임 씨가 의지할 수 있는 사람은 결혼해 가정을 이룬 막내딸뿐이었다. 막내딸은 장가 안 산 오빠와 사는 병임 씨를 돌보기 위해 요양보호사 자격증도 땄다.

처음 진단을 받았을 때만 해도 병임 씨의 증상은 크게 눈에 띄지 않았다. 최근의 일을 잊어버리고 가끔 섬망(환시와 환청으로 착각과 망상에 사로잡혀 알아들을 수 없는 소리를 함) 증상을 보였다. 욕을 하거나 소리를 지르며 달라진 병임 씨를 대하는 자녀들의 어려움은 점점 더 심해졌지만 그렇다고 아들과 함께 생활하기 불가능한 정도는 아니었다.

3년쯤 지났을 때 병임 씨는 처음으로 홀로 집 밖을 나섰다. 이후로 배회하는 증상이 지속적으로 나타났고 빈도도 잦아졌다. 아들이 출근한 후 집을 나간 병임 씨는 몇 번은 혼자서 집으로 돌아오지 못했다. 막내딸은 병임 씨를 찾아 온 동네를 돌아다녔다. 결국 자녀들은 병임 씨를 홀로 집에 둘 수 없다는 결론을 내렸다. 막내딸은 주간보호센터를 알아보고 병임 씨와 함께 몇 곳을 돌아다녔다. 친절하고 마음에 드는 곳으로 등록도 했다.

"잘 오셨어요. 3년 전까지만 해도 오려는 분들이 많았어요. 대기자가 넘쳐서 저희도 어쩌지 못했는데 갑자기 주변에 주간보호센터 체인점들이 들어서더라고요. 최근에는 대기 없이 등록할 수 있게 됐어요."

막내딸은 스스로 운이 좋다고 생각했다. 그러나 안도의 시간도 오래가지 못했다. 한 달쯤 지났을 때 병임 씨는 주간보호센터를 가지 않겠다고 선언했다. 막내딸은 어르고 달래 병임 씨의 속을 알아보려 했지만 입을 꾹 다물고 말이 없었다. 센터장에게 연락한 후에야 사정을 들을 수 있었다.

"가끔 그런 분들이 있어요. 텃세라고 하기는 그런데 새로 오시는 할머니한테 떡을 해내라고 하거나 왜 옷은 그렇게 입고 다니느냐 쓸데없이 참견하는 분들이요. 어르신한테도 그렇게 한 것 같은데 속이 많이 상하셨는가 봐요."

별수 없이 막내딸은 병임 씨를 자기 집으로 모셔 오기로 했다. 유치원과 초등학교에 다니는 아이들과 남편에게 사정 이야기를 했다. 막내딸은 집에서 병임 씨를 돌보며 재택 알바도 했다. 정신건강의학과에서 진료를 보고 약을 타다 드리며 섬망 증상을 적극적으로 조절해 나갔다. 그렇게 병임 씨의 상태도 안정되는 듯했다. 그러나 얼마 전 막내딸에게도 사건이 생겼다.

"유방암이래요. 항암을 먼저 한 후에 수술하고 방사선 치료도 해야 한대요. 근데 저는 당장 병원에 갈 수가 없어요. 엄마를 어떻게 해야 할지 모르겠어요. 근처 요양원 대여섯 곳에 연락했는데 당장 들어갈 자리가 없대요. 아무리 짧아도 6개월은 대기를 해야 한다는데 어쩌면 좋죠?"

재가서비스 이용을 위해 케어닥을 찾아온 병임 씨의 막내딸에게 들은 이야기를 정리해 보았다. 노인 환자에게 돌봄을 제공하는 첫 번째 대상자는 가족이다. 타인의 돌봄을 받는 것은 익숙한 일이 아니다. 돌봐줄 가족이 없을 때나 가족은 있지만 돌봄을 제공할 상황이 아닐 때 '어쩔 수 없이' 간병인이나 요양보호사를 이용한다. 문제는 '어쩔 수 없는 상황'에서는 필요한 도움을 받기가 더욱 쉽지 않다는 것이다. 국민건강보험이나 노인장기요양보험이라는 시스템 안에서 필요한 돌봄을 구해야 하는데 대상자의 가족이 직접 손품과 발품을 파는 것 외에 방법이 없다.

이렇게 장기요양서비스의 돌봄은 셀프 서비스로 시작됐다. 병임 씨의 막내딸도 당장 입소가 가능한 요양원을 찾기까지 수십 통의 전화를 해야 했고 재가서비스 업체도 직접 찾아다녀야 했다. 원하는 곳에 이를 때까지 연락, 방문, 상담을 무한 반복해야 했다. 장기요양인정서 재발급 신청도 직접 했다. 보통 장기요양인정서의 급여는 재가급여나 시설급여 중 한 곳만 지정이 된다. 다른 급여를 받고자 하면 신청을 다시 하고 재심사를 받아야 한다.

몇 달 후 요양원을 간신히 찾은 병임 씨의 막내딸은 입소에 필요한 서류와 병임 씨의 건강검진을 진행하는 일도 직접 했다. 유방암 치료는 석 달이나 지나서야 시작할 수 있었다. 병임 씨의 요양원 입소까지 딱 그만큼의 시간이 필요했다. 사실 이 같은 문제는 노인장기요양보험을 설계할 당시부터 예견된 것이었다. 정부에서는 고령화 시대를 준비하며 국민건강의료보험과 노인장기요양보험을 중심으로 한 돌봄 시스템을 만들 때 기초한 것이 '선 가족 후 국가' 돌봄이었다. 근본적으로 두 제도 모두 가족의 봉사와 희생을 요구한다.

먼저 병원에 입원했을 때 환자를 간병하는 돌봄의 첫 번째 주체는 가족이다. 최근에 새로운 보건의료 정책으로 간호간병통합서비스가 도입·확대되고 있으나 간호간병통합서비스를 받을 수 있는 대상은 의식이 또렷하고 거동에 큰 문제가 없는 환자이다. 몸이 노쇠해 움직임이 불편하고 치매같이 의식에 문제가 있는 환자의 경우 간호간병통합서비스를 이용할 수 없다. 병실이 없어 해당 병동으로 배치가 된다고 하더라도 담당의의 재량으로 '보호자 상주'를 요구한다. 몸이 불편하고 의식에 문제가 있는 환자를 가족이 돌보지 못할 때는 간병인을 고용해야 한다.

가족들의 돌봄은 퇴원 후에도 계속된다. 요즘 종합병원에서는 환자를 오래 잡아두지 않는다. 암 수술을 해도 일주일 내로 퇴원시킨다. 경과를 지켜봐야 하는 경우를 제외하고는 2주 이상 머물지 못한다. 그러나 이 기간은 환자가 회복해 일상으로 돌아가기는 턱없이 짧은 기간이다. 환자는 집에서든 요양병원에서든 도움이 필요하다. 또다시 "누구에게 돌봄을 받을 것이냐?"라는 문제가 생긴다. 병원에서 돌봐주었던 가족이 있는 경우 함께 집으로 복귀한다. 병원에서 간병인의 돌봄을 받았던 경우 큰 걱정거리가 따라붙는다. "집에서도 간병을 해달라고 해도 되나?" 병원에서 돌봐주던 간병인이 함께 집으로 가든 안 가든 환자와 보호자에게는 경제적으로 물리적으로 부담이 발생한다.

중증도의 치매 환자는 급성기 질환 후에도 쉽게 집으로 돌아가지 못한다. 간병 부담이 항상 따라붙는다. 질환이 심한 경우 요양원으로도 갈 수 없다. 건강에 문제가 있는 환자는 요양원에서도 받으려 하지 않기 때문이다. 결국 의료서비스가 가능한 치료 위주의 '요양병원'이 차선이 된다. 상급병원에서 할 수 있는 모든 치료를 다 받았고 개선의 여지가 크지 않음에도 요양병원에 갈 수밖에 없다. 그나마 돌봄 비용으로 치자면 간병인 1명이 환자 2~6명을 돌보기 때문에 부담이 덜하다. 장기 입원 환자들에게 요양병원은 마지막 피난처와 다름없다. 노인장기노인요양보험 등급은 중증 치매 환자와 그 보호자에게 큰 도움이 되지 않는다.

현실의 제도에서는 적절한 간호·간병과 돌봄을 구하기가 쉽지 않다. 당사자, 배우자, 자식 모두에게 간호간병과 돌봄은 커다란 짐이자 숙제이다. 노인은 "내가 아프면 누가 나를 돌봐주나?"라는 걱정과 두려움이 끝도 없다. 자녀들은 "부모님이 아프기라도 하면 나는 어떻게 해야 하나?"라는 불안을 안고 산다. 간호·간병 그리고 돌봄의 비용은 판도라의 상자에 담겨 있다. 고령화에 따라 이러한 부담을 떠안을 날이 올 것이라고 막연하게 생각은 하지만 누구도 '내 문제'라고 상상하지 않는다. 그러는 사이 간병비 부담은 지속적으로 증가해 왔다. 2023년에는 전체 간병비가 10조 원을 넘어섰다. 간병 도우미의 인건비도 코로나19를 거치며 가파르게 상승했다. 간병 인력에 대한 관리체계도 마땅치 않아 수급 조절에 항상 실패한다.

간병비 부담은 젊은 세대에게 또 다른 짐이 되리란 예측이 나오고 있다. 고령화로 늙어가는 부모를 돌봐야 하는 책임은 부부와 자식에게 있다. 자식은 홀로 남은 고령의 노쇠한 부모를 돌보는 사회적 책임을 떠안게 된다. 고령화의 딜레마를 겪는 것은 우리나라만은 아니다. 100세 시대는 시작됐으나 이를 지원할 공적 보험의 증가는 막아야 하는 딜레마를 전 세계가 체감하고 있다. 사적 의료 시스템이 강하고 이주민이 많은 국가에서는 불법 이민자들이 돌봄 노동을 담당하는 경우가 흔하다. 옆 나라 일본의 경우 노동비자를 발급해 외국에서 돌봄 노동자를 수입하고 있다. 우리나라의 경우 간호·간병과 돌봄을 복지의 테두리에 가두다 보니 마땅한 해법이 없는 것이 사실이다.

우리나라는 어떻게 해야 하는가? 가장 먼저는 시장을 개방해 민간 기업들이 문제를 해결할 수 있도록 해야 한다. 돌봄이 고부가가치 산업이 되면 다양한 해법이 등장할 수밖에 없다. 우선은 간호·간병 그리고 돌봄의 수요와 공급을 최적화해서 매칭하는 프로그램이 필요하다. 모든 돌봄서비스의 수급을 통합하는 것으로 서비스의 활성화를 기대할 수 있다. 생각해 보자. 일반인들이 '장례'라는 복잡한 절차와 어려운 과정에서 해방되어 고인을 모시는 데 집중할 수 있게 된 것은 상조업의 발달 덕분이었다. 과거의 장례는 온 마을 수십 명의 사람이 동원되는 큰 행사였고 3일장만 마쳐도 온 가족이 초주검이 되는 힘든 일이었다. 그러나 상조 서비스의 발달로 요즘의 상주와 가족들은 고인을 떠나보내는 일에 몸과 마음을 집중할 수 있다. 매달 몇만 원씩만 지불하면 장례 대부분을 전문가들이 대행해주기 가능한 일이다.

노인 돌봄도 힘든 노동에서 벗어나 마음에만 집중할 수 있는 대행(위탁) 서비스가 필요하다. 집이든, 병원이든, 시설이든 통합적으로 관리해주고 자녀와 가족에게는 대상자가 어떤 상태이며 어떤 서비스가 필요한지, 어떻게 돌봄이 가능한지 알려주는 '통합 돌봄 서비스'가 만들어진다면 가족뿐만 아니라 대상자도 돌봄 그 자체에만 집중할 수 있다. 더불어 돌봄 관련 사업도 성장하고 부가가치도 더 커질 것이다.

다음으로 노인장기요양보험을 이용하는 이들뿐만 아니라 장기요양보험을 이용하지 못하는 대상자와 가족을 위한 서비스 모델도 필요하다. 일본의 '케어매니저'는 노인 돌봄서비스 전반을 안내할 뿐만 아니라 필요 서비스와 연결하는 코디네이팅 서비스까지 진행한다. 환자의 현 상태를 진단해 대상자와 가족에게 알려주고 앞으로 어떤 것들을 피해야 하는지도 알려준다. 일본의 케어매니저가 최상의 모델이라고 할 수는 없다. 그렇더라도 어떤 형태로든 간호·간병과 돌봄에 대한 두려움과 불안을 잠재울 수 있는 '매니저 모델'이 필요하다. 새로운 모델은 돌봄 산업의 활성화와 발달도 가져올 것이다.

# 6
# 돌봄의 외주화로 불안을 해결한다

"누가 나를 돌봐주나?" "돌봄을 책임져야 하는 나는 어떻게 해야 하나?"

두 가지 질문으로 돌아가 보자. 돌봄을 받을 당사자와 돌봄에 대한 책임이 있는 사람 모두 부담과 스트레스가 이만저만이 아니다. 이것이 우리가 돌봄을 생각할 때 막연히 두렵고 불안한 이유다. 이를 해결할 솔루션을 고민해 보자.

'상조 서비스'에 대해 생각해 보자. 1980년대 처음 '장례의 외주화'를 표방한 상조회사가 등장했다. 이전까지 장례는 이웃까지 동원되는 대형 가족 행사였다. 상부상조의 전통과 미덕을 바탕으로 죽음이라는 반드시 일어날 수밖에 없는 사건을 훌륭한 행사로 치러냈다. 그러나 가족과 이웃이 돕는데도 개개인에게 장례는 커다란 숙제였다. 일생에 몇 번밖에 겪지 못하는 일이다 보니 전문가라 할 만한 사람을 찾기도 어려웠다. 장의사라는 이를 믿고 의지하는 이들은 많지 않았다. 장례를 치르는 상주는 주도권을 상실한 채 알음알음으로 만난 업체에 장례 절차를 일임하며 따라갈 수밖에 없었다. '고인의 마지막'에 실수라도 하지 않을까 하는 걱정에 어쩔 수 없이 고가 장례 상품들을 선택하기도 했다. 수천만 원에 달하는 부담스러운 장례비용은 속 터놓고 말하지 못하는 금기의 문제로 남았다. 그러다 보니 죽음을 준비하는 당사자든, 남은 가족이든 장례 생각만으로 '두렵고 불안한 마음'이었다.

그러나 1980년대 상조회사가 등장하면서 이러한 부담이 사라졌다. 장례식장 예약, 손님 접객, 고인 이송, 화장장 예약, 부고 작성, 염습, 화장장과 장지 이동 모두 상조회사의 일이 됐다. 상조회사는 장례 전문가들을 파견해 전체 장례 과정을 관장하고 가족들이 고인을 떠나보내는 데 집중하도록 도왔다. 번거롭고 힘든 일을 위임받아 매끄럽게 처리해 주었다. 우리나라에서 상조 서비스는 죽음에 대한 새로운 라이프스타일을 만들었고 개개인의 삶에도 획기적인 변화를 가져왔다. 정부에서는 2011년 '상조법'을 만들어 소비자 피해가 발생하지 않도록 지원하고 있다. 이 모든 것이 가능한 것은 담당 회사가 생기고 상품과 서비스를 제공하면서부터다.

물론 그 너머에는 기업의 이익과 전문가로 활동하는 장례지도사라는 새로운 일자리가 있었다. 가족들은 어렵고 힘든 일을 대신할 수 있는 곳이 생겨서 그리고 미래에 필연적으로 생길 수밖에 없는 '장례'라는 어려운 행사를 위임할 수 있는 곳이 생겨서 편안해졌다. 개인은 상조회사에 가입하는 것으로 큰 걱정을 덜 수 있고 상조회사는 이윤과 수익을 창출해 기업을 성장시킬 수 있게 됐다. 현재의 상조 서비스는 그야말로 상부상조의 대명사가 됐다.

### 돌봄 역시 전문 업체를 통해 서비스돼야 한다

상조와 돌봄은 여러 가지 비슷한 면이 있다. 우선 돌봄은 전통적으로 가족의 몫이었다. 엄밀히는 가족 내 여성들이 돌봄을 관장했다. 부모님, 시부모님, 남편, 자식들 모두 여성의 돌봄을 받았다. 모두가 이를 당연한 것으로 여겼다. 시어머니에서 며느리로, 딸로, 여성에서 여성으로 돌봄의 역할은 대물림됐다. 평등사상의 확산으로 이러한 양상은 줄어들었지만 가족 중심의 모습은 그대로 남아 있다. 또한 상조(장례)와 돌봄(노인 돌봄)은 누구에게나 일어날 수 있는 '피할 수 없는 일'이다. 외면하고 싶어도 일생에 한 번은 일어나는 '필수' 상황이다. 그 과정이 절대 반갑지 않고 고통스럽기까지 하다는 공통점도 있다.

그리고 굳이 비교하자면 돌봄은 상조보다 더 어렵다. 끝나는 날에 대한 기약이 없고 상당 기간 지속되며 갈수록 힘겨워진다. 정해진 절차도 없고 대상자의 상황에 따라 형태, 장소, 비용도 제각각이다. 그래서 더욱 통합 서비스가 필요하다. 그러나 안타깝게도 돌봄은 통합 서비스의 도입이 매우 더디다.

2024년 대한신경과학회지에 실린 「노인장기요양보험서비스의 현황 및 나아갈 방향」을 보면 노인장기요양보험에서 등급을 받고 자격을 유지하는 대상자에게 돌봄을 담당하는 사람(수발자)을 물은 결과 자녀의 비중이 꾸준히 늘고 있는 것으로 나타났다. 자녀의 돌봄을 받는 경우가 점점 많아졌다. 그러나 이러한 흐름이 얼마나 지속될지는 알 수 없다. 저출산·고령화로 배우자가 먼저 죽고 홀로 남아 수발자가 없는 경우도 함께 증가하고 있다. 결국 우리나라도 돌봐줘야 할 사람은 늘어나지만 돌볼 사람은 없는 상황이 더욱 악화할 것이다. 가족에게 의지하는 돌봄이 한계에 다다를 날이 반드시 올 것이다. 결국 상조회사가 장례라는 절차를 외주화하고 서비스 품질을 표준화했듯 돌봄 전문 회사도 돌봄을 외주화하고 서비스 표준화에 나서야 한다. 그러기 위해서는 반드시 체계적인 통합 시스템이 만들어져야 한다. 돌봄 부족 문제와 서비스 품질의 문제 역시 통합 시스템으로만 해결할 수 있다.

가족 돌봄을 끝내야 하는 이유가 또 있다. 상조보다 돌봄은 더욱 '전문가가 담당해야 하는 영역'이다. 돌봄도 사전 준비가 필요하다. 돌봄이 필요한 대상은 대부분 환자다. 질환에 대한 이해 없이 환자를 돌보는 것은 매우 위험하다. 돌봄 대상자와 함께 가족에 대한 이해도 필요하다. 적극적인 학습으로 질환을 이해하고 관계에 대해서도 잘 풀어나갈 수 있는 이들에게 돌봄 업무를 이관해야 한다.

기존의 배우자와 가족은 대부분 '마음'이 앞서 '몸'으로 돌봄 문제를 해결하려 했다. 그러나 세상에는 아무리 마음을 담아도 해결이 어려운 일들이 있다. 일단 핵가족화로 돌봄 제공자를 찾기도 쉽지 않다. 그리고 몇 안 되는 가족들도 자신의 삶이 있다. 처음에는 시간이 부족하고 다음에는 경제적으로 부족해지고 마지막에는 마음마저 부족해진다. '간병 살인'과 같은 극단적인 상황들은 돌봄 당사자가 악인이어서 일어나는 것이 아니다. 오로지 마음만으로는 악화하는 상황을 막을 수가 없다. 상조 서비스는 상조를 정례화, 간소화, 전문화, 시스템화했다. 돌봄서비스 역시 '전문 업체'를 통해 합리적이고 체계적으로 변화시켜야 한다. 신체적인 지원은 외부 전문가에게 위탁하고 가족들은 정서적인 부분에 집중하는 것이 바른 효도가 되는 시대인 것이다.

산업화의 장점은 규모의 경제를 통해 비용을 절감하고 전문화를 통해 효율성을 높이고 안정된 시스템을 통해 적재적시에 필요한 서비스를 받아볼 수 있게 하는 것이다. 돌봄 전문 기업을 통해 돌봄 산업이 발달했을 때를 상상해 보자. '52년생 병임 씨'의 사례에서 자녀들이 느꼈을 어려움을 모두 해소할 수 있다. 치매가 의심됐을 때 돌봄 전문 기업에 연락하면 가장 먼저 돌봄 전문가가 병임 씨를 찾아온다. 돌봄 전문가는 병임 씨의 치매 진단부터 노인장기요양보험과 민간기업 모두에서 어떤 서비스를 제공받을 수 있는지 안내해준다. 가정과 시설에서 제공되는 돌봄서비스를 안내받은 자녀들은 돌봄 전문가의 조언을 바탕으로 최적의 돌봄서비스를 선택할 수 있다. 병임 씨가 돌봄서비스를 받는 동안 자녀들은 주기적으로 서비스를 평가하고 제공된 서비스가 맞지 않다고 생각하면 새로운 서비스를 선택할 수도 있다. 서비스 제공 업체의 정보를 찾는 일과 직접 서비스 제공 업체에 연락하는 일 그리고 병임 씨의 상태를 확인하는 일 모두 전문 업체와 전문가의 도움을 받을 수 있다. 자녀에게 불의의 사건이 발생했을 때도 자녀들은 병임 씨를 돌보는 문제로 인해 당황하거나 걱정할 필요가 없다.

돌봄 전문 기업을 통해 돌봄 산업이 발달하면 당사자가 느끼는 두려움과 자녀들이 느끼는 불안 모두를 해결할 수 있다. 무엇보다 좋은 점은 젊은 세대에 짐을 지우지 않아도 되는 것이다. 미래 세대들은 자신의 삶을 감당하면서 부모의 돌봄도 해결해야 하는 이중고에서 해방될 수 있다.

### 원스톱 돌봄서비스 제공 환경이 만들어져야 한다

정부는 초고령사회를 대비하기 위해 국내총생산GDP의 약 1.3%를 노인 돌봄을 위한 노인 돌봄 재정으로 사용하고 있다고 밝혔다. 현실적으로 아주 적은 수치는 아니다. 그러나 비용 대비 효과는 좀 더 고민 해봐야 한다. 현대판 고려장과 간병 살인이 벌어지는 등의 심각한 사회 문제를 이야기하는 것이 아니다. 돌봄을 받아야 하는 노인과 돌봄 노동자를 고용해야 하는 가족들에게 만족스러운 서비스가 제공되지 못하고 있다. 가장 큰 문제는 '돌봄의 단절'이다. 우리나라의 경우 간호·간병을 포함한 모든 돌봄은 점조직으로 돼 있다. 노인 환자와 보호자는 모든 곳을 스스로 찾고 연락하고 상담해야 한다. 돌봄의 장소가 병원에서 집으로 그리고 다시 시설로 바뀔 때마다 새로운 돌봄 업체나 간병인을 찾아야 하니 돌봄의 단절도 불가피하다.

노인들이 처음 돌봄의 대상이 되는 때는 급성 질환을 앓을 때이다. 충수염, 폐렴, 뇌와 심장의 혈관 질환 등 다양한 급성질환이나 골절 등으로 병원을 찾는다. 배우자와 자녀가 돌보기도 하지만 현실적으로 어려움이 많다. 간병인을 고용하는 경우가 가장 흔하다. 당장 종합병원 다인실에 입원해 보면 3~4개 침상 중 간병인이 돌보는 팀이 2~3개를 차지한다. 가족의 돌봄을 받는 환자는 많아야 1~2명이다. 간병인을 고용한 노인 환자의 경우 급성질환에 대한 치료를 마친 후에도 간병에 대한 고민은 끝나지 않는다.

급성질환 치료를 마치고 집으로 돌아갈 때 노인들은 망설임을 느낀다. 홀로 집으로 돌아가서 스스로의 몸을 돌보고 집안일까지 할 수 있을까? 집에 가족이 있는 경우도 마찬가지다. 요즘 집에서 가사만 전담하는 주부는 거의 찾아보기 힘들다. 환자가 집에 왔을 경우 24시간을 붙어서 돌볼 '노는 손'이 없다. 케어닥 콜센터에도 "집에 간병인을 데려가도 되나요?"라고 문의하는 전화가 빈번하게 걸려온다.

그러나 집에서 간병 서비스를 받으면 간병비 부담이 발생한다. 병원에서 간병인을 고용하는 경우 길어야 3주 안팎이다. 하지만 집으로 가면 그 기간이 얼마나 길어질지 알 수 없다. 간병비에 부담을 크게 느끼는 환자는 요양병원을 알아보기 시작한다. 요양병원의 경우 1명의 간병인이 다인실 전체를 돌보는 시스템이어서 간병비가 개인간병비 대비 3분의 1에서 6분의 1로 줄어든다.

그러나 이때 환자의 편의는 고려 대상이 아니다. 누구도 어떤 서비스가 어떻게 제공되는지 설명해주지 않는다. 오로지 환자와 가족이 정보를 찾고 해결해야 한다. 돌봄 제공자가 바뀌고 돌봄의 양도 줄어든다. 경제적 여건 때문에 어쩔 수 없는 상황이시만 이를 달가워하는 이는 아무도 없다.

만일 급성질환으로 치료했으나 '완치'가 어려운 경우 장기요양 서비스를 받을 수도 있다. 노인장기요양보험의 지원 대상은 '65세 이상 또는 65세 미만 노인성 질환을 앓는 사람'으로 지정돼 있다. '노인성 질환'은 뇌졸중, 치매, 뇌혈관장애, 파킨슨병, 중풍후유증 등을 포함한다. 이러한 질환으로 진단이 가능한 경우 가족들은 노인장기요양보험에 장기요양인정서와 의사소견서를 신청한다. 등급을 받으면 가족들이 1차로 원하는 서비스는 재가서비스이다. 바로 요양원에 입소하는 경우는 많지 않다. 돌봄 당사자와 가족 모두 자신들이 머물던 공간에서 노인 환자를 돌보길 원하기 때문이다.

그러나 이때도 '돌봄의 단절'이 발생한다. 병원에서 손발을 맞췄던 간병인은 재가서비스를 하러 올 수 없다. 간병인은 특별한 자격이 없지만 재가서비스를 제공하는 돌봄 주체는 '요양보호사'로 국가 자격증 소지자여야 한다. 드물게 간병인이 요양보호사 자격증을 가졌다 하더라도 병원에서 요양보호사 자격증은 의미가 없다. 돌봄을 실행하는 시스템이 완전히 다르기 때문이다. 간병인은 노인장기요양보험의 급여 지원 대상이 아니다. 또한 노동의 형태도 제각각이다. 재가서비스는 3~4시간 아르바이트에 가까운 반면에 병원 간병은 개인사업자에 가깝다. 재가서비스를 제공하는 요양보호사는 4대 보험의 보호를 받는 노동자지만 간병인은 본인의 업무를 하는 프리랜서에 가깝다. 따라서 간병인과 요양보호사 등 돌봄 제공자에게 개인적으로 부탁한다고 해도 돌봄의 단절은 해결할 수 없다. 또한 당사자와 가족은 병원-집-시설 등 공간이 바뀔 때마다 다른 체계에 적응해야 한다. 건강보험과 노인장기요양보험은 통합되지 않고 각각 시스템 안에서 급여와 비급여가 나누어져 있다. 당사자와 가족이 양질의 돌봄서비스를 원하면 원할수록 손품과 발품을 더 많이 팔아야만 한다.

'연속적인 돌봄'은 돌봄서비스를 받는 노인과 가족 모두에게 필요한 서비스이다. 그러나 현재의 제도에서는 어떤 형태로도 실현이 불가능하다. 간호·간병을 포함한 국내의 모든 돌봄은 각자 다른 시스템에서 운영된다. 병원의 전문 간병인은 일종의 개인사업자다. 간병 업체는 이들을 환자와 매칭해주는 서비스만 한다. 요양병원의 간병인도 마찬가지지만 병원에서 24시간 상주하기 때문에 대부분 요양병원의 직원이라고 오해한다. 요양병원 간병인은 시간 제약이 많고 인력이 항상 부족하기 때문에 전문으로 알선 관리하는 케어닥 같은 업체가 따로 있다. 노인장기요양보험의 재가급여를 제공하는 요양보호사는 국가 자격증 소지자이다. 간병인도 목욕, 옷 입기, 요리, 청소, 약 관리 등 일상 활동을 도와주는 서비스를 제공할 수 있지만 자격증을 따지 않는 한 요양보호사로 활동할 수 없다. 요양보호사는 노인장기요양보험 시스템 안에서 움직이며 공단의 가이드를 따르기 위해 비급여 활동, 즉 대상자와 가족의 부탁으로 급여 외 시간에 돌봄을 연장해 제공하는 등의 활동은 하지 않는 것이 통상적이다.

종합해보면 각각의 돌봄 인력은 제공하는 업체도 제각각이며 하는 업무도 어느 정도는 구분된다. 노인 환자와 보호자는 돌봄을 받는 장소를 이동할 경우 새로운 업체에 연락해 새로운 돌봄 제공자를 찾아야 한다.

일본에서 이 같은 분산된 돌봄을 통합하기 위해 도입한 것이 '케어매니저'이다. 원스톱 돌봄서비스를 제공하는 전문인이다. 케어매니저의 업무는 다양하다. 전반적으로는 노후 계획을 짜고 요양서비스나 시설과 연결해 연속적인 돌봄을 제공하도록 돕는다.

일본의 노인 환자와 가족은 일일이 시설을 찾아다니는 빈도가 우리보다 현저히 적다. 돌봄이 필요하다는 내용의 개호돌봄 사전 신청서를 작성해 개호보험사무소에 제출하면 케어매니저가 집으로 찾아온다. 이들은 대상자(노인)와 소통하고 상태도 관찰해 돌봄 계획을 짜고 지원 수급 자격도 판별한다. 또한 간병 서비스 사업자의 역할 조정을 총괄하고 상태 변화나 요구조건에 따른 구체적 사항을 조율하고 결정한다. 이렇게 돌봄 인력과 유기적으로 소통하고 수혜자들에게 원활한 돌봄이 제공되도록 지원한다.

일본에서 케어매니저가 되려면 의사와 간호사는 수발업무 경력이 5년 이상 있어야 한다. 사회복지사, 정신보건복지사, 약사, 보건사, 조산사 등의 법정 자격소지자도 마찬가지다. 법정 자격소지자 외에는 10년 이상의 실무 경험이 요구된다. 2021년 후생노동성에서 발표한 일본의 케어매니저는 약 10만 명으로 실제 자격을 취득한 사람 중 33%가 활동 중이라고 한다.

노인장기요양보험이 없는 미국에서는 민간에서 '구독 서비스'로 원스톱 돌봄서비스를 제공한다. 돌봄서비스 제공 업체에서 대상자의 선호도, 라이프스타일, 예산에 맞는 치료 유형과 빈도를 설정하고 전체적인 치료와 돌봄 계획을 수립한다. 한 업체에서 다양한 서비스를 제공하기 때문에 때마다 필요 업체를 찾고 예약하고 관리하는 번거로움과 스트레스가 없다. 훈련된 전문가로부터 일정한 고품질 서비스를 받도록 업체에서 관리한다. 몇 년 전부터 등장한 스타트업들은 메디케이드Medicaid 대상자에게도 구독 서비스를 제공하고 있다. 미국은 빈곤선의 65% 이하인 극빈층에게 연방정부와 주정부가 공동으로 의료비 전액을 지원하는 메디케이드 제도를 실시하고 있다.

돌봄의 단절을 해소하기 위해 국내에서도 원스톱 돌봄서비스를 제공하는 환경이 조성돼야 한다. 간병인과 요양보호사, 운동치료사, 가정전문간호사 등 전문 인력을 확보하고 필요시에 원하는 서비스를 제공하는 프로그램을 만들어야 한다. 정부 기관에서 이 모든 전문 인력을 고용하고 파견하고 서비스를 평가하는 것은 불가능하므로 민간 영역에서 이 업무를 담당해야 한다. 물론 사업 영역이 크고 많기 때문에 자영업자 같은 소규모 민간자본으로 하기에는 어려움이 있다. 돌봄 전문 기업이 간병인 매칭과 파견, 요양보호사 양성, 요양보호사 매칭과 파견, 운동치료사와 가정전문간호사 매칭과 파견 등 '돌봄'에 필요한 전 분야의 사업을 동시에 진행하고 유기적으로 연결해야 가능한 일이다. 이러한 전문 기업이 활약하면 고객의 만족도는 일순간에 올라간다. 전문 기업은 환자가 병원에 있든, 가정에 있든, 시설에 있든 개인 맞춤형 서비스를 제공하고 원하는 고품질 서비스를 제공받도록 편의성과 품질을 관리한다. 결과적으로 돌봄의 단절을 해결할 수 있고 노인 환자와 보호자들의 정보 격차도 줄어들고 만족도도 올라가게 된다.

돌봄서비스의 중요한 목표는 환자와 가족이 원하는 라이프스타일을 유지하고 건강을 유지할 수 있도록 적절한 헬스케어 서비스를 제공하는 것이다. 이 사업들은 대부분의 민간 기업에서 내놓는 상품과 서비스가 그러하듯 평가와 경쟁을 통해 품질을 최대로 늘어올릴 수 있다. 이 과정에서 돌봄서비스 제공 기업은 새로운 부가가치를 창출하고 노인 환자와 보호자는 기존의 문제를 해결하는 만족을 경험하게 될 것이다.

# 7
# 새로운 트렌드 시니어 맞춤 주거

"애들 봐주러 잠깐 온 거지. 애들 키워주고 나면 우린 다시 고향으로 내려갈 거예요."

식당에서 만난 대가족에게 보기 좋다는 인사를 건넸지만 노부부는 손사래를 쳤다. 자신들은 아들 내외와 살 생각이 전혀 없다는 것이다. 손주들이 자라면 부부만의 오붓한 곳을 찾아 고향으로 내려갈 거란다. 주변을 둘러 보니 3대가 함께 사는 가족은 대부분 그러한 '사정'이 있는 집들이었다. 어린 손주를 봐주기 위해 일시적으로 합가했지만 이 시간이 지나고 나면 굳이 함께 살 필요는 없는 가정들이었다. 지난 반세기 동안 우리나라에서 3대가 모여 사는 모습은 흔치 않은 풍경이 됐다. 2020년 기준 100가구 중 3.6가구만이 3대가 함께 산다. 반세기 전인 1970년에는 대가족이 전체 가구의 17.4%를 차지했다.

노인 독립 가구가 늘고 있다

　노년의 풍경도 변하고 있다. 부부끼리 혹은 홀로 사는 노인들이 대부분이다. 2023년 65세 이상 고령층 가구는 565만 5,000가구로 전체 가구 중 25%를 넘어섰다. 통계상 유의미한 증가는 또 있다. 2023년 노인 가구의 연간 소득은 3,469만 원으로 3년 전인 2020년의 3,027만 원보다 442만 원(14.6%) 증가했다. 노인빈곤율이 소재가 되어 끊임없이 재생산되는 가난한 노후에 대한 예고에도 노인 가구의 소득은 꾸준히 늘고 있다.

　이로써 노인의 처지도 변하고 있다. 과거의 노인은 '부양해야 하는 가족'이었다. 그러나 신체적, 정신적, 경제적 안정을 유지하는 고령자 가구가 많아지면서 과거에는 생존을 위해 자녀의 도움이 필수였다면 현재는 그렇지 않다. 노인이지만 스스로를 부양할 수 있는 이들이 늘어나면서 부부끼리만 사는 노인 독립 가구도 많아졌다. 특히 최근 고령층으로 편입된 베이비붐 세대는 윗세대보나 안정된 소득을 유지할 뿐만 아니라 본인을 위한 투자에도 적극적이다. 앞으로의 노인들은 이전 세대와 달리 자립적이고 독립적인 삶을 살아갈 것이 예견되는 대목이다.

　또 하나의 특이점은 고령자 가구 중 혼자 사는 가구가 꾸준히 늘고 있다는 점이다. 2023년 고령자 1인 가구는 213만 8,000가구로 전체 고령자 가구의 37.8%를 차지했다. 전체 고령자 10가구 중 4가구는 혼자 살고 있다. 이는 새로운 노년의 풍경을 만들고 있다. 고령자들 사이에서 "늙어서 죽는 것이 아니라 외로워서 죽는다."라는 말이 유행할 정도다. 혼자 사는 고령자의 10명 중 2명(18.7%)은 몸이 아파도 집안일을 부탁하거나, 갑자기 큰돈을 빌리거나, 우울해서 이

**혼자 사는 고령자 비중**

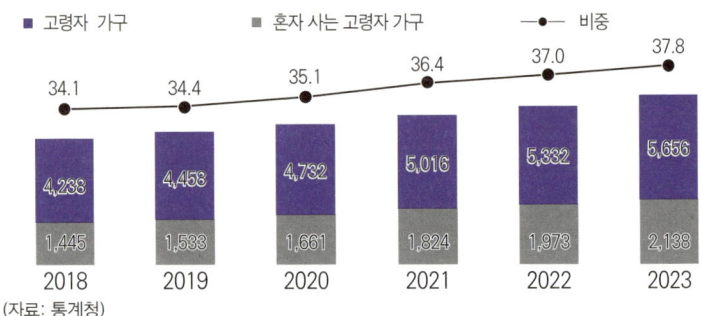

(자료: 통계청)

야기할 상대가 필요할 때 도움을 받을 사람이 없다고 답했다. 19.5%는 가족, 친인척, 그 외 다른 사람과 교류가 없다고 답해 고독 속에 남겨진 노인들의 실태를 드러냈다.

우리나라의 고령화는 노인 단독가구의 증가, 노인들의 평균 수입 증가, 1인 노인 가구의 증가로 요약해 볼 수 있다. 이는 이전의 실버 세대와는 확실한 차별점이라 할 수 있다. 이전의 노인들은 피부양자 자격으로 가족과 함께 살았고 수입은 거의 없었으며 죽을 때까지 가족 곁에 머물렀다. 자신의 상태에 꼭 맞는 집에 대한 욕구도 크게 느끼지 않았고 그러한 집을 찾아 나설 수도 없었다. 인생의 마지막 시기 몇 년을 요양원과 요양병원에서 보냈고 거기서 임종을 맞았다. 그러나 노인 단독가구의 증가는 '이왕이면 내게 잘 맞고 내게 편안한 공간으로서의 집'에 대해 충분히 고민할 여건을 만들어주었다. 우리나라보다 앞서 베이비붐 세대의 은퇴를 경험한 미국과 일본 같은 선진국들에선 상당수 시니어가 그곳에서 편안하고 안락한 여생을 보내고 있다. 우리나라 역시 시니어들을 위한 새로운 주거 트렌드가 만들어질 것이다.

고령자주택, 노인 주택, 시니어 주거는 통상 '시니어 하우징'으로 불린다. 그러나 엄밀히 주택house과 주거dwelling, home는 차이가 있다. 주택이 사는 공간을 의미한다면 주거는 주택과 함께 문화가 포함된다. 시니어 주거는 생물학적, 문화적, 생활적 측면에서 시니어들에게 적합한 주거지를 의미한다. 시니어들이 살기에 좋은, 그래서 살고 싶은 주거공간을 의미한다. 그렇다면 시니어 주거는 기존의 주거와 무엇이 다른가? 혹은 왜 시니어들은 시니어만의 주거가 필요한가? 집은 사는 사람들의 모든 욕구가 집합된 곳이다. 내부 구조, 위치, 생활 인프라, 함께 살아가는 이웃 등 다양한 욕구가 집에 반영된다. 연령대별로 가장 중요한 욕구가 다르기 때문에 살고 싶은 곳도 달라진다. 학생은 학교 주변에, 청년들은 일자리 주변에, 아이를 둔 가족은 보육과 교육시설이 가까운 곳에 살고 싶어 한다. 마찬가지로 은퇴 이후 혹은 고령자의 욕구를 반영한 주거지도 따로 있다.

산업 관련 데이터들은 '시니어 하우징 시장'의 폭발적 성장을 내다보고 있다. 우리보다 앞서서 고령화 시대를 맞고 8년 먼저 개호보험을 실시했던 일본의 경우 시니어 하우징 시장이 상당 기간 성장을 거듭했고 현재는 안정화 단계까지 이른 것으로 평가되고 있다. 일본뿐만이 아니다. 미국도 연간 거래량이 평균 90억 달러(12조 6,000억 원)에 이르는 거대 시장이 형성돼 있다. 2000년 이후 베이비붐 세대가 은퇴 연령에 도달하면서 수요가 급증해 다양한 계층을 위한 주거 옵션으로 자리매김해 왔다. 고령화 시대에 나타나는 필연적 결과로 시니어 하우징의 성장세를 기대해 봄직하다.

## 의식주는 기본, 의료까지 해결할 수 있다

안전, 편안함, 그리고 건강은 시니어 주거에서 중요시하는 3대 가치이다. 시니어 하우징은 기본적으로 노인의 라이프스타일, 질병, 취약점 등에 대한 이해에서 시작된다.

노인의 병은 크게 세 가지이다. 첫째는 당뇨와 고혈압 같은 만성질환이다. 65세 이상 노인의 만성질환 유병률은 점차 늘고 있다. 2023년 서울아산병원 연구 결과에 따르면 40%가 고지혈증(이상지질혈증), 30%가 당뇨병, 9.3%가 심혈관질환을 앓고 있다. 2008년부터 2020년까지 만성질환 유병률이 약 2배 증가했다. 만성질환은 활동적인 일상을 유지하는 데는 크게 영향을 미치지는 않는다. 하지만 주기적으로 병원을 방문하며 관리하고 건강에 관심을 기울이는 노력을 해야 한다. 건강에 빨간불이 켜진 상태이기 때문에 노인 환자들은 건강관리에 집중할 수밖에 없다.

둘째는 기능이 떨어지는 쇠약증이다. 허벅지 근육이 약해져 탄력이 떨어지고 근육량도 적어져 넘어지고 뇌진탕을 일으킨다. 서울아산병원의 같은 연구에서 노쇠 비율은 전체적으로 감소하는 것으로 나타났다. 2008년 28.7%였던 건강 집단은 2020년 44.2%로 늘었다. 반면 노쇠 집단은 41.1%에서 23.1%로 감소했다. 건강관리에 따른 결과다. 그러나 노쇠는 여전히 피할 수 없기 때문에 기능장애를 예방하려면 생활 관리가 필수다. 규칙적인 운동과 영양소를 골고루 갖춘 식단을 유지해야 한다.

셋째는 치매와 알츠하이머다. 노인들이 가장 두려워하는 질병들이다. 주원인이 노화로 밝혀진 만큼 누구나 앓을 수 있는 질병들이다. 인지를 담당하는 전두엽은 40세부터 퇴화를 시작해 60세가 되면 기억력이 젊은 사람보다 10% 정도 떨어진다. 나이가 많아질수록 퇴화의 정도는 심해진다. 70세는 20%, 80세는 30%까지 기억력을 잃는다. 흔히 노인들은 어린이처럼 감정적이고 쉽게 노여워하고 말도 잘 안 통한다고 생각한다. 모두 뇌의 퇴화 때문이다. 의료진은 노화로 인한 퇴화, 그중에서도 뇌의 퇴화를 막기 위해 규칙적인 운동과 적극적인 사회활동을 권한다. 병원 진료를 미루고 홀로 고립된 채 영양 섭취에 신경을 쓰지 않으면 치매와 알츠하이머도 급속도로 진행된다고 잔뜩 겁을 준다.

노인들을 괴롭히는 것은 질병뿐만이 아니다. 사고도 위험하다. 그중에서 낙상 사고는 노년을 위협하는 가장 큰 위험인자다. 60세 이상 고령자의 골다공증 비율은 약 69%로 대부분이 뼈 건강이 좋지 않다고 봐야 한다. 고령자는 가벼운 사고로 큰 피해를 볼 수 있다. 화장실에서 미끄러져서, 의자에서 떨어져서, 계단을 헛디뎌서 낙상하는 경우가 흔하다. 이러한 고령자의 닉싱은 커다란 사고로 이어진다. 실제 낙상 사고는 고령자의 사망 원인 중 2위이며 전체 질병 중에서도 5위를 차지한다. 매해 낙상 사고로 약 75만 명 이상이 사망한다는 통계가 있다.

잘 모르는 이들은 고작 떨어진 것만으로 어찌 사망에 이르는지 의문이 들 법도 하다. 진짜 문제는 사고 이후에 나타난다. 낙상 사고로 침상 생활이 시작되면 잘 움직이지 못하고 잘 먹지도 못하게 된다. 몸에 있는 근육이 급속도로 줄어들고 영양 상태도 나빠진다. 2차 감염성 질환을 앓기도 한다. 낙상에 의한 고관절 골절을 겪는 경우 1년 내 사망률이 20%까지 올라간다. 전문가들은 노인들의 낙상 사고를 예방하기 위해 미끄러운 바닥을 피하고 일광욕을 충분히 하며 정기적으로 근력과 균형감각을 키우는 운동을 추천한다. 모든 것이 외딴곳에 홀로 살아서는 하기가 어려운 것들이다.

시니어 하우징은 이러한 질병과 사고를 관리하고 예방하기에 최적화된 상태를 유지한다. 실내에서는 낙상을 예방하기 위해 문턱을 없애고 난간과 손잡이를 곳곳에 설치한다. 또한 고령자의 신체적 특성을 고려해 통로가 넓고 장애물이 없도록 공간을 구성한다. 의료인이 상주하며 질병을 관리할 수 있도록 도와준다. 혈압과 당뇨는 정기적으로 체크하고 적절한 약을 먹고 있는지 확인하고 돕는다. 주기적으로 찾게 되는 병원에 동행해주고 의료, 요양, 돌봄서비스까지 연계해서 받을 수 있도록 안내한다.

또한 시니어 하우징은 체력 단련 시설과 오락 시설을 겸비한다. 시설 운영자들은 다양한 프로그램을 제공하며 이용자들의 적극적인 참여를 유도한다. 프로그램 내용은 사회적 상호작용을 촉진하며 심리적, 정서적 편안함을 제공한다. 노년에 흔히 경험하는 고립감과 외로움도 덜어준다. 관심사가 비슷한 이웃들과 편하게 소통하면서 건강을 유지할 수 있도록 지지하고 지원한다.

케어닥에서 운영하는 시니어 하우징 '케어닥 케어홈'에서 시니어들을 만나보면 젊은 사람들은 잘 상상하지 못하는 먹을거리 고민 때문에 케어닥 케어홈을 많이 찾는다는 것을 확인하게 된다. 고령자일수록 하루 세끼를 집에서 먹는 것이 일상화돼 있다. 외식을 하는 것은 특별한 일이다. 단출한 식사라도 집에서 하는 것을 선호하고 밥을 먹기 위해 집을 나서는 것을 번거롭게 생각하는 이들도 많다. 식사 준비와 전후 정리는 번거롭지만 빼놓을 수 없는 노동이자 일상이다. 그러나 나이가 많아질수록 일상적인 이 일이 번거롭고 힘들어진다.

　가장 큰 문제는 신선한 식자재를 구하기 위해 규칙적으로 장을 보는 과정이다. 장을 볼 수 있는 곳으로 가서 물건을 들고 집으로 와야 한다. 마트나 재래시장이 집 앞에 있지 않는 한 이동 자체가 큰일이 된다. 사 온 재료를 손질하고 사용 기간 내에 소진하는 것도 쉽지 않다. 일단 많이 사서 많이 버린다. 자주 깜박깜박하는 통에 잊고 또 사는 경우도 많다. 적지 않은 수의 고령층 가정의 냉장고를 열어 보면 '사놓고 잊어버린' 식재료들이 가득하다. 힘들고 귀찮아서 장을 덜 보고 덜 차려 먹다 보면 고령층의 '영양실조'라는 또 다른 문제로 이어진다. 코로나19 이후 영양실조로 진료받은 의료급여 수급자 중 60대 이상이 85%에 달했다. 나이가 들어 식사량이 줄고 영양소 흡수율도 감소하는 중에 식사까지 잘 챙겨 먹지 못하게 되니 영양 상태가 점점 나빠지는 것이다.

　시니어 하우징은 노인들의 가장 큰 고민인 식사 문제를 해결해 준다. 시니어타운에서는 기본적으로 1일 1식을 제공하고 선택식으로 3식을 제공한다. 전문 영양사가 식단을 설계해 시니어들이 영양소를 골고루 섭취하도록 돕는다. 또한 식자재에 대한 손질과 가공도 노인들이 가장 먹기 쉬운 형태로 조리된다. 계절에 맞는 신선한 식재료를 활용해 집에서 준비하는 식사 못지않은 높은 질을 보장한다. 정시에 매끼 제공되는 식사는 주부들이 들어오길 잘했다며 매우 만족을 표시하는 부분이다. 식사 준비와 전후 정리 모두를 위임할 수 있어 비로소 오래된 집안일에서 해방됐다며 기뻐하는 주부들이 상당히 많다.

　의식주에 의료서비스까지 시니어 하우징은 고령자들이 안전하고 편안하게 생활할 수 있도록 설계된 주거 형태이다. 주거공간을 제공하는 것을 넘어 삶의 질을 높이는 것을 목표로 한다. 개개인이 추구하는 욕구에 따라 위치, 크기, 비용은 제각각이지만 시니어들이 안심하고 늙을 수 있도록 한다는 시니어 하우징의 목표는 같다.

일본을 통해 시니어 주거의 미래를 전망해 본다

시니어 주거의 선진국이자 매우 큰 시장을 가진 일본의 사례에서 시니어 주거가 의식주醫食住를 어떻게 해결하는지 잘 확인할 수 있다. 일본의 인구는 우리나라 대비 2.5배 정도 많지만 노인 인구는 4배 정도 많다. 고령화 비율은 약 30%로 우리나라가 고령화로 겪을 문제를 8~9년 먼저 겪고 있다고 봐도 무방하다. 앞서 소개한 것과 같이 일본의 개호보험은 우리나라의 노인장기요양보험의 롤모델이라 할 정도로 유사하다. 일본 역시 일찌감치 고령화 문제를 예측하고 독일 등 유럽의 노인사회보험제도를 차용해 우리보다 8년 앞선 2000년에 개호보험을 실시했다.

시니어 하우징의 경우 일본은 종류도 많고 실제 운영하는 시설도 많다. 일찍부터 제도적, 법률적 정비도 시작돼 오늘에 이르게 됐다. 일본에 노인복지법이 제정된 것이 1963년이다. 그러나 당시는 노인 중에서도 생활보호대상자만 해당하는 내용이 많아 기초복지제도에 가까웠다. 그러나 이때 의료서비스를 제공하는 거주시설(특별양호노인주택, 양호노인주택, 경비노인주택)이 최초로 정비됐다는 데 의의가 있다. 시니어 하우징이 노인보건시설로서 제도화된 것은 1986년이다. 이때 개호형 유료 노인홈(노인주택)과 치매고령자 그룹홈이 설립됐다. 2000년 개호보험법이 도입된 후 고령자주거법

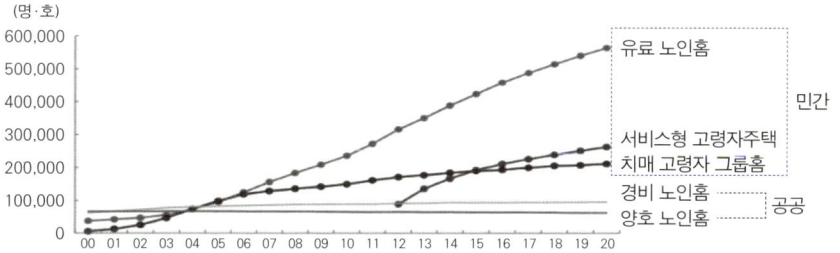

**일본의 민간 중심 시니어 하우징 공급**

주: 유료 노인홈·경비 노인홈·양호 노인홈은 정원수 기준, 치매고령자 그룹홈은 단기 이용자 제외, 서비스형 고령자주택은 등록호수 기준(자료: 국토교통성)

도 제정됐다. 2005년에는 고령자전용임대주택 제도가 만들어졌으며 2011년에는 고령자주거법이 개정돼 서비스형 고령자주택(사코주) 등록제도가 실시됐다.

2023년 7월 일본후생성에서 발표한 노인주거시설은 모두 5만 6,692개이다. 이 중 서비스형 고령자주택은 8,294개, 유료 노인홈은 1만 7,327개이다. 두 개 시설만 전국에 2만 5,621개이다. 각 시설의 정원은 28만 명과 67만 명으로 두 시설에서만 일본의 65세 이상 인구(3,624만 명, 전체 인구의 29%)의 2.6%를 수용할 수 있다.

이처럼 2011년 고령자주거법의 전면 개정은 시니어 하우징에 크

**일본의 시니어 하우징 수용인원 변화**

(자료: 한국보건산업진흥원)

나쁜 영향을 주었다. 당시 개정 내용은 정부가 민간 기업에 보조금과 세제 지원 정책을 펼친 것이다. 일본 정부는 시니어 하우징의 건설비용의 10%를 지원했고 건설 사업비도 1~2% 저리의 고정금리로 최장 35년까지 대출해줬다. 취득세도 낮추고 재산세도 50~80% 낮췄다. 이러한 보조금과 세제 지원 덕분에 서비스형 고령자주택은 시니어 하우징의 대표 모델로 손꼽히게 됐다. 또한 시니어 하우징의 대표 형태를 시설에서 주택으로 변화시키는 촉매제가 됐다. 지금도 일본의 시니어 하우징 시장에서는 공공보다 민간에서 더 많은 역할을 담당하고 있다.

일본의 시니어 하우징 시장이 성장한 배경도 함께 살펴보자. 먼저 우리나라와 다른 일본의 주거 문화에 대해 이해할 필요가 있다. 일본은 우리나라와 가깝고 유사해 보이지만 주거 문화만 떼놓고 보면 꼭 그렇지도 않다. 그래서 알고 접근할 필요가 있다.

가장 먼저 '선호하는 주거 형태'부터 다르다. 우리나라는 주거 형태 중 아파트 선호가 52%로 월등히 높은 반면 일본은 주택이 81%로 매우 높다. 아파트 거주는 12.8%에 그친다. 이는 지진과 쓰나미 같은 자연재해가 잦기 때문으로 보인다.

다음으로 원하는 '거주 면적'도 우리보다 매우 작다. 우리나라는 30평대가 '국민 평형'이라 불릴 만큼 대중적이지만 일본은 10~20평대가 대다수이고 그 이상은 매우 희소하다. 일본에 비해 우리나라는 비교적 넓은 규모를 편안하게 여기는 것으로 보인다.

'거주 형태'도 보자면 일본에는 전세 제도라는 임대차 개념이 없다. 자가가 아닌 이상 월세로 살게 된다. 주거비 지출이 높은 편인데 태어날 때부터 월세 문화를 경험하기 때문에 이에 대한 거부감이 없다. 또한 월세의 경우 세입자가 원상태의 집을 유지하기 위해 상당한 비용을 들이게 된다. 우리나라의 경우 자가가 아닌 집을 유지하기 위해 돈을 쓰는 것을 매우 아까워하는 것과 차이가 있다.

'집의 소유' 개념도 차이가 있다. 우리나라 사람들에게 집은 일단 사놓으면 언젠가는 오르는 자산이라는 인식이 강하다. 그러나 일본 사람들에게 집은 '소비재' 성격이 있다. 큰 가격 상승을 기대하지 않고 오히려 가격이 내려가는 것을 당연하게 여기기도 한다. 이러한 인식 때문에 매매에 대한 선호가 상대적으로 적고 전세 제도도 없다 보니 월세로 주거공간을 확보하는 경우가 대부분이다.

일본인들의 집에 대한 이러한 인식은 시니어 하우징 산업이 성장하는 데 좋은 여건이 됐다. 우선 일본의 고령자들은 월세를 내는 데 크게 부담을 갖지 않는다. 이미 내는 월세를 그대로 내면서 더 좋은 시설과 더 좋은 대우를 받을 수 있으니 시니어 하우징에 들어가는 데 큰 부담이 없다. 자녀들 역시 돌아가시기 전에 좋은 시설에 모시고 싶다고 생각하고 시니어 하우징에 부모님을 모시게 된다.

다음으로 시니어 하우징에서 제공하는 면적에 크게 불만을 품지 않는다. 우리나라 사람들은 30평대 아파트에 살다가 요양원같이 독립된 공간이 적은 곳에 가면 갑갑함을 느낀다. 좀 더 여유를 부려 10평대에 방 하나와 거실 하나를 제공하는 곳에 가도 집이 작다고 생각한다. 요양원과 시니어타운이 외면받는 이유이다. 그러나 일본인들은 평소 사는 곳이 넓지 않기 때문에 시설에 입소해도 좁다는 불만은 토로하지 않는다.

마지막으로 일본의 고령층은 우리보다 다달이 돈이 들어가는 것에 대한 부담이 훨씬 덜 하다. 우리나라 사람들은 거주를 위해 다달이 돈이 들어가는 것을 불편해한다. 특히나 고령층은 자가 비율이 높아서 월세를 내고 사는 문화에 익숙하지 않다. "집은 사 놓으면 오르기라도 하지."라며 월세보다는 이자를 내고 자가를 선택했던 세대이다. 요양원이나 시니어타운에 다달이 '이용료(월세)'를 내는 것은 불편한 일이 된다.

우리나라의 시니어 하우징의 경우 100% 돌려받는 보증금을 많이 책정하고 월세 부담을 낮추는 형태의 시설이 대부분이다. 문화에 따라 조금씩 시스템이 변형돼 적용되고 있다.

| 구분 | 한국 | 일본 |
|---|---|---|
| 주요 주거문화 (2021년) | 아파트 52%<br>주택 30% | 주택 81% 이상<br>아파트(맨션) 12.8% |
| 평균 사이즈 | 30평대 | 10~20평 내외 |
| 주요 계약 형태 | 전세 | 월세 |
| 주거 옵션 | 옵션 포함(세탁기, 냉장고 등) | 옵션 없음(전등까지 별도 구매) |
| 주거 인식 | 매년 오르는 자산<br>(갈아타기, 정기적으로 이사) | 감가상각이 발생하는 소비재<br>(평생 살아야 할 공간) |
| 주거 커뮤니티 | 운명 공동체, 커뮤니티 활동 중시 | 개인 프라이버시 중요 |
| 보증금 개념 | 100% 돌려받는 돈 | 원상회복 비용을 미리 낸 돈 |
| 원룸 크기 | 5~6평 | 3평 |
| 사회보험의 시니어타운 이용 | 시설급여 사용 불가<br>(재가급여는 외부 업체 이용) | 시설급여 적용 가능<br>특별양호노인주택, 유료노인주택, 서비스형 고령자주택 등 등급별 한도 이내 이용 가능<br>(재가비용+시설비용으로 이용 가능) |
| 시니어 하우징 주무 부처 | 보건복지부<br>: 양로시설, 노인복지주택<br>국토교통부<br>: 리츠(부동산투자회사) | 국토교통성<br>: 서비스형 고령자주택 |

여기에 더해 일본의 시니어 하우징이 우리나라의 시니어 하우징과 다른 가장 큰 지점은 따로 있다. 바로 일본의 시니어 하우징이 개호보험의 지원제도 안에 있다는 점이다. 일본의 개보호험은 우리나라의 노인장기요양보험과 큰 틀에서 유사점이 많다. 모두 재가급여와 시설급여를 큰 두 가지 축으로 서비스를 제공한다. 재가급여는 집에서 지내면서 서비스를 받는 것이라면 시설급여는 시설에 장기 입소해 돌봄서비스와 시설 이용료를 지원받는 제도이다.

그러나 우리나라의 시설급여는 요양원에서만 비용을 쓸 수 있다. 반면 일본에서는 유료 노인홈과 서비스형 고령자주택 등 다양한 시니어 하우징 시설에까지 시설급여가 적용된다. 일본이 우리와 다른 정책을 펼친 데는 최초 개호보험 시행 당시 의료적 관점에서 접근한 것이 가장 컸다. 재가급여보다는 시설급여에 방점을 찍고 시작하다 보니 노인들이 머물 수 있는 다양한 시설에 지원을 아끼지 않았다. 거기다 2006년 의료제노 개혁을 추진하며 시니어 주택 공급을 본격화했고 2011년에는 서비스형 고령자주택인 '사코주'가 등장하면서 시니어 주택 대중화를 이끌게 됐다.

일본의 시니어 하우징은 개호보험의 시설급여에서 급여를 지원해주므로 사용자인 노인들은 사용 부담이 줄고 운영자 입장에서는 일정 정도의 수익 안전망을 확보하게 된다. 이와 달리 우리나라의 시니어타운은 민간에서 제공하는 주거시설일 뿐이다. 만일 시니어타운 내에서 장기요양급여를 이용하고 싶다면 등급을 받고 재가서비스를 이용하는 정도이다. 요양원이나 노인요양공동생활가정에 입소하지 않는 이상 시설급여를 지원받을 수는 없다.

| 구분 | 한국 | | | 일본 | |
|---|---|---|---|---|---|
| 주택형 | 장기민간임대주택 | | | 공동주택 | 셰어하우스<br>콜렉티브하우스 |
| | 노인복지주택 | 임대형<br>시니어타운 | | 서비스형<br>고령자주택 | 서비스형 고령자<br>주택<br>서비스 제공 주택 |
| 복합형 | 유료 양로시설과<br>노인복지주택<br>사이 | 급여시설<br>비급여시설 | | 유료노인주택 | 개호형 |
| | | | | | 주택형 |
| | | | | | 건강형 |
| 복지형 | 양로시설 | 유료시설 | | 경비노인주택<br>(케어하우스) | 급식형 |
| | | 실비시설 | | | 자취형 |
| | | | | | 케어하우스 |
| | | 무료시설 | | 생활지원주택 | |
| | | | | 양호노인주택 | |
| 요양형 | 노인요양시설<br>(요양원) | 노인장기요양<br>보험<br>급여시설·<br>비급여시설 | | 특별양호노인주택<br>(개호 노인복지시설) | |
| | 노인요양<br>공동생활가정 | 9인 미만<br>요양원 | | 치매대응형<br>공동생활<br>요양시설<br>(그룹홈) | |
| 의료형 | 노인전문병원<br>(요양병원) | | | 개호 노인보건시설 | |
| | | | | 개호 요양형<br>의료시설<br>(요양병동) | |
| | | | | 개호 요양형<br>노인보건시설<br>(신형노인보건시설) | |

덧붙여 일본의 시니어 하우징과 우리나라의 시니어 하우징을 노인장기요양보험 급여 지원과 내용 면에서 비교해보았다. 특징에 따라 주택형, 복지형, 복합형, 요양형, 의료형 5가지 형태로 구분했다.

1. 주택형: 시니어 하우징 중에 가장 주택에 가까운 형태이다. 입

소자들이 대부분 건강하고 입소 자격 또한 일상생활이 가능한 정도의 건강을 요구한다. 외부인 방문이나 입소자의 입출입도 자유롭다. 우리나라에서는 노인복지주택이 주택형에 포함되는데 흔히 이야기하는 시니어타운을 말한다. 일본에서는 서비스형 고령자주택(사코주)이라고 불리는 시설이 대표적이다. 앞서 설명한 대로 우리나라의 시니어타운은 장기요양급여를 받지 못하지만 일본의 사코주는 시설급여를 받을 수 있다.

2. 복합형: 주택형과 복지형의 중간 정도 성격을 띤다. 우리나라에서는 유료 양로시설, 노인복지주택, 요양시설 중간 정도의 업태로 생각하면 된다. 아직은 해당 성격에 정확히 매치되는 업태가 존재하지 않는다. 하지만 일본에는 유료 노인홈이라는 업태가 매우 성행하고 있다. 일본에서 시니어 하우징이라고 하면 대부분 유료 노인홈을 떠올릴 만큼 보편적인 시설이다. 유료 노인홈은 주거시설로서 너무 적지 않은 평형대를 유지하고 시설의 규모와 입지도 선호도가 높다. 주거 서비스 내 돌봄서비스가 포함되어 있고 개호보험도 적용되어 소비자의 비용 부담도 상대적으로 적은 장점이 있다.

3. 복지형: 말 그대로 복지시설에 가깝다. 입소 자격이 소득이 없거나 적은 고령층을 대상으로 한다. 시설의 목적도 이들을 돌보기 위한 것이다. 우리나라에서는 양로시설이라 불리고 복지시설로 운영된다. 유료형, 실비형, 무료형이 있다. 일본의 복지형 시설은 경비노인주택, 생활지원주택, 양호노인주택 등 보다 다양한 형태가 있다. 복지형 시설은 입소자의 상태보다 소득이나 사산 등 입소 자격을 우선으로 한다.

4. 요양형: 우리나라는 장기요양등급을 받은 이들을 대상으로 하는 요양시설을 말한다. 요양원과 노인요양공동생활가정이 여기에 해당한다. 일본도 개호서비스 판정을 받은 이들을 위한 보조금이 주요 수입원인 시설들이 대부분이다. 특별양호노인주택, 치매대응형공동생활요양시설이 여기에 해당한다.
5. 병원형: 우리나라의 요양병원이 대표적이다. 의사가 치료를 위한 목적으로 운영하는 시설이지만 주 고객이 시니어층인 시설이다.

이상으로 시니어 하우징 형태를 살펴보았다. 현재 우리나라에서 관심을 받고 있는 시니어타운은 주택형과 복합형이며 유료 양로시설과 노인복지주택이 대표적인 시니어 하우징으로 꼽힌다. 고령자 맞춤 민간임대주택으로 도입될 실버스테이는 어떻게 발전할지 그 방향을 지켜볼 필요가 있다.

# 8
# 대한민국 시니어 주거의 미래

우리나라와 일본의 시니어 주거를 비교할 때 흔히들 나오는 오해와 편견이 있다. 첫째가 우리나라 노인들은 가난해서 시니어타운에 갈 사람이 없다. 둘째가 한국은 요양병원이 많아서 시니어타운이 발달하지 않는다. 셋째가 연금제도가 약해서 노인들이 가난하고 시니어타운 월세를 부담할 수 없다는 것이다. 이러한 오해는 액티브 시니어에 대한 이해가 부족하기 때문이다.

한국의 시니어 하우징은 민간화, 기업화될 것이다

우선 앞서 설명한 것처럼 우리나라 노인이 가난하다는 믿음은 '노인빈곤율 1위'라는 잘못된 해석으로 인해 생기는 문제이다. 월급으로 들어오는 소득만이 아닌, 자산까지 소득으로 포함할 경우 일본과 비슷한 수치로 환산된다. 다음으로 우리나라의 요양병원 수가 경제협력개발기구 국가들보다 많다는 것이다. 그러나 이는 고령화, 의료 인프라 발달, 낮은 의료비 부담 등의 영향이 크다. 요양시설이나 시니어타운이 발달하지 못한 대신 요양병원이 충분히 공급된 측면도 있다. 만일 요양시설과 시니어타운이 발달하게 되면 요양병원 수는 확실히 줄어들 것이다. 실제 정부 정책과 의료비 비중 증가로 1,600개에 육박하던 요양병원이 1,400대로 숫자가 줄어들고 있기도 하다. 마지막으로 연금제도에 대해서는 보다 긴 이야기가 필요하다. 일본의 시니어들이 우리나라 시니어들보다 연금 수령액이 많은 것은 더 많이 더 오래 냈기 때문이다. 국내 고령층의 연금 수령액도 증가하고 있고 자신을 위한 소비가 주축이 되어가는 상황에서 시니어타운 입소는 어려운 결정이 아니다. 그리고 우리나라 시니어들이 시니어타운 입주를 결정할 때 주요 고민은 연금이나 소득 수준이 아니라 앞으로 남아 있는 기간과 자신의 자산 전체이다.

그럼에도 일본의 시니어 하우징을 우리나라의 시니어 하우징과 비교해보면 몇 가지 확실한 방향성이 보이는 것은 사실이다. 첫째, 당연히 국내 시니어 하우징 시장은 빠른 속도로 커질 것이다. 일본의 고령화가 단카이 세대라는 500만 명에 의해서 시작됐다면 한국은 1, 2차 베이비붐 세대가 1,000만 명이 넘는다. 즉 더 빠르게 더 크게 시니어 하우징 수요 대란이 일어날 것이다.

둘째, 앞으로는 다양한 시니어 하우징 시설과 업태가 생겨날 것이다. 국내는 여전히 아파트, 요양원, 요양병원 등 몇 가지 선택지밖에 없다. 하지만 일본은 유료 노인홈 중에서도 건강형, 개호형, 주택형으로 종류가 나뉘고 받을 수 있는 서비스와 입주 자격도 다양하게 구분되어 있다. 그 이유는 수요가 다양해 다양한 형태의 시설이 필요하기 때문이다. 소비자인 시니어의 욕구가 다양하게 분출되면 우리나라 역시 이에 부응하는 다양한 시니어 하우징 상품이 나올 것으로 기대된다.

셋째, 시니어 하우징에 대해 정부의 지원 범위가 확대될 것이다. 일본의 개호보험은 다양한 시니어 하우징에 시설급여를 적용하고 있다. 그러나 우리나라는 시니어타운을 집 혹은 준주택으로 보기 때문에 돌봄과는 전혀 관계 없는 시설로 인식한다. 하지만 시니어들은 시니어타운에서 적절한 돌봄서비스를 받기를 희망한다. 따라서 개별 시니어타운에서도 공동운영비로 의료진을 배치하고 정기적인 검진 등 다양한 돌봄서비스를 제공하고 있다. 이러한 돌봄서비스의 제공이 시니어들의 건강을 유지시키고 생활을 개선한다는 결과가 누적되면 정부에서도 여기에 공적 비용을 투여하지 않을 이유가 없다. 일본처럼 장기요양의 적용범위를 확대할 여지가 충분히 있다.

마지막은 우리나라의 시니어 하우징은 일본보다 더 빠르게 민간화 그리고 기업화될 것이다. 일본이 보조금 대상과 금액을 넓혀서 지급했던 과거 사례를 보면 재정적자 이슈가 가장 컸다. 일본 역시 예측보다 더 빠르게 고령 인구가 늘어났고 개호비용의 지출도 증가했다. 최근에는 개호시설과 유료 노인홈 등 보조금 시설의 신규 인허가를 거의 내주지 않고 있다. 대신 보조금을 적게 쓰거나 보조금 지급 의무가 없는 업태인 서비스형 고령자주택이 매우 빠르게 증가하고 있다. 우리나라 역시도 재정적자라는 큰 문제에서 벗어날 수 없다. 일본보다 빠르게 보조금 지급 시설이 아닌, 민간 기업과 자기 부담형 시니어 하우징 위주로 개발될 것으로 예측한다.

우리나라의 시니어 하우징 시장은 인구 구조 특성, 주택 시장의 변화를 통해 점차 무르익고 있다. 인구 구조적으로는 노인 인구 증가, 부부 혹은 1인 가구 증가, 간병·간호와 돌봄이 필요한 기대여명의 증가로 안전, 건강, 활력을 지원하는 물리적 공간의 필요성이 높아지고 있다.

여기에 주택 시장의 변화도 한몫하고 있다. 얼마 전 '전세 사기' 이슈가 커지면서 우리나라만의 독특한 주택 거주 형태인 전세가 사라져 가고 있다. 전세 사기 위험을 회피하기 위해 월세로 전환하는 비율이 점차 높아지고 있다. 또한 상당 기간 아파트 가격 상승이 이어지다가 정체기에 돌입했다. 인구감소로 인한 부동산 불패 신화도 더 이상 유효하지 않으리라는 전망이다. 주택은 아파트여야 하고 자가여야 하고 월세는 불가하다는 기존의 고정관념이 변화하고 있다. 이러한 주거 문화의 변화는 시니어 하우징 도입에 좋은 영향을 미칠 것으로 보인다.

그러나 시니어 하우징 시장의 활성화를 위해서는 제도와 정책 면에서 정부의 지원이 절실하다. 기존 시니어 주거 정책은 요양시설이 위주였고 거의 유일한 선택지였다. 시니어 하우징 지원책으로 정부의 방향이 조금씩 선회하는 것이 느껴지지만 아직 미흡하다. 일본은 시니어 하우징의 대부분을 차지하는 서비스형 고령자 주택의 활성화를 위해 기금 지원과 세제 혜택 등 다양한 지원책을 마련했다. 비록 개호보험의 시설급여를 제공하는 수준은 아니지만 이러한 지원책 덕분에 민간 기업이 적극적으로 시니어 하우징에 뛰어들 수 있었다. 우리나라에서는 부지 마련을 위한 제도 개선과 수익성 확보를 위한 세제 혜택 등이 필요하다. 복지 중심의 산업 진행에 대한 인식 개선도 필요하다.

현재 우리나라 시니어 하우징의 주무 부처는 국토교통부와 보건복지부로 이원화돼 있고 분양형 노인복지주택 건설도 금지돼 있다. 게다가 요양병원에 대한 제도적 규제가 가해져 요양병원의 수는 감소세를 이어가고 있다. 정부가 시니어 하우징에 대한 지원 정책을 적극적으로 시행한다면 일본의 시니어 하우징 시장과 같은 맞춤형 주거공간을 확보하는 것이 훨씬 빨라질 것이다.

### 주거는 비용이 아니라 선택의 문제다

"아내가 먼저 가는 바람에 혼자 남았어요. 앞에 복덕방에서 주소랑 전화번호를 받아서 구경도 한 번 안 해보고 여기 왔어요."

2020년 1월 EBS에서 신년 프로로 편성한 「백세시대 우리는 어디로 가야 할까요」에 등장한 여든을 넘긴 할아버지의 사연이다. 그의 얼굴은 밝지만 "갈 곳이 없어서 오게 됐다."라는 말에는 쓸쓸함이 묻어난다.

초고령시대 노인들은 건강하다. 그래서 더 갈 곳이 없다고 말한다. 요양병원, 요양원은 아픈 노인들이 가는 곳이다. 즐겁고 활기차고 에너지가 넘치는 건강한 노인들에게는 '갈 곳'이 필요하다. 그들을 위한 시니어타운에 대한 인식의 확산이 필요한 이유이다.

더불어 무위無爲는 질병, 고독, 빈곤과 함께 현대 노인들이 짊어지는 4가지 고통 중 하나다. 지금까지는 아픈 노인들을 위한 각종 정책이 시행되어 왔다. 이제는 그들보다 더 많은 '건강한 노인'을 위한 다양한 사회제도와 서비스를 마련해야 할 때다.

지금까지의 많은 연구가 1차 베이비붐 세대의 고령층 진입이 완료되는 2030년에는 몸은 허약하고 소득은 중간 정도 되는 고령자 규모가 10년 전 대비 2배가 될 것이라 예견했다(건축공간연구원 · 저출산고령사회위원회, 2021). 이들은 요양원에 들어갈 정도로 질병이 있는 것은 아니다. 하지만 돌봄은 필요하다. 그리고 자산과 소득도 어느 정도 갖추고 있다. 이들을 위한 예방적 고령 친화 주거복지 정책의 필요성도 제기되고 있다.

초고령사회에 노인의 삶의 질을 향상시키고 급격한 노인 인구 증가에 따른 돌봄, 입원, 부양 등 사회적 비용을 줄이기 위해 시니어타운과 같은 시니어 하우징이 절실히 필요하다는 것이다. 시니어타운은 노인들이 주거, 의료, 복지, 여가 등 다양한 서비스를 제공받으며 함께 생활할 수 있는 공간이다. 보통 1인실, 2인실 등의 전용부 객실로 구성되어 있으며 식사, 간호, 의료, 여가, 문화 등 다양한 서비스를 제공한다. 그리고 모든 비용을 한 번에 결제하도록 한다. 그런데 시니어를 포함한 대다수 사람들은 "시니어타운은 비용이 비싸다."라는 인식 혹은 편견이 있다. 그렇기에 대중화되기 힘들고 부유한 일부 사람들만 이용하는 시설로 남으리라는 전망도 있다.

그러나 결론부터 이야기하자면 그렇지 않다. 건강하고 소득이 있는 액티브 시니어에게 혹은 가벼운 돌봄이 필요한 시니어들에게 '합리적이고 수용 가능한 비용'으로 이용할 수 있는 시설들이 현재에도 여럿 있다. 또한 이런 시설들을 만들기 위해 시니어 하우징 사업을 하는 기업들도 여럿 있다. 비싸다는 선입견 때문에 시니어 하우징 사업의 성장세가 꺾이는 일은 없을 것이라 기대한다. 현재의 시설들 그리고 앞으로 만들어질 시니어 하우징이 어느 면에서

**액티브한 시니어의 입주 가능 주거 및 시설의 부재**

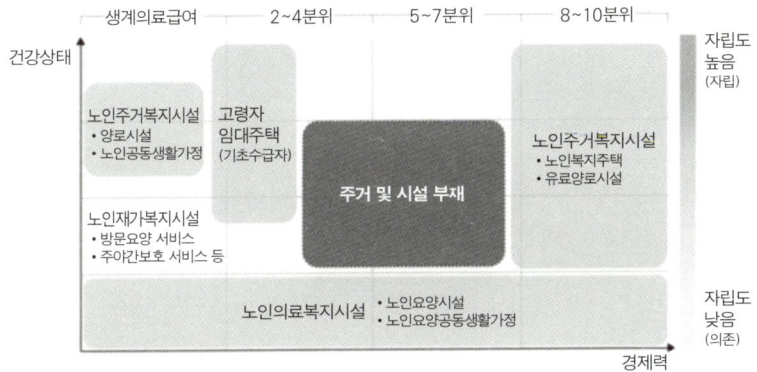

(자료: 통계개발원)

**중소득·허약 고령자 추계**

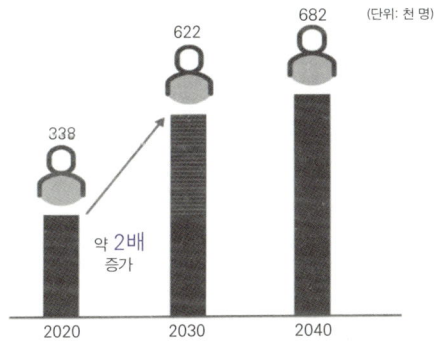

(자료: 건축공간연구원·저출산고령사회위원회, 2021)

합리적이고 수용 가능한지 소개해보겠다.

시니어타운의 시설비용은 크게 주거비 개념의 보증금과 월 생활비로 나눌 수 있다. 보증금은 입주 계약 시 납부하는 금액으로 보통 1억 원 이상으로 책정된다. 생활비는 식비, 간호비, 프로그램 비용 등으로 구성되며 월 100만 원에서 700만 원 정도가 소요된다. 추가 비용의 상당 부분은 의식주 외에 프로그램 이용료에서 발생한다. 이에 비해 공공임대형 고령자 복지주택은 복지시설로 통상적으로 보증금 1,000만 원 내외에 월 생활비 수십만 원 수준으로 매우 저렴하다. 하지만 소득과 자산 등 요건이 까다롭다. 민간에서 개발과 운영을 할 수 있는 시설이 아니기에 공급이 제한적이다. 원한다고 누구나 입주할 수도 없다.

민간형 시니어타운은 입지, 부대시설, 서비스에 따라 가격이 천차만별이다. 서울에 위치한 시니어타운의 경우 평균적으로 보증금 약 4억~6억 원대, 평균 생활비는 식비를 포함하면 약 300만 원에서 400만 원대로 파악된다(1가구 2인 기준). 최고급 시니어타운의 경우 보증금이 이보다 높고 월 생활비도 500만 원 이상인 곳도 있다. 서울 광진구에 위치한 '더클래식500'의 경우 잘 알려진 것처럼 보증금 약 10억 원에 월 생활비는 세대당 평균 433만 원 수준이다. 여기에 유료 서비스를 추가해 이용하면 월 600만~700만 원을 내게 된다. 수도권의 경우 보증금 3억~5억 원, 월 생활비는 300만~400만 원 수준의 시니어타운이 많이 있다. 지방에 위치한 시니어타운의 경우 보증금이 2억~4억 원 수준이고 월 생활비도 200만~300만 원 수준이다. 그 이하로 내려가는 곳도 있다.

여기까지 살펴보면 시니어타운은 초기 비용이 많이 들고 매달 내는 생활비도 비싸다는 인식이 틀린 것 같지 않다. 소득이 주는 시니어들이 써야 하는 비용으로 300만~400만 원은 결코 적다고 볼 수 없다. 하지만 인식과 계산을 달리하면 비용에 대한 접근이 달라질 수 있다. 가장 먼저 '노인시설=복지시설'이라는 관점에서 벗어나야 한다. 우리나라에 고령자 복지주택 같은 시설은 매우 제한적이다. 민간에서 운영하는 시니어타운은 어느 정도 자산과 소득이 있는 고객을 타깃으로 운영되고 있다. 그리고 이들이 비용을 지불하기에 합리적인 부분도 없지 않다. 다음의 세 가지 경우에 발생하는 비용과 시니어타운의 비용을 비교해 시니어타운의 비용이 얼마나 합리적이고 수긍 가능한 금액인지 설명해 보겠다.

첫 번째는 자녀 소유 집에서 부모님이 함께 생활하는 상황이다. 자녀가 자신의 집에서 부모님을 모실 때도 상당한 비용이 들어간다. 먼저 부모님을 모시기 위해서는 집을 넓혀야 하는 경우가 대부분이다. 거기에 식비, 의료비, 기타 생활비 등 다양한 항목에서 비용이 발생한다. 식비는 2인 기준 월 100만~200만 원(1인 1식 1만 원 내외로 산정), 기타 생활비는 월 100만~200만 원 정도가 소요된다. 부모님을 돌보기 위해 자녀가 일자리를 그만두면 여기서도 기회비용이 발생한다. 중장년 자녀의 경우 작게 잡아도 연 6,000만 원으로 월 500만 원의 기회비용을 부모님을 돌보는 데 쓰게 된다. 돈으로 환산할 수 없는 비용도 있다. 부모님을 '모시고' 사는 것에 대한 심리적 부담감과 사건·사고에 대한 불안감이다. 자녀와 부모가 같이 지내면서 생기는 갈등 요소까지 비용으로 치환한다면 자녀가 부모님을 직접 모시는 것은 월간 수백만 원이 들어가는 일로 봐야 합당하다.

두 번째는 부모님 소유 집에서 간병인이나 가사도우미를 부르는 상황이다. 자녀가 부모님과 멀리 떨어져 있거나 여러 이유로 부모님이 단독가구에서 생활하는 경우다. 이때 역시 비용이 발생한다. 부모님이 전월세를 살고 있다면 그 자체로 비용이 드는 것이고 자가일 경우 기회비용이 발생한다. 부모님이 단독가구로 살아가면 자녀가 모시고 있는 경우보다 식비와 생활비가 더 많이 들어간다. 불안감 혹은 불편함을 해결하기 위해 가사도우미나 간병인을 쓰게 되면 최소 월 100만~500만 원 정도의 비용이 발생한다. 또한 간병인 혹은 가사도우미를 관리하기 위해 자녀들은 업무와 수고를 감수해야 한다. 정기적으로 방문해 스케줄을 관리하고 업무지시를 내려야 하는 '새로운 업무'가 자녀에게 부여되기 때문이다. 피로감과 스트레스 역시도 비용으로 환산하면 적지 않은 금액이 된다.

세 번째로 부모님을 요양원 혹은 요양병원에 모시는 상황이다. 요양시설은 종류, 서비스 내용, 위치 등에 따라 비용이 크게 달라질 수 있다. 노인장기요양보험 혜택을 받으면 1인실 기준 월 400만~500만 원 내외가 가장 보편적인 수준이고 2인실의 경우 200만~300만 원 내외가 된다. 요양병원 1인실은 월 700만~1,000만 원 수준이고 2인실은 400만~500만 원까지 비용을 지출하게 된다. 여기에는 식비, 생활비, 입원비가 포함되지만 보험료나 여가비용은 포함되어 있지 않다. 비용 외에 자녀들이 느끼는 부담감도 상당하다. 부모님과 자녀 모두 요양원이나 요양병원은 선호하지 않는다. 사회적 시선에도 영향을 받는다. 요양원이나 요양병원에 부모님을 보낸 자녀는 '죄인'이 따로 없다.

이렇듯 집에 모시는 상황, 부모님 집에 사람을 부르는 상황, 요양시설에 모시는 상황을 따져보면 시니어타운의 입주비용이 결코 비싸다고만 볼 수 없다. 또한 시니어타운은 장점이 많다. 최근 시니어타운은 프로그램을 활성화하는 방향으로 변화하고 있다. 과거에는 단순한 주거공간으로서의 역할에 치중했다면 최근에는 건강관리, 여가 활동, 사회적 관계 형성 등 노인들의 삶의 질 향상에 초점을 맞추고 있다. 요즘은 건강관리를 이유로 생활 관리, 요양, 재활 등의 서비스를 강화하고 "우리 시설은 이런 프로그램이 있어요.

그러니 걱정 없이 지내세요."라는 메시지를 전달하는 시설들이 많아졌다. 여가 활동과 사회적 관계 형성 측면에서도 과거에는 시설을 이용하는 입주민이 알아서 하도록 했다. 하지만 최근 트렌드는 적극적으로 입주민들의 여가와 생활에 개입하여 커뮤니티 활동을 활성화하고 친목 모임 등을 지원하는 형태로 변화하고 있다. 이런 부분은 기존의 아파트와 확실히 다르다. 해외에서도 수동적으로 관리하는 아파트 관리업체가 아니라 적극적으로 개입하는 시니어 하우징 전문 운영업체가 더 주목받고 있다고 한다.

부모님이 전문가들이 교대로 관찰하고 관리하는 공간에 있다는 것만으로 자녀들은 심리적 안정감을 얻는다. 부모님이 독립적으로 취미와 여가를 즐기고 여행도 다니며 사회생활을 즐길 수 있게 되므로 자녀들은 심리적, 물리적 수고를 덜 들여도 된다.

이러한 기준으로 계산해보면 시니어 하우징의 비용은 비싸고 싸고의 문제로만 평가할 수 없게 된다. 이제 시니어 하우싱은 비용이 아니라 선택의 문제로 들어서고 있다. 시니어 누구나 노년의 시간을 안전하게 돌봄을 받으며 자신의 가치에 맞게 보낼 공간이 필요하다. 자산 규모와 현금 흐름을 고려해 적정한 시니어 하우징을 선택하는 것이 관건일 뿐이다. 본인과 자녀 모두에게 시니어타운은 가장 합리적인 해답이 될 수 있다.

# Silver Wave

실버 웨이브 3

## 정부 지원이
## 만들어내는 파도

# 1
# 노인장기요양보험
## : 대한민국 노인 돌봄의 시작

　우리나라의 돌봄 산업은 '노인장기요양보험의 도입'으로 시작됐다고 해도 과언이 아니다. 방문요양·목욕·간호와 요양원 입소 등도 모두 노인장기요양보험의 급여 서비스이다. 관련 사업을 할 때 노인장기요양보험 업무를 주관하는 건강관리공단에 급여 신청을 해야 하고 정기적으로 평가도 받아야 한다. 따라서 사업자와 종사자는 노인장기요양보험의 취지와 업무 프로세스를 알아야 한다. 노인장기요양보험의 도입 배경과 역사, 보험 적용 대상자, 신청 방법, 이용 가능한 서비스를 간략히 살펴보고 사업자 관점에서 유의해야 할 점도 짚어보도록 하자.

### 노인장기요양보험은 어떻게 도입되었는가

　고령화 문제는 전 세계적으로 해결해야 할 과제가 됐다. 많은 국가가 오래전부터 노인 복지에 관심을 가지고 관련 예산을 마련하기 시작했다. 대표적인 방식이 사회보험과 조세이다. 노인장기요양보험처럼 사회보험을 도입하는 국가가 있는가 하면 조세 방식으로 세금에서 관련 예산을 가져오는 나라로 구분된다. 우리나라처럼 노인장기요양보험을 시행하는 나라는 독일, 오스트리아, 스위스, 일본 등이다.

우리나라는 1990년대 초반 고령화사회 진입을 앞두고 노인 부양 문제가 사회 문제로 떠올랐다. 이후 1997년 국민건강보험법 개정을 통해 장기요양 사업 추진 근거가 마련되었지만 IMF 외환위기 등으로 빠르게 진척되지는 못했다.

일본은 우리보다 8년 앞선 2000년에 노인장기요양보험과 비슷한 노인 대상 사회보험인 개호보험을 시작했다. 국내에서도 도입을 추진하자는 의견이 나와 연구용역을 시작했다. 본격적으로 이슈화된 것은 노무현 대통령이 후보 시절 노인요양보장제도 도입을 공약으로 내걸면서였다. 2001년 노무현 대통령이 8·15 경축사에서 노인요양보장제도 도입을 밝히면서 급물살을 타기 시작했다. 2003년 노무현 정부의 공식 출범 이후 노인장기요양보장추진기획단이 구성됐고 제도 설계 및 공론화 작업이 시작됐다. 2005년 노인장기요양보험법(안)의 입법이 추진돼 2005년 7월 전국 6개 시도에서 시범 운영을 시작했고 2007년 4월 노인장기요양보험법(안)이 국회를 통과했다. 그해 7월부터 노인장기요양보험이 본격 시행됐다.

당시 노인장기요양보험의 필요성은 전 국민의 공감대를 형성했다. 사회 문제로 언급된 내용은 세 가지다. 첫째, 노인 의료비가 큰 폭으로 증가했다(1995년 7,281억에서 2004년 5조 1,091억). 둘째, 핵가족화와 여성의 사회활동 확대로 개인과 가정에 의한 장기적 요양보호는 한계에 도달했다. 셋째, 중산층과 서민층 노인이 이용할 수 있는 요양시설이 절대적으로 부족하고 유료시설 이용 시 비용 부담이 컸다는 것이다. 정부는 노인요양보장제도가 고령화사회 초기에 공적 노인요양보장체계를 확립하여 국민의 노후 불안을 해소하고 가정의 부양 부담도 경감시킬 것을 기대했다. 결과적으로 노인장기요양보험은 노인 부양의 의무가 개인이나 가족에 머물지 않고 사회적, 국가적 책무가 된 중요한 분기점이 됐다.

우리나라 노인장기요양보험의 보험자 및 운영기관은 국민건강보험공단이다. 하지만 노인장기요양보험은 건강보험제도와는 별개로 운영되고 있으며 노인장기요양보험료도 국민건강보험료를 기준으로 추가로 징수되고 있다.

공식적인 노인장기요양보험의 목적은 고령이나 노인성 질병 등의 사유로 일상생활을 혼자서 수행하기 어려운 노인에게 신체 활동이나 가사 활동을 지원해주며 삶의 질을 향상시키고 가족의 부담을 덜어주기 위한 것이다. 따라서 서비스도 노인의 상태에 따라 등급을 구분하여 제공하고 있다.

### 노인장기요양보험의 대상자

장기요양서비스 수급 자격은 노인장기요양보험 가입자 및 피부양자, 의료급여 수급권자이다. 만 65세 이상 또는 만 65세 미만으로 노인성 질병을 앓는 자가 장기요양 인정을 신청할 수 있다. 자격이 충족되면 장기요양서비스를 받을 수 있기 때문에 재외국민이나 외국인도 건강보험 가입자라면 내국인과 동일하게 장기요양 인정 신청이 가능하다.

노인장기요양보험에서 인정하는 노인성 질병은 치매, 뇌혈관성 질환, 파킨슨병 등이다. 2023년 1월 척추성 근위축 및 관련 증후군(루게릭병)까지 질병에 포함돼 장기요양등급 혜택을 받을 수 있게 됐다. 이밖에 등급 판정 기준에 관해 이야기가 많은데 복지부 관계자는 "쉽게 얘기하면 직접 신청하러 오는 노인 대부분은 대상이 아니라고 보면 된다."라고 설명한다. 우선 대상이 거동이 불편해 스스로 일상생활을 하기 어려운 65세 이상 노인이기 때문이다. 현실적으로 중증 치매나 뇌졸중 환자들이 다수 포함돼 있다.

장기요양등급 판정 시에는 '노인의 상태'가 중요하며 본인과 가족의 경제력은 상관이 없다. 또한 고령이나 노인성 질병으로 일상생활을 혼자서 수행하기 어려운 노인을 대상으로 하기 때문에 노인 일자리 등 생산적인 업무를 수행할 수 없다고 판단한다. 만일 등급을 받은 후 생산적인 업무를 하면 등급 취소는 물론 기존에 받은 장기요양서비스의 혜택도 모두 환수될 수 있다.

### 장기요양등급 발급 절차와 등급

보통 장기요양등급 신청은 가족이 한다. 별도의 비용은 들지 않는다. 서류를 준비해 직접 가까운 국민건강보험공단 지사에 방문해 신청하거나 온라인도 이용할 수 있다. 국민건강보험공단 웹사이트(www.nhis.or.kr) 또는 'The건강보험' 앱을 이용할 수 있다. 우편이나 팩스 신청도 가능하지만 요즘은 온라인을 많이 이용하는 추세다.

## 장기요양등급 발급 절차

| | |
|---|---|
| 등급신청서 접수 | 1. 장기요양인정서를 작성하여 국민건강보험지사 방문 또는 우편, 팩스로 신청한다. |
| 심사요원 방문 | 2. 신청서가 접수되면 1~2주 사이에 심사요원이 대상자의 거주지를 방문하여 대상자의 신체와 인지 상태, 거주환경 등을 확인한다. 이때 의사소견서 발급을 위한 의뢰서를 배부한다. |
| 의사소견서 발급 | 3. 심사요원으로부터 받은 '의사소견서 발급의뢰서'를 지참하고 평소 대상자가 다니던 병원을 찾아 의사소견서 작성을 의뢰한다. 이를 공단에 제출한다(온라인 제출 가능). |
| 등급심사위원회 판정 | 4. 의사소견서 제출 후 약 1~2주 사이에 등급심사위원회에서 대상자의 등급을 판정한다. |
| 장기요양인정서 (등급) 발급 | 5. 최초 신청서 접수일로부터 최대 30일 이내에 장기요양인정서를 받을 수 있다. |

## 장기요양등급 판정 기준

| | |
|---|---|
| 장기요양 1등급 | 심신의 기능상태 장애로 일상생활에서 **전적으로** 다른 사람의 도움이 필요한 자로서 장기요양 인정 점수가 95점 이상인 자 |
| 장기요양 2등급 | 심신의 기능상태 장애로 일산생활에서 **상당 부분** 다른 사람의 도움이 필요한 자로서 장기요양 인정 점수가 75점 이상 95점 미만인 자 |
| 장기요양 3등급 | 심신의 기능상태 장애로 일상생활에서 **부분적으로** 다른 사람의 도움이 필요한 자로서 장기요양 인정 점수가 60점 이상 75점 미만인 자 |
| 장기요양 4등급 | 심신의 기능상태 장애로 일상생활에서 **일정 부분** 다른 사람의 도움이 필요한 자로서 장기요양 인정 점수가 51점 이상 60점 미만인 자 |
| 장기요양 5등급 | **치매**(노인장기요양보험법 시행령 제2조에 따른 노인성 질병에 해당하는 치매로 한정)**환자로서** 장기요양 인정 점수가 45점 이상 51점 미만인 자 |
| 장기요양 인지지원등급 | **치매**(노인장기요양보험법 시행령 제2조에 따른 노인성 질병에 해당하는 치매로 한정)**환자로서** 장기요양 인정 점수가 45점 미만인 자 |

장기요양등급은 1~5등급과 인지지원등급까지 총 6개로 구분된다. 1~2등급은 전적으로 혹은 상당 부분, 다른 사람의 도움을 받아야 일상생활을 이어갈 수 있는 노인이 받는다. 전적으로 장기요양서비스 같은 도움을 받아 일상생활을 이어가는 노인이다. 혼자서는 몸을 잘 가누지 못하는 노인이 많다. 3~4등급은 부분적으로 혹은 일정 부분 다른 사람의 도움이 필요한 노인이다. 와상환자 노인처럼 전적으로 도움이 필요하진 않지만 일정 부분 도움이 필요한 노인이 대부분이다. 혼자서 일상생활을 이어가나 몸 상태로 인해 거동이 조금 불편하여 도움이 필요한 노인은 3~4등급을 받는다. 5등급과 인지지원등급은 치매를 앓는 노인에게 부여된다. 5등급과 인지지원등급의 차이는 신체능력 및 인지능력의 정도에 있다.

### 노인장기요양보험 비용과 서비스

노인장기요양보험은 사회보험으로 서비스 비용의 일부를 본인이 부담하고 나머지는 공단에서 지원한다. 본인 부담금은 등급, 이용 서비스, 소득 수준에 따라 달라진다. 일반적으로 서비스 비용의 15~20% 정도이다. 기초생활수급권자의 경우 본인 부담금이 면제된다. 본인 부담금은 매해 공단에서 지정해 공시한다. 대상자는 등급신청 절차에 따라 등급이 판정되면 재가급여(방문요양, 방문목욕, 방문간호, 주야간 보호, 단기보호), 시설급여(노인요양시설, 노인요양공동생활가정), 복지용구 등의 다양한 형태의 서비스를 제공받을 수 있다.

이용 가능한 서비스는 장기요양등급에 따라 달라진다(요양서비스는 장기요양수가라고도 한다). 급여별, 등급별, 이용시간별 서비스의 이용한도액과 본인 부담금도 달라진다.

**등급별 이용 가능한 서비스 종류**

 1~2등급은 재가급여 또는 시설급여를 받을 수 있고 치매가족휴가제, 종일 방문요양도 이용할 수 있다. 3~5등급은 재가급여 대상자로 기본적으로는 시설급여는 이용이 불가하다. 딘 급여 종류 내용변경을 통해 시설급여를 요청할 수 있다. 급여 종류 내용변경신고서와 사실확인서를 제출하면 사유에 따라 시설급여를 받을 수 있다. 급여 종류 내용변경 요건에 해당하는지는 등급판정위원회의 심의를 통해 최종적으로 결정된다. 돌봄 당사자인 가족구성원의 수발이 곤란한 경우, 주거환경이 열악해 시설 입소가 불가피한 경우, 문제행동으로 재가급여를 이용할 수 없는 경우 시설급여를 신청할 수 있다.

**재가급여 유형**

| 방문요양 | 가정을 방문해 세면·식사 도움과 신체 활동 및 취사·청소·외출 등 가사 활동 지원 |
|---|---|

| 방문목욕 | 이동목욕차량 또는 이동식욕조 등으로 목욕 서비스 제공 |
|---|---|
| 방문간호 | 간호(조무)사가 의사의 방문간호지시서에 따라 가정을 방문해 투약지도 및 주사 |
| 주야간보호 | 하루 중 일정 시간 동안 신체활동 지원 및 취미·오락·작업치료훈련 등 제공 |
| 단기보호 | 일정 기간(1회 90일, 연간 최대 180일) 동안 장기요양기관에서 생활 |

인지지원등급은 독립적인 일상생활이 가능한 노인에게 부여된다. 인지지원등급은 방문요양(재가급여)과 시설급여 등은 이용이 불가하고 주야간보호시설(1일 8시간, 월 12회), 치매가족휴가제도(연 6일), 복지용구 대여 및 구매만 가능하다.

### 노인장기요양보험은 앞으로 어떻게 되는가
① 계속 진화 중인 노인장기요양보험

노인장기요양보험은 2008년 시행된 이후 다양한 변화를 거치며 진화했다. 내략적인 방향은 수급 대상은 늘리고 서비스는 확대하고 저소득층의 자기 부담은 줄이고 관리·감독은 강화하는 흐름이다. 시기적으로 도입 다음 해인 2009년부터 농어촌지역 수급자 본인 부담금을 50% 감경하는 제도를 도입했다. 당시 입소시설(요양원) 중심으로 정기평가를 도입하는 등 정부에서도 서비스 품질을 관리하기 시작했다. 2010년에는 재가(방문) 시설에 대한 평가까지 확대했다.

2013년부터는 본인 부담금을 면제받거나 할인하는 행위를 법적으로 금지하고 환수하도록 노인장기요양보험법을 개정했다. 장기요양기관에서 대상자 유치를 위해 본인 부담금을 조정해주는 사례들이 다수 적발된 후의 조치였다.

2014년 7월부터는 등급체계를 3등급에서 5등급 체계로 개편하고 일상생활 수행에 어려움을 겪는 경증 치매환자도 장기요양 서비스를 받을 수 있게 했다. 2017년 11월에는 노인장기요양보험 보장성 강화대책을 발표하며 '인지지원등급'을 신설했다. 경증 치매가 있는 노인들이 신체적 기능과 관계없이 대상자가 될 수 있도록 선정기준을 개선한 것이었다. 또한 본인 부담금 경감 대상도 건강보험료 50%까지 확대 적용해 대상자의 부담을 낮추고자 했다. 2021년에는 요양원에 CCTV 설치를 의무화했으며 2023년에는 요양보호사 보수교육을 신설해 서비스 품질과 교육체계를 강화했다. 그간의 변화 내용을 발표하는 정부는 일관되게 "서비스 수혜자의 확대, 서비스 내용의 다양화, 품질의 강화"를 주창했다. 더불어 요양기관과 요양보호사에 대해서는 점점 더 강한 규제를 적용하는 추세이다.

② 등급 판정과 부정수급자에 유의하라

노인장기요양보험은 모든 노인이 이용할 수 있는 '의료보험'과는 성격이 다르다. 재원의 한계로 정부에서는 선별적 복지를 실시하고 있다. 신청자 중 등급을 받지 못한 탈락자가 매해 30만 명 안팎으로 발생하고 있다. 탈락 사유는 인정 점수 미달로 장기요양 인정 점수 기준에 미달하는 경우, 건강 상태 호전(더 이상 장기요양서비스가 필요하지 않은 경우), 신청 이후 수급자 사망, 해외 이주, 등급 재판정 거부 등이다.

그래프에서 대상자 등급 변화를 살펴보면 1~2등급은 꾸준히

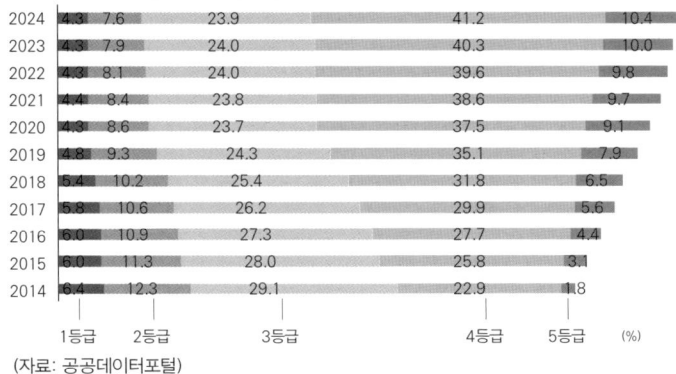

(자료: 공공데이터포털)

줄고 있는 것을 알 수 있다. 1~2등급 비율은 2014년 18.7%에서 2024년 11.9%로 줄었다. 2024년 역시 가장 많은 수급자는 4등급, 다음으로 3등급, 5등급 순이었다. 이런 변화는 정부에서 재정 부담을 줄이고자 재가서비스 위주로 서비스를 받는 3등급 이상 판정을 많이 내리는 것으로 이해할 수 있다.

한편 공단에서는 등급 판정 시 부정행위와 부정수급자를 가려내기 위해 적극적으로 나서고 있다. 현지조사 인력의 전문성을 강화하고 체계적인 교육을 통해 조사의 정확성을 높이고 있다. 또한 조사관 방문 시 단순 문답이나 관찰 외에 기능 검사, 보호자 면담, 의료기관 정보 확인 등 다양한 조사 기법을 활용하고 있다. 등급 판정 후에는 정기적인 재평가를 통해 수급 자격을 지속적으로 확인하며 서비스 이용 실태를 모니터링해 부적절한 서비스 이용이나 부정행위를 적발하기도 한다. 최근에는 부정수급 신고를 활성화하기 위해 신고 포상금 제도를 도입해 내부고발을 통한 부정행위 방지 노력도 기울이고 있다. 업계에서도 부정수급 감지 방법 중 가장 큰 비중을 차지하는 것이 '내부자와 퇴사자의 고발'이라고 인식하고 있다.

부정한 방법으로 등급을 받거나 서비스를 이용한 경우 엄중 처단이 정부의 방침이다. 법률에 따른 급여 환수, 형사 처분 등의 제재뿐만 아니라 부정수급에 가담하거나 부당하게 급여를 청구한 경우 행정처분, 지정 취소 등의 제재도 받게 된다.

③ 왜 서비스 미이용자들이 늘어날까?

가족 입장에서는 장기요양서비스를 받는다고 해도 '노인 돌봄 부담'에서 100% 해방되는 것은 아니다. 등급을 받았다고 해도 대상자나 가족이 원하는 모든 서비스를 해주지 않기 때문이다. 이런 돌봄 부담은 장기요양서비스 이용률을 낮추는 원인이 되기도 한다.

노인장기요양보험의 문제점이 여럿 있겠으나 대표적인 것이 의료제도와 연결성이 떨어진다는 것이다. 장기요양등급 대상자는 병원에서 필요한 돌봄을 받을 수 없다. 현실에서 요양병원과 요양원은 비슷한 기능을 하지만 돌봄의 주체는 완전히 다르다. 요양병원에서는 환자가 직접 비용을 지불하는 사설 간병인이 돌봄을 제공한다. 요양원에서는 노인장기요양보험에서 80% 이상 급여를 지원하는 요양보호사에게서 돌봄을 받는다.

돌봄의 단절은 '미이용자 증가'로 이어진다. 2021년 장기요양등급을 받았으나 미이용자 수는 약 15만 명으로 전체 등급자의 17%에 달했다. 병원 입원(요양병원, 병의원)으로 서비스를 이용하지 못한 경우와 가족 등에 의한 직접 요양이 전체의 48.1%를 차지했다. 장기요양등급을 받았다고 해도 모든 문제가 해결되지는 않는다. 시간 제약이 있고 서비스 내용에도 제약이 있다. 이러한 제약의 불편함으로 원하는 서비스를 받을 수 없어 장기요양서비스를 신청하지 않는 경우도 생긴다. 등급 판정까지 받은 상당수의 대상자가 미이용 상태로 남아 있다는 것은 서비스 제공자에게도 큰 고민거리이다. 기존의 서비스 이용자들도 서비스에 불만족할 경우 아예 서비스를 포기할 수도 있다. 반대로 이들에게 적절한 서비스를 제공할 경우 서비스 이용자로 만들 수도 있다. 서비스 제공자, 즉 사업자들에게는 미이용자들을 공략한 솔루션이 필요한 상황이다.

등급자들이 서비스를 이용하지 않는다고 해서 별다른 불이익이 있는 것은 아니다. 공단에서도 이들을 지속적으로 관리하지 않는다. 오로지 서비스 제공자들에게 책임이 있다. 병원 입원으로 인해 일시적으로 서비스 이용을 중단할 때 영구적 단절로 이어지지 않도록 관리해야 한다. 기존의 이용자들도 충분한 만족도를 느끼고 있는지 수시로 체크하며 꾸준히 서비스를 사용할 수 있도록 관리해야 한다. 또한 기존 미이용자를 어떻게 고객으로 편입시킬지, 어떻게 수익 모델로 만들어갈지 비즈니스 운영자 관점에서 고민해야 한다. 한 가지 팁을 더하자면 비급여 서비스와 급여 서비스를 모두 제공하는 것이 효과적이다. 무엇보다 고객의 니즈에 맞추는 것이 가장 중요하다. 또한 계약이 진행되지 않더라도 지속적으로 대상자와 예비대상자를 관리하는 노력이 필요하다.

④ 앞으로도 '소극적 확대 정책'은 지속될 것

노인장기요양보험의 주요 재원은 건강보험료와 연동되어 부과되는 장기요양보험료이다. 부족할 경우 국가 재정과 지자체 자금으로 충당된다. 그러나 현재의 체계를 유지한다면 장기요양 재정

**노인장기요양보험 수급자 수 전망**

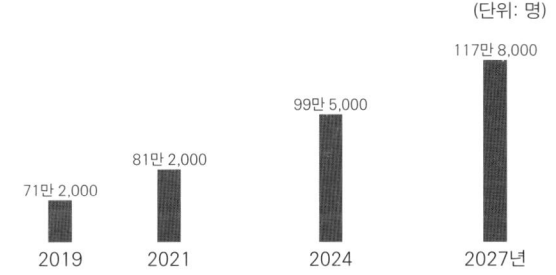

**노인장기요양보험 재정 전망 결과 2018~2027년**

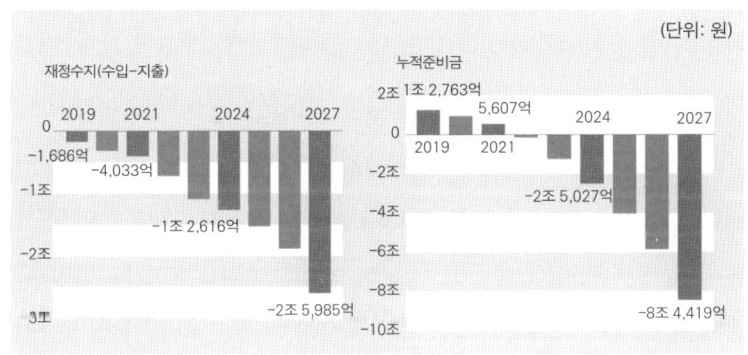

(자료: 국회예산정책처)

은 국민연금이나 건강보험보다 더욱 빠르게 고갈될 예정이다.

수급자가 늘어남에 따라 2019년 노인장기요양보험의 운영수지가 적자로 들어선 이후 2027년은 약 2.5조 적자가 예상되며 그때까지 누적 적자가 8조가 넘을 것으로 보고 있다. 적자 누적이 예상되는 상황에서 정부는 여러 수단을 동원해 장기요양기관(시설)을 통제할 수밖에 없다. 민간 펀드나 기업의 사적 자금과 달리 공적 영역인 노인장기요양보험은 통제와 제재가 가능하다. 인적 규제, 운영시간, 서비스 제공 등 모든 항목에서 관리와 규제가 강화될 것이 분명하다.

또한 정부는 대상자의 경제적 부담 증가와 기금 지출 확대를 막기 위해서도 서비스를 제공하는 기업들이 '큰 이익'을 거두는 것도 원하지 않는다. 노인장기요양보험이 준복지제도로 인식되면서 사업주들의 이익이 제한되고 있다고 봐도 무방하다. 장기요양회계를 별도로 운영하며 장기요양 수익의 무분별한 전출과 전용을 막는 것도 같은 맥락이다. 여기에 더해 정부는 인건비, 개발비, 식재료비에서 발생하는 원가 상승분을 수가에 100% 반영하지 않고 있다. 실제로 물가상승률을 고려해 '수가'를 매년 적정하게 상승하고 있지만 실질 물가상승률이나 임금상승률에는 미치지 못한 것이 현실이다.

노인장기요양보험과 관련된 산업의 폭발적 성장은 기대하기 어렵다. 그럼에도 전문가들은 우리나라의 노인장기요양보험이 일본에 영향을 받아왔고 일본은 독일에서 개호보험을 차용해 왔기 때문에 일본이나 독일만큼 노인장기요양보험 관련 산업이 성장하리라 기대하고 있나. 우리나라의 노인장기요양보험은 일본과 독일과 비교할 때 수급자 비율부터 재정 규모까지 매우 낮은 상태다.

한편 제3차 장기요양기본계획에 따르면 정부는 지속적으로 안정적 국고, 재정 건전화의 메시지를 내면서 확대가 아니라 효율적

**국가별 장기요양보험 운영 현황**

| 구분 | 한국(2022년) | 일본(2020년) | 독일(2020년) |
|---|---|---|---|
| 수급자 수 | 101.9만 명 | 681.8만 명 | 432.3만 명 |
| 수급자 비율 | 10.9% | 18.9% | 23.8% |
| 재정규모(수입) | 136,605억 원 | 11.6조 엔 | 506억 유로 |
| 재정규모(지출) | 119,941억 원 | 11.2조 엔 | 491억 유로 |
| GDP 대비 지출 | 0.55% | 1.73% | 1.39% |
| 소득 대비 보험료(율) | 0.91%(2023년) | ·1호: 정액 5,869엔<br>·2호: 1.52~1.5% | 3.05~3.30% |

(자료: 건보연구원, OECD Statistics 등 참고)

서비스 제공으로 재정의 누수를 막으면서 관련 산업을 성장시키겠다는 의지를 표현하고 있다. 세금을 올리는 데 부담이 있기에 장기요양 인증자를 적극적으로 늘리는 것은 어려울 것으로 보인다.

물론 독일이나 일본 대비, 국내총생산$_{GDP}$ 대비, 국민소득 대비 장기요양보험료 부담 비율을 높일 여력이 있어 장기요양 관련 재정 지출이 확대될 가능성도 있다. 그러나 범위는 일본과 독일의 실수와 시행착오를 답습하지 않는 '소극적 확대'가 학계와 업계의 예측이다.

정부는 시설 확대가 아니라 재가서비스, 통합재가서비스 확대를 주요 목표로 삼고 있다. 재가서비스가 수급자수 KPI는 맞추되 재정 부담은 적은 제도이기 때문이다. 시설 규모와 운영 형태에 따라 다르지만 기본적으로 시설서비스의 경우 1인당 지출액이 250만 원 내외이다. 반면 5등급 수급자가 방문 서비스를 이용하면 한 달간 최대로 이용해도 115만 원을 넘을 수 없다(2024년 기준).

같은 맥락에서 정부는 요양기관에 규제와 세약을 점점 강화할 것이다. 수급자 입장에서는 원하는 서비스를 받을 확률이 줄어든다. 그렇게 된다면 재가급여와 시설급여로 받을 수 있는 요양보호사의 방문과 요양원 입소는 경제력이 있는 액티브 시니어들의 선택지에서 아예 삭제될 수도 있다. 지금도 방문요양 서비스의 이용 제약(1회 이용시간, 한 달간 이용 횟수 등)으로 등급은 받았으나 이용하지 않는 대상자가 늘어가고 있다. 그럼에도 요양보호사 업무는 3D로 분류돼 구인에 어려움을 겪고 있다. 앞으로 노인장기요양보험에 바탕을 둔 기업들의 업무 환경도 꽃길은 아닐 것으로 보인다.

# 2
# 재가서비스(방문요양센터)
# : 집에서 시작되는 돌봄

　방문요양은 노인장기요양보험 내에서 가장 많이 이용되는 서비스이다. 2022년 장기요양 실태조사와 2023년 공단 자료를 바탕으로 확인한 방문요양 등록 사업자 수(2022년 12월 기준)는 약 2만 5,000개로 매년 증가 추세를 보여왔다. 고령화사회 진입과 더불어 방문요양 서비스에 대한 수요가 늘어나고 있기 때문으로 풀이된다. 노인장기요양보험 수급자 중 방문요양 서비스를 이용하는 사람은 약 88만 명으로 전체 수급자의 약 78%에 해당하는 수치였다.

### 어떻게 방문요양 사업을 시작할 것인가

　재가서비스를 제공하는 곳을 '방문요양센터'라고 한다. 재가서비스는 방문요양, 간호, 목욕 서비스를 포함한다. 방문요양센터(요양기관)에서는 수급자와 직접 계약을 체결하고 요양보호사(요양요원)를 직접 파견해 필요 서비스를 제공한다. 방문요양센터는 국민

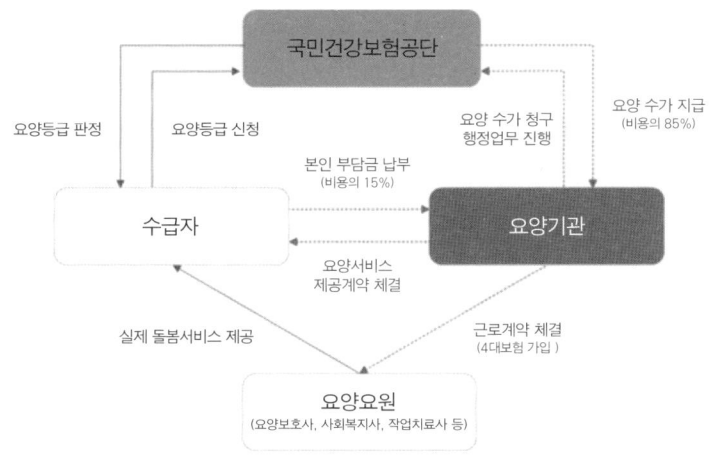

건강보험공단에서 지급한 요양수가와 수급자가 지급한 본인분담금으로 운영된다.

　장기요양 사업자는 노인장기요양보험 도입 초기에는 개인사업자가 많았다. 그러다 최근 점차 프랜차이즈화되고 있다. 처음에는 소수의 직영센터를 기반으로 한 프랜차이즈 업체(아리아케어, 미시닝엔젤스)가 생겨났고 최근에는 대교 같은 대기업이 진출하기도 했다. 한글과컴퓨터는 재가서비스 사업에 진출했다가 근래에 사업을 철수하기도 했다.

　방문요양 사업은 단순히 치킨이나 커피 프랜차이즈처럼 하루이틀 교육받는다고 가능하지 않다. 사람에 대해 알아야 하고 네트워크도 필요하다. 많은 실패 사례가 브랜드만 믿다가 망해서 생긴다. 센터장 스스로 사업에 대한 이해, 제도에 대한 학습, 영업을 위해 적극적으로 노력해야 한다.

### 방문요양센터장의 1인 다역

방문요양센터 창업을 준비하는 이들은 대부분 센터장 자격을 갖춘 이들이다. 시설장의 자격 요건은 사회복지사, 요양보호사·간호조무사(재가장기요양기관에서 5년 이상 근무 경력자), 의료인(의사, 한의사, 치과의사, 간호사)이다. 현장에 있는 대부분의 센터장은 사회복지사들이다. 노인장기요양보험 도입 때부터 가장 활발하게 창업에 뛰어들고 있다. 현실에서 센터장들은 '실버플래너'로 상당한 자긍심을 가지고 있다. 수급자와 수급자의 가족이 편안하고 안정적인 서비스로 삶의 질이 높아지는 것을 실현하고자 한다. 1인 다역을 해내고 있는 그들의 업무는 크게 3가지이다.

첫째 영업이다. 수급자 확보는 센터 운영의 핵심이다. 센터장들의 영업력은 대부분 오프라인에서 드러난다. 수급자는 고령이고 가족도 나이가 많다. 온라인 마케팅으로 승부하기 쉽지 않은 대상이다. 그러다 보니 센터장과 직원들은 수급자와 가족 그리고 주변인들과 라포(공감)를 형성하고 예비 수급자가 나타나면 적극적으로 만나 영업한다. 등급 신청부터 위임받아 하는 경우도 있다. 지역사회에서는 반장, 통장, 동창회장에도 적극적으로 나선다.

둘째, 고객 관리다. 수급자와 수급자의 가족, 수급자를 직접 대면하는 요양보호사, 요양보호사를 관리하는 사회복지사 모두 센터장이 직접 관리한다. 수급자가 많아지면 사회복지사와 요양보호사 수가 늘어난다. 이들을 잘 활용하면 적극적인 영업과 마케팅도 가능하다. 방문요양센터의 성장을 위한 적극적인 고객 관리가 필요하다. 케어닥은 요양보호사도 고객이고 요양보호사가 만족해야 입소문으로 주변의 수급자를 데려온다고 생각하고 이러한 노하우를 중요하게 생각한다.

  셋째는 행정 관리다. 방문요양센터는 공단의 관리를 받는다. 재정 압박이 심해진 공단에서는 '부정수급'을 찾아내는 데 굉장히 열심이다. 현금거래 부정수급 이력이 있거나 태그(요양보호사와 사회복지사의 출퇴근 보고용) 관리가 제대로 되지 않으면 공단의 표적이 되기 십상이다. 한 번 부정수급으로 판단되면 환수 조치뿐만 아니라 다양한 제재가 따른다. 이를 예방하기 위해 센터장은 서류와 규정을 철저히 관리해야 한다. 정기적인 내부 감사와 외부 자문을 통해 행정적 문제를 조기에 발견하고 조치함으로써 피해를 막을 수 있다. 직영시설을 운영해본 가맹점의 행정 노하우가 프랜차이즈 점주에게는 꼭 필요하다.

### 관리와 수익이 어려운 가족요양서비스

  가족요양이란 요양보호사 자격증을 가진 부부, 자녀, 손자, 형제자매가 가족인 수급자에게 방문요양 서비스를 제공하는 것을 말한다. 가족 간의 서비스 제공이기 때문에 서비스의 질에 대한 객관적 평가가 어렵고 관리도 느슨한 것이 사실이다. 공단에서도 이러한 상황을 모르지 않는다. 가족요양에 대한 공단의 관리는 지속적으로 강화되어 2025년부터는 사회복지사가 방문하지 않으면 수가가 10% 감산된다. 평가, 환수, 지도점검에 대해서도 주의를 기울여야 한다.

  가족요양은 서비스 제공자가 정해져 있어 서비스의 차별화를 일으키기 쉽지 않다. 센터 선택의 기준이 오로지 '수입(월급)'인 경우가 많다. 일반적인 재가서비스의 경우 시설서비스로 바꾸지 않는

한 등록한 센터를 옮기는 일이 많지 않다. 그러나 가족요양의 경우 비교적 쉽게 센터를 변경할 수 있으며 때로는 단 100원의 차이로 센터를 옮기는 일도 일어난다. 프랜차이즈 사업자가 생기고 경쟁도 치열해지다 보니 스마트폰 검색만으로 센터별 가족요양 급여가 어떻게 차이가 나는지 쉽게 알 수 있다. 또한 전화 몇 통이면 센터를 옮기는 것도 가능하다.

가족요양서비스는 수익 구조과 관리 모두 제약이 큰 비즈니스이다. 규모 부풀리기를 위해 가족요양에 전력으로 하기보다 일반 방문요양을 중심으로 돌봄서비스의 본질에 집중하는 것을 추천한다. 고객의 요구로 가족요양 계약을 해야 한다면 일반 방문요양, 방문목욕, 방문간호 등 다양한 서비스를 패키지로 제공할 수 있도록 하고 고객 관리를 통해 대상자와 가족들에게 인정받는 서비스를 만들어내야 한다.

정부는 재정 압박으로 요양시설보다 방문요양 사업을 확대할 수밖에 없다. 수급자가 요양원이 아니라 집에 머물러야 금전적 부담이 적고 더 오랜 기간 돌봄을 받을 수 있기 때문이다. 센터장 입장에서 시장이 커진다는 것은 긍정적인 환경 변화라고 볼 수 있다. 만족도 높은 관리 서비스와 탄탄한 운영을 통해 수급자와 가족들의 신뢰를 얻는 것에서 시작해 "동네에서 가장 잘하는 센터"라는 평가를 받을 수 있어야 한다.

### 어떻게 방문요양 사업에서 성공할 것인가

"저 왔어요. 아버지."

오후 1시 30분 경기도 하남시의 한 아파트. 요양보호사 고춘자 씨가 방에 누워 있는 78세 최기원 할아버지에게 "아버지"라 부르며 살갑게 인사를 한다. 할아버지의 소변 주머니를 살펴보고는 "예전에는 물을 너무 안 드셔서 소변 색이 진했는데 지금은 괜찮다."라며 안심시킨다. 전립선비대증으로 고생 중인 최 할아버지는 몇 년 전 약수터에 갔다 미끄러져 허리를 다쳤다. 이후로 누워서 생활하다 보니 집안 살림부터 말이 아니게 됐다. 요양보호사는 할아버지를 돌보기 위해 주 4~5회 찾아온다. 3시간씩 방 청소, 빨래 등 가사활동과 식사, 면도, 화장실 이동 등 신체활동을 돕는다. 가족도 종일 할아버지를 돌보는 것이 큰 부담이었는데 숨통이 트이게 됐다.

방문요양 서비스는 재가서비스 중 가장 일반적인 서비스이다. 자격증을 가진 요양보호사가 수급자 집을 방문해 개인 맞춤형 서비스를 제공한다. 수급자 입장에서는 집에서 돌봄받는 것이 가장 큰 장점이다. 필요한 시간에 필요한 서비스를 받을 수 있다. 서비스 내용은 장기요양등급에 따라 정해진다. 1~5등급 수급자는 방문요양 서비스를 받을 수 있다. 방문요양센터와 계약하면 요양보호사가 수급자의 가정을 방문해 신체활동과 가사 활동 등 필요한 서비스를 제공한다.

방문요양센터 창업 자체는 약간의 도움을 받는다면 마냥 진입장벽이 높지 않다. 덕분에 수도 꾸준히 늘고 경쟁도 치열해지고 있다. 공단에서도 이러한 상황을 인지하고 지정 심사 준비와 구비요건을 매년 까다롭게 바꾸고 있다. 장기요양기관 지정 심사는 해당 시군구에서 진행하는데 보통 지정 심사 신청서와 해당 서류를 준비해 제출하면 된다. 추가로 질의응답형 현장 실사를 겸하는 경우도 있다. 최근에는 사전에 공지한 지정 심사기준표에 해당 내용과 구체적인 사업계획서를 프레젠테이션 형식으로 만들어 제출하기도 한다.

　방문요양센터 운영의 핵심은 수급자 확보다. 주의할 점은 보호자 또한 주요 고객이라는 점이다. 흔히 노인장기요양보험의 주요 고객은 혼자서 일상생활이 불가능한 장기요양등급을 받은 수급자라고 생각한다. 하지만 수급자를 돌보는 보호자도 주요 고객이다. 방문요양 서비스 덕분에해 보호자가 정신적, 육체적, 경제적 부담을 덜어 경제활동을 원활히 할 수 있게 해줘야 한다. 보호자로서는 여건만 된다면 가족이 모시는 것이 최고의 효도라고 생각할 수 있다. 하지만 전문 요양보호사의 돌봄이 더 적절할 수 있다. "남에게 맡긴다고 해서 죄를 짓는 것이 아니다."라고 강하게 설득할 필요가 있다. 더불어 보호자에게 노인장기요양보험에 대한 다양한 정보를 제공하는 것도 중요하다. 장기요양등급을 받는 방법을 어려워하는 보호자에게 신청 절차를 안내해주는 것도 이러한 이유 때문이다.

　방문요양센터를 운영하며 수익을 내려면 일정 수준 이상의 수급자를 확보해야 할까? 방문요양센터의 매출은 수급자와 계약을 체결한 후 요양보호사를 매칭하고 제공한 서비스에 대한 급여이다. 수급자가 많고 이용 일수가 많을수록 매출이 커진다. 다만 수급자가 늘어나면 요양보호사 채용도 늘게 된다. 지출비용은 사업을 시작할 때는 초기비용과 고정비용이 가장 크다. 센터를 운영할 사무실이 필요하고 사무기기와 집기도 필요하다. 센터장이 출근하기 편하고 방문 손님이 찾기 편하면 된다. 그래서 임대료에 큰돈을 쓰는 것을 추천하지 않는다.

　월별 비용으로 따지면 인건비 비율이 가장 높다. 노인장기요양보험에서는 서비스별 인건비 비율이 있고 사업자는 이를 지켜야 한다. 방문요양의 경우 청구금액(공단청구금+본인 부담금+가산금액)의 86.6%를 인건비로 사용해야 한다. 고정비용(임대료, 관리비, 인터넷 통신비 등)으로 100만 원을 가정할 때 센터가 원활히 운영되기 위해서는 수급자가 10인은 돼야 한다. 대표자가 시설장을 겸할 경우 10인 이상이 되면 청구금으로 센터 운영이 가능하다. 수급자가 15인 이상이 되면 가산사회복지사 채용이 가능하며 가산금액도 받을 수 있다. 수급자가 15인 이상이 되면 1인 다역의 업무를 사회복지사와 분담할 수 있다. 수급자가 25~29명이 되면 시설장의 급여를 반영하더라도 센터 운영에 차질이 없는 정도가 된다. 이 구간을 넘어서면 어느 정도 안정적이고 큰 수익을 낼 수 있는 센터로 성장하게 된다. 이렇게 성장하기 위해서는 위에서 언급한 '영업, 고객 관리, 행정 관리' 3박자가 잘 갖춰져야만 한다.

방문요양센터의 기본 영업은 오프라인에서 얼굴을 맞내고 하는 경우가 많다. 앞서 이야기했듯이 대상자와 보호자 모두 연령대가 높아 오프라인에서 직접 모객하는 것이 일반적이다. 하지만 초기에는 온라인 정보 제공도 세팅해야 한다. 네이버플레이스, 다음, 구글 등에 사업체 등록을 해야 인지도도 높일 수 있고 신뢰감도 줄 수 있다. 고객 응대의 기본인 '콜백서비스'도 신청해 놓는 것이 좋다. 고객이 전화를 걸었을 때 즉시 연결되지 않더라도 문자를 보내 센터 정보를 남길 수 있다. 영업점을 대표하는 이미지와 지점 정보를 전달해 홍보 효과도 볼 수 있다.

고객 확보 채널은 다양하다. 네이버 블로그, SNS, 네이버 키워드 광고 등 온라인 영역과 현수막, 노인정, 전통시장, 노인복지관에

공지 등 오프라인 영업 방법이 있다. 그럼에도 핵심은 현장 발굴과 구전이다. 지인을 통해 홍보에 나서고 요양보호사들이 적극적으로 현장 발굴과 구전에 나설 수 있도록 지원해야 한다. 처음으로 센터를 찾는 수급자의 경우 보호자에게 다양한 정보를 전달하고 적극적으로 설득하는 것이 좋다. 최우선은 보호자에게 돌봄 문제를 해결할 수 있는 센터로 신뢰감을 주는 것이다.

수급자가 앓고 있는 질환은 뇌혈관질환(뇌출혈, 뇌졸중 등)과 치매, 파킨슨병, 근골격계질환(골다공증, 관절염), 심혈관질환 등이 많다. 절대 가볍지 않은 질환들이다. 그럼에도 수급자와 보호자들이 요양원, 요양병원, 주야간시설이 아니라 방문요양을 선택하는 이유는 편안한 환경에서 원하는 시간에 서비스받고 정서적 안정감을 얻길 원하기 때문이다. 센터에서는 가족과의 유대감뿐만 아니라고 일상생활도 유지할 수 있는 재가서비스의 장점을 어필하는 것이 좋다. 비용 면에서도 요양원보다 저렴하다는 점을 강조한다. 여기에 더해 맡길 수 있는 센터라는 인상을 남기도록 한다.

### 타 센터와 상생의 길, 방문목욕 서비스

현관문으로 이동식 욕조를 들여오는 요양보호사 고춘자 씨와 이기자 씨의 죽이 잘 맞는다. 오늘은 최기원 할아버지의 목욕 서비스가 있는 날이다. 가정 내 목욕 서비스는 입욕을 원칙으로 하기 때문에 가정 내 욕조를 사용하거나 이동식 욕조를 이용해야 한다. 최기원 할아버지 집은 오래된 빌라로 욕조가 없어 거실에 이동식 욕조를 설치해야 한다. 고춘자 씨와 이기자 씨는 욕조에 물을 채우고 최기원 할아버지의 탈의를 돕는다. 각자 할아버지의 양팔을 잡고 욕조로 이동시킨 후 구석구석 닦아내기 시작한다. 목욕에 사용되는 모든 집기는 센터에서 가져왔는데 수건 하나까지 따로 소독한다. 이전에는 침대에서 생활하는 할아버지의 목욕은 가족에게 큰 숙제였지만 방문목욕 서비스 덕분에 즐거운 행사가 됐다. 1주일에 한 번씩 받는 목욕 서비스 덕분에 가족도 큰 숙제를 덜게 됐다.

집으로 방문해 수급자를 목욕시키는 것을 '방문목욕 서비스'라고 한다. 요양보호사 2인 이상이 목욕 장비를 갖추고 수급자의 집을 방문해 서비스를 제공한다. 서비스 대상은 장기요양급여 수급자(1~5등급) 또는 심신이 허약하거나 장애가 있는 65세 이상의 가정에서 목욕이 필요한 자이다. 방문목욕 서비스는 기본적으로 주 1회만 이용이 가능하고 변실금, 요실금 등 피부의 건강 유지와 관리가 불가피한 경우에만 초과 이용이 가능하다. 급여는 2인 이상의 요양보호사가 60분 이상 목욕 서비스를 제공한 경우에만 산정된다. 방문목욕 서비스를 받으려면 상기요양이용계획서에 해당 서비스가 명시돼 있어야 한다.

추가로 이용하고 싶을 때는 공단에 다시 요청해야 한다. 목욕 방법은 목욕 차량을 이용하는 경우와 아닌 경우가 있다. 차량을 이용한 경우가 급여가 더 높고 역시 1시간 이상 목욕 서비스를 제공해야 한다. 방문목욕 서비스는 다른 재가서비스와 병행이 가능하다. 따라서 방문요양과 방문간호 서비스를 받는 수급자가 목욕을 희망하면 같이 이용할 수 있다. 목욕 서비스를 하지 않는 타 재가시설에 연락해 서비스 대상자를 구할 수도 있다. 수급자 확보를 위해 타 재가시설을 경쟁업체로만 보지 말고 관계를 유연하게 가져가는 것도 필요하다.

방문목욕 서비스의 경우 특수 개조된 목욕 차량 구비를 위해 수천만 원의 초기비용이 들어간다. 보험과 세금 등의 고정지출도 있다. 차량 운행을 위한 주유비(경유)와 물 온도를 맞추는 운영비(등유)도 변동비용으로 발생한다. 인건비는 요양보호사 2명과 차량운행(보통은 시설장) 1명으로 총 3명에게 발생한다. 비교적 소수 인원이 함께 업무를 보기 때문에 인력 관리는 다른 서비스에 비해 수월하다. 인건비 비율은 건당 49.8%이다. 일반적으로 목욕 차량 1대를 통해 월간 제공할 수 있는 방문목욕 서비스의 최대 횟수는 약 140건(일일 평균 7건)이다. 약 280만 원의 수익을 올릴 수 있다(센터 운영 상황에 따라 수익은 달라진다). 지출은 차량 유지와 사무실 운영 등의 고정비로 140만 원을 예상할 수 있다. 하지만 운영하는 목욕 차량이 늘어날수록 수익은 증가할 수 있다. 예비 창업자는 이 같은 수익과 비용을 시뮬레이션한 후 적절한 창업 방식을 고려해야 할 것이다.

방문목욕을 진행할 때 대상자의 물리적 상황도 생각해보자. 우리나라 가정들은 상수도시설과 온수시설이 상당히 잘 갖춰진 편에 속한다. 일반 방문요양 시간 내에서 목욕을 해결하는 경우가 많다. 요즘의 방문목욕 서비스는 도서산간 지역이나 지방 등 목욕 여건이 좋지 않은 곳의 수요가 대부분이다. 사전에 충분한 수요가 있는지 확인하고 창업할 필요가 있다.

### 간호사의 창업, 방문간호 서비스

간호사 최진희 씨가 최기원 할아버지 댁에 찾아왔다. 방문요양 서비스를 받는 최 할아버지는 2주마다 한 번 방문간호 서비스도 함게 받고 있다. 최 간호사는 할아버지에게 "하루 4~5잔씩 물을 챙겨 드셔야 한다."라고 조언한다. 이야기를 듣고 최 할아버지의 태도가 많이 달라졌다. 이전의 할아버지는 물을 거의 드시지 않았다. 입이 바짝 마르고 피부가 건조해지는 탈수 증상이 나타났다. 간호사의 방문 이후부터 규칙적으로 물을 마시기 시작해 이런 증상은 대부분 사라졌다. 간호사는 "가족 말은 안 들으시는데 제가 물을 안 드시면 방광염이 올 수 있다고 입원하기 싫으면 물 드셔야 한다고 하니 그 이후로는 잘 챙겨 드세요."라고 이야기한다. 사소한 것 같지만 만성질환자에게 전하는 의료진의 메시지가 큰 힘이 되는 것을 알 수 있는 대목이다. 할아버지는 "이동하지 않고 집에서 간호받으니 편하다."라고 말한다. 간호사는 혈압, 맥박 등을 확인하고 소변줄도 교체하는 데 30분의 시간을 다 쓴다. 덕분에 2주마다 한 번씩 차를 타고 인근 병원을 찾던 번거로움이 사라졌다. 따로 시간을 내던 가족도 부담이 줄었다.

　방문간호 서비스는 수급자가 집에서 필요한 간호를 받을 수 있도록 하는 서비스이다. 센터 설립 시 시설장 자격은 '의료인'으로 제한된다. 간호, 진료 보조, 요양에 관한 상담 또는 구강위생(치과위생사) 서비스를 제공한다. 방문간호 서비스의 구체적인 행위 내용은 '간호지시서'에 기재된 것을 따른다. 간호지시서를 받기 위해 수급자는 의료기관 혹은 보건소에 방문해야 한다. 간호지시서가 발급되면 이를 바탕으로 180일까지 방문간호 서비스를 받을 수 있다. 의료인은 간호지시서에 있는 필요 처방 내용에 맞춰 급여를 실행한다. 수급자는 월 한도액과 상관없이 지시서에 기재된 횟수만큼 방문간호 서비스를 받을 수 있다.

방문간호 서비스의 매출액은 수급자의 이용 횟수에 따라 달라진다. 수급자가 많아지면 매출도 증가한다. 창업자 입장에서 방문간호 서비스의 장점은 시설장(센터장)이 직접 수급자를 돌볼 수 있다는 점이다. 실제로 간호사들이 창업해 직접 간호 급여를 제공하는 경우가 가장 많다. 센터장 1인은 월 120건(일일평균 5건 이내)까지 직접 돌봄이 가능하다. 이 정도의 서비스면 본인 1인 급여로 월간 최대 560만 원까지 수익을 올릴 수 있다. 수급자가 늘어나면 인력 채용(월급제, 시간제근무 등)을 통해 서비스를 늘리고 수익도 1인 사업자가 아니라 복수의 간호사를 채용하여 더 높일 수 있다. 방문간호 서비스 역시 마찬가지로 방문요양 서비스와 결합해 방문간호 서비스를 동시에 운영할 때 더 큰 매출과 고객 접점의 시너지가 난다. 또한 다른 방문요양센터에서도 방문간호 서비스를 원하는 경우가 많다. 따라서 주변 센터들과의 유대가 특히 중요하다. 아울러 지역 의원들과 관계 형성 역시 중요한 비즈니스 요소임을 알고 창업을 준비해야 한다.

# 3
# 데이케어 서비스(주야간보호와 단기보호)
## : 노치원

"어느 날 엄마가 영상 하나를 보냈다. 할머니가 예쁜 한복을 차려입고 시 낭송하는 영상이었다. 할머니는 젊었을 때부터 글쓰기를 좋아하셨고 지역 문학회원들과 시집도 내곤 하셨다. 그러나 팔순이 넘어 노치원이라고 하는 주야간보호센터에 다니게 됐다. 할머니를 사랑하는 손녀로서 뿌듯한 날이었다."

'할머니를 위한 선택'이라는 제목을 달고 블로그에 올라온 글이다. 블로거는 할머니를 돌보는 어머니를 소개하며 할머니가 주야간보호센터에 다니기 시작한 후로 어머니의 삶도 편안해졌다고 소개했다. 주야간보호센터는 이제 노인을 돌보는 일반적인 시설이 됐다. 각종 매체에 소개된 내용을 보면 선호도도 지속적으로 올라가는 것으로 보인다.

데이케어 서비스의 설립 목적은 가족의 돌봄 부담을 덜어주어 대상자의 가족이 경제활동이나 사회활동에 적극적으로 참여할 수 있도록 돕는 것이었다. 현실에서도 노인과 가족의 삶의 질을 높이는 중요한 역할을 담당하고 있으며 노인 돌봄서비스 시장에서 수요도 계속 늘고 있다. 정부는 노인들이 가정에서 가능한 오래 머무를 수 있도록 지원하고 있다. 수급자가 가정과 지역사회에서 적극적인 삶을 살아갈 수 있도록 주야간보호센터에서 적절한 역할을 하고 있다는 평가를 받고 있다.

데이케어 서비스는 보통 주야간보호와 단기보호 서비스를 포함한다. 주야간보호센터의 기본은 출퇴근형으로 흔히 이야기하는 '노치원(노인+유치원)'이다. 낮에 비교적 자립생활이 가능한 수급자들에게 생활 관리와 여가 프로그램을 제공한다. 가족은 낮의 돌봄 부담을 해소할 수 있다. 센터는 대상자에게 신체활동, 기능 유지, 사회적 교류와 같은 프로그램을 제공한다.

반면 단기보호센터는 일정 기간 24시간 전일제 돌봄을 제공한다. 집에서 돌봄을 받던 수급자(노인 또는 장애인)의 가족이 돌봄을 제공하지 못할 때 단기보호센터에 입소시키면 숙식을 포함한 전반적인 돌봄을 받는다. 단기보호센터는 '시설'에 수급자가 입소해 서비스받는 것이기 때문에 시설급여로 생각하는 경우가 많지만 재가급여에 속한다. 단기간의 보호를 마치고 가정으로 돌아가기 때문이다. 이용자는 재가급여 월 한도액 내에서 서비스를 받을 수 있다. 2025년에는 가족의 돌봄 부담을 덜어주기 위해 '장기요양 가족휴가제'가 확대되어 월 한도액 외에 11일을 추가로 이용할 수 있게 됐다.

2024년 기준 해당센터 수는 주야간보호는 약 4,000개, 단기보호는 약 500개이다. 단기보호센터는 24시간 운영해야 하므로 종합적인 지원을 해야 하고 운영 경비도 많이 든다. 기본적으로 전문 인력, 의료 장비, 숙소와 식사 시설까지 겸비해야 하므로 고정비가 상당하다. 그러다 보니 확장 가능성이 크지 않다. 지역 내 돌봄 수요가 꾸준히 존재해야 하고 간호사와 요양보호사 등 숙련된 인력도 채용해야 한다. 운영상의 어려움으로 시설 수는 오히려 감소하는 추세다. 운영 형태도 단독으로 단기보호센터를 운영하는 곳은 많지 않고 주야간보호센터나 요양원에서 병설로 운영하는 곳이 대부분이다. 단기보호센터는 창업자의 접근이 쉽지 않으므로 주야간보호센터 위주로 설명을 이어가 보고자 한다.

### 주야간보호센터는 인력 관리가 핵심이다

2021년 1월 고양시의 한 복지타운 주야간보호센터에서 발달장애인을 상습적으로 폭행한 사건이 알려졌다. 여론은 관련자에 대한 엄벌과 시설 폐쇄를 요구했고 결국 해당 센터는 개설 18년 만에 폐쇄됐다. 이어서 2022년 1월 경북 김천의 한 주야간보호센터에서 80대 치매 할머니가 시설 원장과 요양보호사 등에게 폭행당해 갈비뼈가 골절되고 온몸에 멍이 드는 등 전치 6주의 중상을 입은 사건이 벌어졌다. 시설 원장은 구속되고 시설장과 요양보호사 등 4명은 불구속 입건됐다. 나머지 시설 종사자 7명에게는 노인학대 신고의무 위반으로 과태료 처분이 내려졌다.

이와 반대로 모두에게 칭찬받는 주야간보호센터 사례도 많다. 최근 주야간보호센터의 화두는 '통합사례관리 프로그램' 운영이다. '마을이 함께 돌보는 우리 동네 이야기'라는 주제로 치매나 중풍 등 노인성 질환이 있어두 자신이 살던 마을에서 계속 여생을 보낼 수 있도록 지원하는 프로그램이 많이 운영됐다. 국민건강보험공단에서 주최한 '2020 장기요양급여 제공 우수사례 선정대회'에서는 안성의 우리동네노인주간보호센터가 최우수상 수상 센터로 선정됐다. 동네의 많은 시설이 연합해 노인들을 돌보는 사례가 인상적이었다. 여기에 더해 치매 증상이 있는 독거노인에게 장기요양급여를 제공하고 지역사회 안에서 고립되지 않고 생활할 수 있도록 지원하는 내용도 다수 포함됐다. 부산 안락동의 주야간보호센터와 요양보호사들은 독거노인들이 일상생활을 잘 유지할 수 있도록 다양한 프로그램을 제공했다. '우수 사례집'에 담긴 적극적인 돌봄 사례들도 자주 회자되고 있다.

　주야간보호센터는 노인복지법과 노인장기요양보험법을 기반으로 운영되고 있다. 이 법령들은 노인들이 가능한 한 오래 가정과 지역사회에서 생활할 수 있도록 돕는 것을 목표로 한다. 의료와 일상생활 지원을 제공하고 사회적 교류 확대로 정서적 안정을 돕고자 한다. 그러나 현실적으로 주야간보호센터에서 겪는 어려움은 상당하다. 치매나 거동이 불편한 노인들이 많아 개별적 돌봄을 해야 하는데 프로그램 운용이 쉽지 않다. 개인 위생관리, 건강관리, 운동, 인지기능 향상, 식사 제공 등 진행해야 하는 프로그램도 다양하다.

　주야간보호센터의 서비스 질을 높이기 위해서는 일을 담당하는 요양보호사, 간호사, 사회복지사의 역량 관리가 가장 중요하다. 이들이 주야간보호센터의 서비스 품질을 결정한다. 지속적인 교육과 만족도를 높이는 것이 운영의 핵심이라 할 수 있다.

어떻게 재이용률과 사업성을 높일 것인가

재이용율과 사업성을 높이기 위해서는 주야간보호센터 사업의 특성을 이해해 서비스의 질을 높이는 구체적인 전략이 필요하다. 주야간보호센터의 운영시간은 오전 8시부터 밤 10시까지 탄력적으로 조정이 가능하다. 그러나 매일 8시 반부터 5시 반까지 운영하는 곳이 가장 많다. 일부 센터는 가족 돌봄의 부담을 줄여주기 위해 저녁 프로그램을 추가로 제공한다. 비교적 장시간 동안 수급자들이 생활하는 공간인 만큼 센터 운영을 위해서는 개별화, 특성화 프로그램이 필요하다. 이용자의 신체적, 정신적 상태에 맞는 돌봄과 재활 프로그램을 제공해 만족도를 높여야 한다. 인지 재활 프로그램, 운동 프로그램 등 맞춤형 서비스를 강화하면 재이용률을 높일 수 있다.

주야간보호센터의 수익 관리를 위해서는 비용 관리가 중요하다. 주야간보호센터의 주요 수입은 수급자의 본인 부담금(15%)과 국민건강보험공단의 공단부담금(85%)이다. 수익 관리를 위해서는 인건비와 운영비(임대료, 공과금 등)를 체계적으로 관리하여 절감해야 한다. 대부분의 지출은 인건비에서 발생한다. 주야간보호센터는 시설장, 요양보호사, 사회복지사, 간호사(또는 간호조무사), 물리치료사(또는 작업치료사) 등 노인복지법 및 관련 규정에 따라 필수로 배치해야 하는 인력이 많다. 관련 법규에 따르면 요양보호사는 이용자 7명당 1명, 치매 전담실의 경우 4명당 1명이 배치돼야 한다. 간호사 또는 간호조무사는 센터당 1명 이상이 배치돼야 한다. 그 외에도 원활한 운영을 위해서는 적절한 인력 배치가 필수적이므로 직접인건비만 해도 전체 비용의 약 절반(48.5%)을 차지한다. 이처럼 비교적 높지 않은 수준의 수익률을 최대한 확보하기 위해서는 적정 인력을 유지하여 인건비 지출을 관리해야 한다. 또한 필수 비급여 항목인 식비, 간식비 이외에 특별 프로그램 등의 유료 부가서비스를 전략적으로 기획하여 어르신들의 만족도와 출석률을 높이는 전략이 매출로 이어질 수 있다.

주야간보호센터 개설을 고려할 때 가장 큰 고민은 '어디에' '어느 정도 규모'로 개설할 것인가이다. 주 이용자가 안전 취약 계층인 노인이므로 유사시에 안전한 대피와 이동이 가능하도록 다양한 제도적 안전장치를 두고 있다. 대표적으로 소방시설(스프링클러 등)과 장애인용 엘리베이터를 설치하도록 하는 설비 기준이 있다. 이로 인해 건물에 따라 시설 개설이 불가능하거나 큰 공사비용이 발생하는 경우가 있다. 사전에 전문가의 도움을 받아 입지를 선별하는 과정이 필수적이다. 또한 필요 면적은 상가나 건물 여건에 따라 다르나 30인 기준 약 80~100평, 60인 기준 150~180평, 90인 기준 220~250평 내외가 적합하다.

한편 수급자 발굴을 위한 마케팅 활동도 지속해야 한다. 전단지 배포, 지역 매체 광고, 온라인 채널 운영 등 비용 지출을 통한 방법보다 지역사회에 적극적으로 참여하는 것이 비용 절감과 효과 면에서 유리하다. 또한 여러 요양시설 모델을 가지고 있는 기업과의 연계마케팅 또한 효과적이다. 또한 지역 병원, 복지관, 지자체와 협력해 의료 지원, 응급 대응 등을 강화하면 센터의 신뢰도도 높일 수 있다.

주야간보호센터는 매출은 '인허가 면적'에 비례해서 수급자와 계약할 수 있다. 즉 임대면적이 넓어야만 많은 수급자와 계약하고 높은 매출을 낼 수 있는 구조이다. 구체적으로는 연면적 90제곱미터 이상이 돼야 5인 이상의 수급자와 계약할 수 있으며 이용 정원이 6인 이상인 경우 1인당 6.6제곱미터(2평) 이상의 생활실 공간을 추가로 확보해야 수급자를 늘릴 수 있다. 또한 인허가 과정에서 소화용 기구를 비치하고 비상구가 있어야 하고 출입문 자동개폐장치, 주방 잠금장치 등도 별도로 마련해야 한다. 사무실과 의료 및 간호실은 별도로 마련하거나 같이 이용할 때 기능이 보장돼야 한다. 이렇듯 '공간'을 기본으로 하는 서비스이다 보니 인허가를 위해서 그리고 더 많은 수급자를 모집하기 위해서는 기본적으로 많은 면적을 임차해야만 한다. 그러면 임차료가 커져 부담도 커진다. 공간만 넓으면 다 좋을까? 임대료 부담과 동시에 마케팅비도 늘어나는 것을 고려해야 한다. 100명이면 약 1억 3,000만~1억 5,000만 원의 월 매출이 발생해서 좋을 수 있지만 100명의 수급자를 모으기 위한 광고비용, 영업비용, 투입되는 절대 시간이 소요된다. '인지도 있는 브랜드'와 함께해서 초기 마케팅 비용과 시간을 줄이는 것도 고려해야 한다.

그 외 언급하지 않은 비용은 창업 초기에 들어가는 인테리어 비용이다. 평당 150만 원에서 250만 원 등 다양하게 비용이 든다. 면적이 커지면 인테리어 비용도 많이 든다. 따라서 전문가와 자세히 현장을 살펴보고 인허가상 문제가 없는지, 고객은 확보가 쉬운 곳인지, 매일 아침과 저녁 어르신들을 송영하는 데 불편하지 않을 만큼 충분한 주차 공간은 확보가 가능한지 등 기본적인 요건을 살펴야 한다. 최적의 사업 수지를 검증한 후에 사업을 시작하는 것을 추천한다.

2025년 발표 자료에 따르면 주야간보호센터 수가는 2.12% 인상됐다. 인상폭이 방문간호(2.34%)보다 낮지만 나머지 급여에서는 가장 높은 인상률을 보였다. 정부에서도 주야간보호 급여의 중요성을 인지하고 있다는 것을 보여주는 대목이다. 수급자의 증가와 높은 서비스 만족도를 놓고 보면 주야간보호센터의 성장은 지속될 것으로 보인다.

# 4
# 노인요양시설(요양원)
# : 24시간 전문가의 돌봄이!

노인요양시설(요양원)과 양로시설(양로원)을 혼동하는 경우가 많다. 노인요양시설은 흔히 요양원이고 양로시설은 양로원으로 불린다. 요양원은 노인성 실환(치매, 뇌졸중 등)이나 노화로 일상생활 수행이 어려운 노인에게 간호 및 생활 지원을 하는 시설이다. 입주자가 전액을 부담하는 유료 노인요양시설과 등급자 대상으로 시설급여를 받고 운영하는 노인요양시설로 구분할 수 있다. 양로원은 건강에 큰 문제가 없어 독립생활이 가능한 노인들을 위한 주거시설이다. 기존 무료 및 실비 위주로 운영되는 양로원의 주 이용자는 사회적, 경제적 돌봄이 필요한 독거노인들이 대부분이다. 유료 양로시설은 초고급 시설부터 중위소득 대상자들도 선택해서 갈 수 있는 다양한 형태의 시설이 공급되고 있다.

## 국내 노인복지 시설의 법적 구분

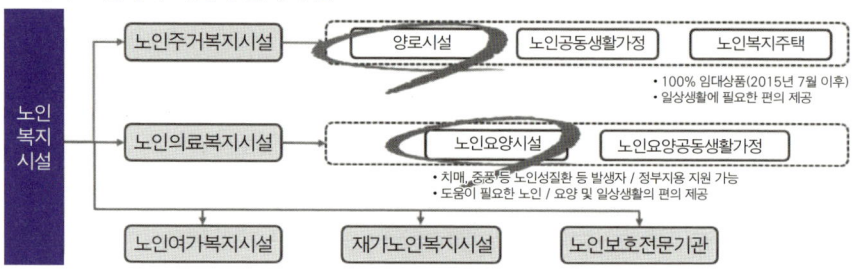

## 양로시설과 노인요양시설 비교

| 구분 | 양로시설 (양로원) | 노인요양시설 (요양원) |
|---|---|---|
| 정의 | 노인들이 일상생활을 자립적으로 유지할 수 있도록 주거와 생활 지원을 하는 시설 | 노인성 질환 등으로 일상생활이 어려운 노인에게 간호와 의료 중심의 서비스를 제공하는 시설 |
| 주요 대상자 | 65세 이상으로 신체적·정신적으로 건강한 노인<br>(단, 유료 양로시설은 60세 이상)<br>스스로 일상생활이 가능한 노인 | 노인성 질환(치매, 중풍 등)으로 일상생활 수행이 어려운 노인<br>65세 이상으로 장기요양등급 판정을 받은 노인 |
| 입소 기준 | 신체적·정신적으로 건강한 상태 생활이 어려운 노인을 우선적으로 지원(단, 유료 양로시설은 상호 약정에 따르며 제한 없음) | 장기요양 1~5등급에 해당하는 노인 의료적, 간호적 지원이 필요한 상태 |
| 제공 서비스 | 숙식 및 생활공간 제공<br>상담 및 정서적 지원<br>여가 및 문화 활동 프로그램 운영<br>일상생활에 필요한 편의 지원 | 기본적인 일상생활 지원<br>(식사, 목욕, 이동 등)<br>간호 및 의료서비스<br>(투약 관리, 응급처치 등)<br>정서적 안정 및 재활치료 프로그램<br>치매 등에 대한 특화된 관리 서비스 |
| 운영 목적 | 자립생활을 지원하며 사회적 고립을 예방 | 노인의 건강 회복 및 안정된 생활 유지 |
| 시설 형태 | 일반 주거공간과 유사한 환경 제공 | 의료 및 요양을 위한 전문 시설 형태 |
| 입소 비용 | 정부 지원 및 본인 부담금 비교적 저렴함<br>유료 시설은 전액 본인 부담으로 고가 형성 | 노인장기요양보험에 따른 본인 부담금 발생, 양로시설 대비 보증금은 없으며 의료 중심으로 생활비가 더 높음<br>유료시설은 보증금 및 생활비 전액 본인 부담 |
| 예시 | 노인복지주택, 시니어타운 등<br>(시립고덕양로원, 더클래식500, 케어닥 케어홈) | 요양원, 노인요양공동생활가정<br>(서울요양원, 케어닥 너싱홈) |

노인요양시설의 설립 목표는 노인성 질환을 앓는 노인의 안전과 건강을 최우선으로 한다. 전문적인 교육을 받은 간호사(간호조무사), 요양보호사, 사회복지사들이 상주해서 신체적, 정서적 지원을 한다. 또한 사회적으로 고립되지 않도록 다양한 프로그램과 활동을 제공하며 사회적 관계 형성을 돕는다.

일반적으로 요양원은 시설 규모가 크고 다층으로 구성된 독립 건물에서 다수의 노인과 함께 생활하는 곳이다. 이 점에서 9인 이하의 수급자가 모여 사는 노인요양공동생활가정과 구분된다. 보통 노인요양공동생활가정은 경증에 자립적인 생활이 가능한 대상자가 많다. 반면에 요양원은 중증에 의료적 지원이 일부 필요한 수급자들을 대상으로 한다.

### 요양원 부족 현상은 더욱 심해진다

최근 요양원 관련 주요 이슈는 '시설 공급 부족'이다. 2023년 기준 전국의 노인요양시설 수용 정원은 24만 6,477명이며 그중 서울의 수용 정원은 1만 6,318명이다. 그런데 서울시의 상시 돌봄이 필요한 장기요양 1, 2등급자만 해도 2만 4,200명에 이른다. 요양원을 가고 싶어 하는 사람보다 요양원의 수용 정원이 턱없이 부족하다. 입지가 좋은 경기도와 인천광역시는 수급자보다 정원이 많지만 서울을 중심으로 급증하는 수요를 맞추기는 부족한 상황이다. 이러한 요양원 부족 현상은 갈수록 심해질 전망이다. 우선 지난 5년간 서울의 수용 인원 증가는 1,264명에 그쳤다. 이대로 가다간 2030년에는 요양원 입소를 못 하는 노인이 9만 3,668명에 달할 것이라는 예측도 있다.

"가까운 곳에 자리가 없으면 경기도나 인천으로 나가면 되지 않느냐?" 요양원 부족 문제에 대한 손쉬운 해법을 이야기하는 이들도 많다. 그러나 보호자들은 그리 간단한 문제가 아니라고 말한다. 보호자들은 수급자를 멀리 요양원에 버려두고 오는 것이 아니라 집에서 돌볼 수가 없어 다른 곳에 모시는 것이다. 그러니 이왕이면 가까운 곳에서 자주 볼 수 있기를 원한다. 최대한 자동차로 1시간 이내 거리에 요양원이 있어야 용무가 생겼을 때 찾아가 보는 것에 부담을 느끼지 않는다. 서울에 있는 수급자들을 멀리 지방으로 모실 수 없는 이유이다.

그리고 지방도 요양원 수급 상황이 좋지 않기는 마찬가지다. 인구감소 현상과 함께 양질의 요양시설을 찾는 대상자가 많아지고 있다. 덕분에 민간 기업이 운영하는 요양시설에는 수백에서 수천 명의 입소 대기자가 몰리는 상황이다.

한국보건사회연구원의 「노인요양시설의 지역별 수요-공급 적정성 분석」 보고서에 따르면 오는 2030년에는 전국적으로 34만 145명을 수용할 요양시설이 필요할 것으로 추정한다. 약 10만 명의 대상자가 증가한다는 분석이다. 그럼에도 5년간 수용 가능 인원의 증가는 약 5만 5,000명에 그친다. 요양원의 증가 속도가 수용 인원의 급격한 증가를 따라잡기 역부족인 상황이다.

수요가 늘어남에도 충분한 공급이 어려운 이유는 무엇일까? 가장 큰 이유는 높은 규제와 많은 투자금이 꼽힌다. 요양원은 일반 개인이 창업하기에는 규모가 큰 비즈니스이다. 최소 수십억 원의 자본이 있어야 한다. 소위 말하는 건물주여야 가능한 비즈니스이다. 시설의 장은 사회복지사나 의료인이어야 하고 입소자 대비 필

**주요 시도별 노인요양시설 수용 부족 인원**

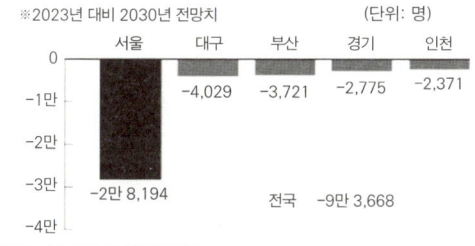

(자료: 한국보건사회연구원)

**노인요양시설 공급주체**

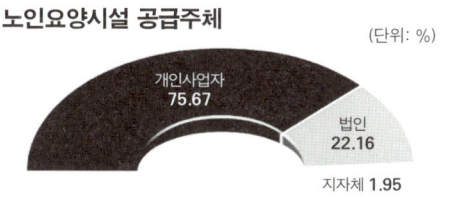

(자료: 국민건강보험)

요한 인력도 많다. 입소자 49인 요양원의 경우 요양보호사를 제외하고 최소 8명, 99인 요양원은 요양보호사를 제외하고 대략 15명이 필요하다. 요양보호사까지 합치면 30~60여 명의 인력이 돌아가는 사업장이다.

또한 현행 노인복지법 시행규칙에 따르면 요양시설 사업자는 토지와 건물을 모두 소유해야 한다. 면적 기준은 입소 정원 10명 이상은 정원 1명당 연면적 7평(23.6제곱미터)을 확보해야 한다. 시행규칙에 따라 요양원을 설립하자면 자기 땅에 5층 정도 건물을 단독으로 사용할 수 있어야 한다.

물론 이러한 제약 조건은 시설 운영의 안정성과 입소자의 생활 공간 확보를 위해서이다. 하지만 비용이 많이 드는 서울과 대도시 내에 시설 설치자가 토지와 건물을 소유해야 하는 요건은 요양원 설립을 막는 가장 큰 걸림돌로 작용하고 있다.

## 노인요양시설 직원 배치 기준

| 시설별 | 직종별 | 시설의 장 | 사무국장 | 사회복지사 | 의사 또는 계약의사 | 간호사 또는 간호조무사 | 물리치료사 또는 직업치료사 |
|---|---|---|---|---|---|---|---|
| 노인요양시설 | 입소자 30명 이상 | 1명 | 1명 (입소자 50명 이상인 경우로 한정함) | 1명 (입소자 100명 초과 할 때마다 1명 추가) | 1명 이상 | 입소자 25명 당 1명 | 1명 (입소자 100명 초과 할 때마다 1명 추가) |
| | 입소자 30명 미만 10명 이상 | 1명 | | 1명 | 1명 | 1명 | |
| | | 요양보호사 | 사무원 | 영양사 | 조리원 | 위생원 | 관리인 |
| | 입소자 30명 이상 | 입소자 2.3명 당 1명 (치매전담실은 2명당 1명) | 1명 (입소자 50명 이상인 경우로 한정함) | 1명 (1회 급식인원이 50명 이상인 경우로 한정함) | 입소자 25명 당 1명 | 1명 (입소자 100명 초과 할 때마다 1명 추가) | 1명 (입소자 50명 이상인 경우로 한정함) |
| | 입소자 30명 미만 10명 이상 | 입소자 2.3명 당 1명 (치매전담실은 2명당 1명) | | | 1명 | | |

| 시설별 | 직종별 | 시설의 장 | 사무국장 | 사회복지사 | 의사 또는 계약의사 | 간호사 또는 간호조무사 | 물리치료사 또는 직업치료사 |
|---|---|---|---|---|---|---|---|
| 노인요양공동생활가정 | | 1명 | | | | 1명 | |
| | | 요양보호사 | 사무원 | 영양사 | 조리원 | 위생원 | 관리인 |
| | | 입소자 2.3명 당 1명 (치매전담실은 2명당 1명) | | | | | |

## 노인요양시설 인허가 기준

| 시설별 | 구분 | 침실 | 사무실 | 요양보호사실 | 자원봉사실 | 의료 및 간호사실 | 물리(작업)치료실 | 프로그램실 | 식당 및 조리실 | 비상재해대비시설 | 화장실 | 세면장 및 목욕실 | 세탁장 및 세탁물 건조장 |
|---|---|---|---|---|---|---|---|---|---|---|---|---|---|
| 노인요양시설 | 입소자 30명 이상 | ○ | ○ | ○ | ○ | ○ | ○ | ○ | ○ | ○ | ○ | ○ | ○ |
| | 입소자 30명 미만 10명 이상 | ○ | | ○ | | ○ | | | ○ | | ○ | | |
| 노인요양공동생활가정 | | ○ | | | | ○ | | | ○ | | ○ | | |

| 근거법 | 노인복지법 |
|---|---|
| 건축물 용도 | 노유자시설 |
| 건축 시 관련법 | 건축허가 |
| 인허가 주관 부서 | 건축과, 노인복지과 (어르신돌봄과) |
| 건축특례 | 관리사무소, 가스공급시설, 유치원, 주민공동시설 미적용 |
| 주차 대수 | 시설면적 300제곱미터당 1대 (지자제에 따라 차이 있음) |
| 분양 가능 여부 | 불가 / 임대만 가능 |
| 입주자 모집절차 | 입소자모집신고 (어르신돌봄과) |
| 입소금액 책정 | 유료시설은 제한 없으며 노인장기요양보험 급여시설은 수가 외 비급여 항목 제한 없음 |
| 모집 가능시기 | 건축공정 20% 이상 시 모집 가능 (양로시설) (5층 이상 1/2 골조공사 완료, 5층 미만 벽돌쌓기 공사 완료 시) |
| 시설의 규모 | 양로시설: 입소정원 10명 이상 (1명당 연면적 15.9제곱미터 이상) |
| | 요양시설: 입소정원 10명 이상 (1명당 연면적 23.6제곱미터 이상) |
| 필수 설치 시설 | 양로시설: 침실, 사무실, 식당, 체력단련실, 의료실, 프로그램실, 요양보호사실, 자원봉사실, 화장실, 목욕실, 세탁실 |
| | 요양시설: 침실, 사무실, 식당, 물리치료실, 의료실, 요양보호사실, 자원봉사실, 체력단련실, 화장실, 목욕실, 세탁실 |

| 직원 배치 기준 | 양로시설 | 시설의장, 사무국장, 사회복지사, 의사, 간호사, 요양보호사, 사무원, 영양사, 조리원, 위생원(입소자수 기준에 따라 추가) |
|---|---|---|
| | 요양시설 | 시설의장, 사무국장, 사회복지사, 의사, 간호사, 물리(작업)치료사, 요양보호사, 사무원, 조리원, 위생원, 관리인(입소자수 기준에 따라 추가) |
| 세제 혜택 | | 취득세, 재산세: 25% 감면(소유=사용자 동일 시, 2026. 12. 31까지)<br>종부세 없음(합산배제)<br>소득세 또는 법인세: 최소 15%에서 최대 30% 감면 (2025. 12. 31까지) |

세부적으로 들어가보면 들어가는 비용이 하나둘이 아니다. 건물을 올리면 건물의 소방시설, 응급대응시설, 엘리베이터 등 설치에 상당한 비용이 들어가고 숙식을 제공해야 하는 공간이므로 집기 구입에도 억 단위의 비용이 들어간다. 또한 설립 초기부터 정기적인 리모델링 비용을 고려해야 한다. 시간이 지나면 시설은 낡기 때문에 10~15년 단위로 리모델링을 진행하는 것이 일반적이다. 이왕이면 다홍치마라고 수급자 입장에서도 시설이 좋은 곳을 선택하게 마련이다. 최근 시세로 49인 기준 건물의 리모델링 비용은 10억 원 정도가 소요된다. 자가 소유의 토지와 건물부터 주기적인 리모델링 비용까지 고려하면 설립부터 상당한 리스크를 끌어안고 시작하는 셈이다.

요양원 설립 리스크가 큰 만큼 투자 관점으로 고려해 볼 필요가 있다. 우리나라 특성상 부동산은 시간이 지나면 대부분 가격이 상승한다. 좋은 입지에 건물을 지어 선점한 후 시간이 흘렀을 때 가격 상승으로 이익을 볼 수 있다는 이야기다. 입지가 좋은 곳은 수급자도, 수급자의 가족도 좋아하는 곳이므로 요양원 설립 후 수급자 모집에도 어려움이 덜하다. 장기적인 부동산의 가격 상승을 이유로 좋은 입지의 땅을 가진 이들에게 요양원 설립을 권유하는 컨설팅 업체와 시공사들도 생겨나고 있다. 그러나 날림으로 시공한 후 매각해버리고 빠지는 시공사들도 많다. 정확한 레퍼런스를 가지고 실제 운영까지 해본 파트너인지, 브랜드만 내건 업체는 아닌지 꼭 검증해야 한다.

한편 2024년 정부에서 요양원 설립의 어려움을 해소하고자 '임차 요양시설' 허용을 검토하고 있다고 밝혔다. 복지부에서 지역별 요양시설 수급 조절을 위해 '비영리법인'과 '공급 부족 지역'에 대해 토지와 건물 소유 규제를 완화할 수 있다고 밝힌 것이다. 그러나 복지학계와 요양원 설립 개인사업자들은 '공공성 저해' '골목상권 침해' 등을 이유로 강하게 반발하고 있다. 규제 완화로 대기업 진출이 쉬워지면 요양원이 돈벌이 수단으로 전락할 것이라는 이유에서다. 실제로 영국에서도 사모펀드가 만든 요양시설 서던 크로스 헬스케어가 파산해 노인 3만여 명이 시설에서 퇴소한 사례도 있다. 단순히 부동산 투자라는 관점에서 바라보기에는 '운영'이 중요한 비즈니스라는 것을 인지해야 한다.

## 요양원 성공 운영의 핵심 요소를 알아야 한다

'현대판 고려장'이라는 비판은 요양원 설립 초기부터 지금까지 지속적으로 이어져 오고 있다. 이로 인해 수급자와 가족들은 요양원 입소를 망설이게 된다. 나아가 요양원에 부모님을 모시면 자식은 사회적 죄인 취급을 받는다. 요양원 내 노인학대 사건·사고는 이러한 인식을 확대하는 요인이 되고 있다. 요양시설 내 노인학대 건수는 2018년 380건에서 2022년 662건으로 4년 사이에 74%나 증가했다. "좋은 요양원을 많이 만들어 부모님을 안심하고 모실 수 있게 만들겠다."라는 설립자들의 취지를 살리기 위해서도 양질의 서비스를 제공할 수 있는, 최소한 노인학대만은 막을 수 있는 솔루션이 필요하다.

요양원의 서비스 질이 떨어지는 이유는 무엇인가? 종사자들의 어려움을 먼저 알아야 한다. 요양원의 근무 형태는 일반사업장과 완전히 다르다. 일반사업장은 주5일제에 9시부터 18시까지 루틴하게 업무가 돌아간다. 그러나 요양원은 24시간 365일 상시 근무체계다. 상근, 야간근무, 교대근무가 꾸준히 발생한다. 근무 형태가 다양하고 종사자도 많다 보니 관리와 운영을 잘못하면 인건비 부담이 가중돼 적자가 발생하기 쉬운 구조다. 그럼에도 수급자 수가는 정해져 있기 때문에 수입을 늘릴 방법이 마땅치 않다. 적자를 줄이기 위해 급여를 조정하면 양질의 서비스를 제공하던 요양보호사들은 쉽게 요양원을 떠난다.

대부분 요양원은 요양보호사 채용에 어려움을 겪기 때문에 유능한 요양보호사들은 갈 곳이 많다. 운영 미숙으로 유능한 요양보호사들이 떠나면 요양원의 서비스 질은 급격히 떨어진다. 갈 곳 없는 요양보호사들만 요양원에 남아 대충대충 업무를 처리한다. 수급자와 보호자들이 이를 모를 리 없다. 수급자들이 요양원을 옮기면 수입이 줄어들어 적자의 악순환에 빠지고 만다. 요양원이 문을 닫는 일까지 일어날 수 있다. 필요 인력도 많다. 인력 기준을 보자면 2025년 입소자 대비 요양보호사 인원이 2.3 대 1에서 2.1 대 1로 강화됐다. 거기에 시설장, 사무국장, 사회복지사, 의사(또는 계약의사), 간호사(또는 간호조무사), 물리치료사(또는 작업치료사), 사무원, 영양사, 조리원, 위생원, 관리원 등 수십 명에 달한다.

이런 상황에서 자본금이 탄탄한 민간 기업이 요양시설 사업에 뛰어들어 개인사업자들의 영업 환경은 더욱 악화하고 있다. KB라이프생명의 자회사인 KB골든라이프케어와 대형 제약회사 종근당의 자회사인 종근당산업이 설립한 요양원은 1인실 본인 부담금이 월 300만 원이 넘지만 대기 인원이 많아 몇 년을 기다려야 입소할 수 있다는 뉴스 기사가 보도됐다. 개인사업자들이 운영하는 요양원에 대한 불신과 불만의 표현이기도 하고 요양원을 운영하는 개인사업자들의 앞날이 점점 어려워질 것이라는 예고이기도 하다.

갈수록 적절한 서비스가 제공되는 요양원이 많아져야 하는 상황에서 자본력을 갖춘 대형 사업자가 요양원 시장에 들어오는 것을 막을 방법은 없다. 대기업과 경쟁할 수 있을 정도의 만족도를 끌어내야 한다. 그렇기에 좋은 파트너와 함께 규모를 키우고 힘을 합쳐야 한다.

규모가 작은 곳일수록 관리와 운영을 시스템화하여 안정화할 필요가 있다. 효율적인 근무표를 작성해 직원을 적정하게 배치하고 안전을 확보하고 질 좋은 서비스를 제공하기 위해 직원들에게 투자할 수 있어야 한다. 정확한 법률지식과 풍부한 경험으로 법 위반 소지가 생기지 않도록 관리하는 것도 중요하다. 세부적이고 꼼꼼한 평가표는 큰 도움이 된다.

요양원의 성공적인 운영을 위해서는 가장 기본적이고 중요한 핵심 요소를 이해해야 한다. 사업 시작부터 조기에 운영 사업성을 확보하는 것이다. 운영 사업성을 확보하기 위한 핵심 요소들로 좋은 입지, 규모 확보, 타깃 고객, 운영 콘셉트, 디자인 설계 등이 있다. 차별화 전략을 통한 마케팅으로 빠르게 입주자를 유치하여 조기에 세팅을 완료해야 한다.

　우선 입지는 지역 내 수요자인 노인 인구가 많고 비중이 높은 지역으로 가족과 지인들의 접근성이 좋아야 한다. 시설의 규모는 매출과 직결되는 정원수를 확보해야 하므로 침실 수가 적거나 침실 공간이 협소해지면 가격을 높게 받을 수가 없다. 최소한의 서비스를 구성한 상품에서 상급병실료를 받을 수 있는 고가의 프리미엄 시설까지 다양한 상품군에서 최적의 상품을 기획해야 한다. 최근 빠르게 증가하는 베이비붐 세대는 경제력이 있고 사회적 활동이 왕성했던 시니어들로 자신의 노후와 요양을 라이프스타일에 맞게 계획하고 선택한다. 이런 세대의 트렌드를 고려한다면 다양한 콘셉트와 디자인 설계가 반영된 1~2인실 중심의 프리미엄 시설이 시장에서 경쟁력이 있을 것이다.

　또한 성공적인 운영 사업성을 확보하기 위해서는 간호(조무)사, 사회복지사, 요양보호사 등 서비스를 제공하는 전문 인력을 확보해야 한다. 운영 이익을 내기 위해서는 시설 인허가부터 유관기관과 원활한 협력 관계를 통해 시행착오를 줄이고 공기를 단축해 건설 원가를 최소화하여 운영 시 부담해야 하는 금융 비용을 최소화해야 한다. 마케팅 전략은 초기 시설 입주율을 높여 수익구조를 빠르게 구축하고 지역사회 네트워크, 병원, 복지기관 등과의 협력을 기반으로 온오프라인 플랫폼을 활용한 광고와 홍보를 진행해야 한다. 또한 무료 체험 방문, 가족 대상 설명회 등을 통한 경험 마케팅 운영으로 상품에 대한 신뢰를 높일 수 있다.

　브랜드 차별화도 고려해 볼 수 있다. 상급병실료를 받는 1~2인실을 고급화하고 추가 편의시설 등 어메니티(개인 욕실, 고급 침구 등)

를 제공하여 추가 매출을 올릴 수 있다. 비급여 매출 확대를 위한 유료 프로그램 운영도 가능하다. 맞춤형 식단, 전문 재활 프로그램, 심리적·정서적 지원 프로그램, 가족 참여형 프로그램, 이미용 뷰티 프로그램 등 입주자의 니즈를 반영한 프로그램을 지속적으로 개발해야 한다. 또한 서비스 품질에 대한 데이터(건강, 서비스 이용 등) 수집과 고객 피드백으로 서비스 만족도를 높이는 개선 활동을 지속해야 한다.

요양원 운영자들의 가장 큰 스트레스이자 경영 리스크는 '기관의 현지조사와 환수'이다. 현지조사란 요양 사업 전반에 대한 행정조사로 관리·감독 과정을 포함한다. 국민건강보험공단에서 부적절하고 불법적이라고 판단한 사업의 집행 보조금을 도로 거두어들이는 것을 환수라고 한다. 현지조사를 통해 환수 조치가 내려지면 요양원은 이미 지출한 비용들까지 반납해야 하므로 운영에 치명타를 입는다. 실제 2018~2022년까지 5년간 국민건강보험공단이 국내 장기 요양시설에 내린 환수 건수는 3,963건으로 386억 1,000만 원에 이른다(한국노인복지중앙회 발표 자료). 행정조사는 언제든 나올 수 있다. 약간의 실수로도 환수 조치가 내려질 수 있으므로 요양원 운영자들에게 상당한 스트레스가 될 수밖에 없다.

국민건강보험공단과 요양원과의 법적 공방도 큰 화제가 되고 있다. 국민건강보험공단이 A 요양원에 23억 원의 환수 조치를 내렸고 해당 요양원은 이에 불복하는 소송을 제기했다. 사건의 발단은 해당 요양원에서 위생원을 두지 않고 세탁업체에 세탁물을 모두 위탁했다. 그런데 요양보호사들이 간간이 수급자들의 옷과 침구류를 세탁한 것이 현지조사에서 드러난 것이었다.

국민건강보험공단에서 문제를 제기한 근거는 30인 이상 시설에는 세탁물 관리를 위한 위생원을 두도록 한 노인장기요양보험법이었다. 위생원을 두지 못할 경우 외부 세탁업체에 세탁물을 모두 위탁해도 된다. 국민건강보험공단에서는 이 법을 기준으로 요양원에 위생원 등의 급여비용을 지원하고 있다. 국민건강보험공단은 해당 요양원이 위생원을 두지 않고 외부 세탁업체에 세탁물을 모두 위탁하지도 않은 채 요양보호사 등 다른 종사자에게 세탁물을 관리하도록 했다고 주장했다. 동시에 국민건강보험공단에서 이미 지급한 요양급여비용을 환수하도록 조치했다.

그러나 요양원에서는 억울함을 드러냈다.

"입소 어르신 대부분이 기저귀를 차세요. 기저귀를 교환할 때 몸에 묻은 인분을 닦아드려야 해서 일반 수건에 물을 묻혀서 닦아드렸어요. 사용한 수건은 그때그때 모아서 세탁기에 넣고 빨았고요. 그런데 위생원이 아니라 요양보호사가 직접 수건을 빨았다고 해서 법을 위반했다는 것은 너무 억울합니다."

결과적으로 국민건강보험공단은 요양원의 억울함을 인정하지 않았고 2017년 4월부터 2022년 8월까지 총 30개월에 해당하는 보조금 23억 원을 환수 조치했다. 사실 해당 법은 요양시설에 너무 가혹하다는 지적이 제기돼 2022년 일부 개정됐다. 하지만 사건은 개정되기 전에 발생했다. 그러다 보니 개정 전 법안으로 갈등의 요소가 되고 있다. 23억 원을 반납할 수 없던 요양원은 국민건강보험공단에 장기요양급여비용환수처분취소 소송을 내고 법원의 판단을 기다리고 있다.

유령 직원을 두고 부정 수급을 하는 것처럼 명백히 잘못된 경우도 있겠지만 매뉴얼대로 하지 않았다는 이유로 환수 조치를 당하는 경우도 적지 않다. 환수 조치를 예방하기 위해서는 시스템대로, 정해진 과정대로 업무가 진행되도록 해야 한다. 그러나 현실적으로 요양원 근무 직원들은 본업이 많아서 세세한 부분을 챙기기가 쉽지 않다. 요양보호사, 사회복지사, 조리사, 간호사의 본업은 돌봄이다. 시설장과 관리자가 시스템 정비와 관리·감독을 책임지고 진행해야 한다.

이러한 어려움 속에서도 시설급여를 제공하는 장기요양기관, 즉 요양원에 대한 평가 점수는 해마다 올라가고 있다. 국민건강보험공단은 노인장기요양보험법 제54조에 따라 3년 주기로 장기요양기관을 평가하고 있다. 2023년에는 장기요양서비스를 제공하는 5,246개 기관을 대상으로 평가를 했다. 그 결과 평균점수는 79점으로 직전 평가인 2021년보다 4.1점이 올라갔다. 최우수(A등급) 기관 760개소(17.2%), 우수(B등급) 기관 1,210개소(27.4%)로 두 그룹이 44.6%를 차지했고 최하위(E등급) 기관은 687개소(15.5%)였다. 양질의 서비스를 제공하기 위해 요양원 운영자들이 꾸준히 노력하고 있고 시장이 성장하는 만큼 경쟁도 치열해지는 것을 알 수 있는 대목이다.

### 대기업의 요양원 진출에 어떻게 대응할 것인가

장기요양기관의 운영 주체는 2022년 기준 개인이 83.6%, 비영리법인이 12.0%, 영리법인이 4.2%, 국가 또는 지방자치단체가 0.2%이다. 노인장기요양보험은 도입 시기부터 '민간 운영'을 기본으로 설계됐다. 자격 조건을 갖춘 인원이 설립 허가를 받으면 시설을 운영할 수 있는 구조였다. 자본금이 적은 개인과 기관이 쉽게 해당 사업에 뛰어들었다.

그런데 최근 2~4년 사이 KB, 신한, 종근당 등 이름이 알려진 대기업이 발을 들여놓기 시작했다. 업계에서는 '골목상권 침해'라며 목소리를 높이고 있지만 대기업의 시장 진출을 막을 어떤 방법도 갖추지 못하고 있다. 대표적으로 KB라이프생명의 자회사 KB골든라이프케어는 위례빌리지(정원 101명)와 서초빌리지(정원 68명)를 운영하고 있고 종근당산업도 벨포레스트(정원 56명) 요양원을 운영하고 있다. 시장에서는 대기업들의 장기요양시설이 시장에 성공적으로 안착했다는 평가도 나온다. KB골든라이프케어의 경우 월 이용료만 200만~300만 원 수준이지만 입소 대기자가 5,000여 명에 달한다고 보도되고 있다. 허수에 가까운 숫자일지라도 일단 소비자들의 마음을 사로잡는 데는 성공한 것으로 보인다.

대기업들이 장기요양서비스 시장에 발을 들여놓은 것은 앞으로 이용자 증가로 더 큰 시장이 형성될 것이라는 기대 때문이다. 일본에서와 비슷하게 자본력을 갖춘 대기업들이 들어와 서비스의 질을 끌어올리고 시장에 활력을 더할 것이라는 기대감도 동시에 작용하는 것이라 보인다. 하지만 기존의 소규모 복지기관들로서는 결코 달가운 소식이 아니다. 대기업들이 자본력을 바탕으로 시설을 확충하고 브랜드 파워와 공격적 마케팅으로 이윤 극대화를 추구하면 장기적으로는 서비스 질이 떨어질 것을 우려하는 이들도 있다. 이러한 상황에서 소규모 요양원들은 타 시설과 함께 새로운 서비스를 개발하여 차별화하거나 대기업과 경쟁할 수 있는 브랜드와 제휴하여 필요한 브랜드 파워를 갖추는 게 주요한 전략이라 생각된다.

**민간 기업의 노인 돌봄 시장 진출 현황**

| 시장 | 금융권 | | 비금융권 | |
|---|---|---|---|---|
| 시설요양 | 삼성생명 | 삼성생명공익재단 용인 삼성노블카운티 너싱홈 (2001년, 174명) | 종근당 | 종근당산업<br>· 서울벨포레스트(2019년, 56명)<br>· 성남 분당 헤리티지너싱홈 (2023년, 146명) |
| | 하나금융 | 하나금융공익재단 남양주 하나케어센터 (2008년, 99명) | | |
| | KB라이프생명 | KB골든라이프케어<br>· 위례빌리지(2019년, 132명)<br>· 서초빌리지(2016년, 80명) | | |
| 재가요양 | KB라이프생명 | KB골든라이프케어<br>· 강동케어센터(2017년, 49명)<br>· 위례케어센터(2019년, 21명) | 대교 | 뉴이프<br>· 데이케어센터(2022년, 7곳)<br>· 방문요양센터(2022년, 3곳) |
| 노인주거 | 삼성생명 | 삼성생명공익재단 용인 삼성노블카운티 너싱홈 (2001년, 555가구) | 서울송도병원 | 서울시니어타운 서울타워(1998년), 강남타워(2003년) 등 6곳 |
| | | | 건국대 | 건국AMC 더클래식500(2009년, 340가구) |
| | KB라이프생명 | KB골든라이프케어 서울 평창카운티 (2023년, 164가구) | 롯데건설 | VL 부산(2024년), 서울 마곡(2025년) 등 예정 |
| | | | 대우건설 | 의왕 백운호수푸르지오숲속의아침(2025년, 536가구) |
| | 신한라이프 | 신한라이프케어 분당데이케어센터 (2024년, 54명) 서울 은평, 하남에 시니어타운 사업 추진 중 | GS건설 | 용인스프링카운티자이(2016년) |
| | | | 현대엔지니어링 | 준비 중, 연세대 미래교육원과 '시니어 주택 운영 사업 추진을 위한 업무협약' |
| | | | 한미글로벌 | 한미글로벌디앤아이 서울 장지동 위례심포니아 (2025년) 예정 |

(자료: 각 사, 하나금융경영연구소)

신규 사업자 입장에서는 시설 투자, 우수 인력 확보, 안정적 시스템으로 서비스의 질을 끌어올리는 것이 쉽지 않다. 그러나 대도심 내 요양시설 공급이 부족하고 농어촌 역시 거주 인구의 급격한 고령화로 요양원의 수요가 늘어나고 있다. 국가적으로도 초고령사회에 맞추어 문제 해결을 위한 규제 완화와 지원이 확대되는 흐름이다. 요양원 사업 환경이 좋아지면 참여자들이 증가하면서 경쟁도 가속하겠지만 질 좋은 요양원의 수요도 날로 늘어날 것이다. 대상자와 가족의 요구에 맞춤형 서비스를 제공하는 것으로 경쟁력을 찾아가는 것이 최선의 솔루션이 될 것이다.

대기업은 인건비가 비싸서 구조적 한계를 가진다. 본업인 금융업이나 다른 비즈니스와 시너지를 목적으로 하기 때문에 수익화에 한계가 있다. 또한 규제가 많고 사건·사고도 많아서 규모를 일정 크기 이상 키워 시장을 장악하기에 무리가 있다. 대기업 입장에서는 시장을 확인하는 목적으로 노인 돌봄 사업에 발을 디뎠다고 봐야 한다. 대기업의 요양원 사업 진출을 너무 부정적으로만 볼 필요도 없다. 오히려 대기업이 불편한 부분을 해소해 나가는 '대리인' 역할을 해줄 것을 기대해 볼 수도 있다.

# 5
# 재택의료서비스
## : 시니어 헬스케어의 틈새시장

"엘리베이터도 없는 곳을 걸어서 오신다 아닙니까? 미안하고 고마워서 드릴 말씀이 없습니다."

왕진가방을 실은 자동차를 몰고 하루에 몇 시간씩 운전해 환자를 만나러 가는 이는 '집으로의원'의 김주형 원장이다. 분당에 있는 '집으로의원'은 2023년 2월 우리나라 최초로 방문진료와 재활서비스를 전문으로 문을 열었다. 김 원장의 어려움을 아는지 2024년 기준 전국에서 외래진료 없이 방문진료만 전문으로 하는 의원은 10여 곳에 불과하다. 김주형 원장은 아주대병원 외과 교수 출신으로 '집에서 병세가 호전되는 경우를 많이 봐온 경험'을 이유로 방문진료에 뛰어들었다. 환자의 집을 방문해 환경을 살피고 시간을 들여 병력과 증상을 청취하고 가정에서도 질병과 잘 싸워나갈 수 있도록 적절한 치료법을 제안하는 데 많은 보람을 느끼고 있다고 한다. 그러나 주변의 반응은 응원보다 걱정이 더 많다. 낮은 수

**방문진료 서비스**

```
                          ┌─── 의원 ──────────────┐         ┌─ 가정 ─┐
                          │         ┌─ 의사 ─┐      │         │       │
  진료 필요                 │  방문   │거동불편│      │   예약   │       │
  사유 발생                 │  진료   │유형 확인│     │ ──────→ │ 방문진료│
  ┌──────┐   환자    ──→  │  요청   ├──────┤      │   비예약  │       │
  │ 재택  │ ────→         │         │방문진료│      │         │       │
  │거동불편자│  보호자   ──→ │         │필요성  │     │         │       │
  └──────┘                │         │검토   │      │         │       │
                          │         └──────┘      │         │       │
                          └───────────────────────┘         └───────┘
```

가, 집을 찾아다니는 방문진료 자체의 어려움, 재택에서 진료를 펼치다 발생할 수 있는 불의의 사고 등 여러 어려움이 있다는 것을 잘 알기 때문이다. 전문가들은 아직 우리나라의 '재택의료서비스'가 가야 할 길이 많이 남아 있다고 말한다.

 2025년 1월 보건복지부는 91개 지역 135개 의료기관을 통해 '장기요양 재택의료센터 3차 시범사업' 운영을 시작했다. 장기요양 재택의료센터 시범사업은 의료진과 사회복지사가 노인장기요양보험 수급자의 가정을 방문해 의료서비스를 제공하고 필요한 지역사회 돌봄서비스 등을 연계하는 사업이다. 진료 대상은 중증장애인(장애인 건강주치의제도 대상)과 말기 환자, 방문요양급여 제공이 필요한 18세 미만 환자, 그 밖의 질병 등으로 거동이 불편해 방문요양급여가 필요한 대상자이다. 진료 신청을 하면 의사와 간호사, 사회복지사 등 3명 이상이 팀을 구성해 왕진에 나서게 된다. 항암치료를 위해 정기적인 TPN(완전 정맥 영양)으로 영양분을 공급받는 상황이라든가, 파킨슨으로 인해 정기처방이 필요한 침상 환자는 매달 재택의료서비스로 치료와 관리를 받을 수 있다.

 현장에 있는 의료진도 재택의료는 많은 장점을 갖춘 서비스라고 전한다. 가정에서 대상자를 돌보는 보호자에게 '욕창'은 가장 번거로운 질병이다. 욕창은 압박성 궤양으로 신체의 특정 부위에 압박이 일정 시간 이상 가해지면 혈액 순환 장애가 발생하고 점차 피부 조직이 물러지면서 증세가 심해진다. 주로 뼈의 돌출부에 많이 생긴다. 초기에는 압력이 해소되면 즉시 회복되지만 압력이 지속되면 혈액 순환 장애가 생겨 물집이 생기고 피부가 벗겨진다. 점차 피부밑 지방이 괴사돼 딱딱해지고 검은색의 괴사 딱지(가피)도 생긴다. 치료를 위해 상처 부위 소독과 처치가 필요하다. 근본적인 치료를 위해서는 2시간마다 체위를 변경해야 한다. 전적으로 환자만 돌보는 상황이 아닌 이상 보호자에게 쉬운 일이 아니다.

또한 의료진은 욕창 치료를 위해 소변 관리도 중요하다고 강조한다. 소변이 욕창 부위로 흘러가면 치료가 더 어려워진다. 그러나 이 또한 쉽지 않다. 치료에는 편리하지만 환자에게 소변줄은 몹시 불편하다. 소변줄을 유지하는 것과 이동 변기를 사용하는 것 모두 강한 거부감을 드러낸다. 그나마 최선은 의료진이 환자를 자주 보고 지속적인 설명과 잔소리를 하는 것이다. 이런 면에서 재택의료서비스는 현실적인 도움을 준다. 병원에 오기 힘든 고령의 만성질 환자도 집에서 적절한 의료와 돌봄을 받을 수 있다. 재택의료서비스를 제공하는 의료진은 "환자의 의지, 돌봄 제공자의 헌신, 적절한 의료서비스만 있으면 집에 머무는 많은 환자도 병이 나을 수 있다."라고 강조한다. 더불어 삶의 질도 높일 수 있다.

### 재택의료의 시작과 현재 그리고 가야 할 길을 준비하자

재택의료 활성화의 시작은 2018년으로 거슬러 올라간다. 당시 보건복지부가 '모두가 누리는 포용적 복지국가'를 20대 국정전략으로 추진하며 이와 연계한 '지역사회 통합 돌봄(커뮤니티케어)' 추진계획을 발표했다. 대다수 노인은 익숙한 주거환경인 집과 지역사회에서 건강하게 나이 들기를 희망한다. 그러나 나이가 들면 기본적으로 몸이 허약해지고 복합만성질환에도 취약해진다. 응급 및 급성기 질환, 재활 및 기능 회복, 장기요양, 호스피스 및 완화의료 등 필요한 의료서비스도 제각각이다. 커뮤니티케어는 이러한 다양한 건강 상태를 지닌 노인이 연속적 돌봄을 받을 수 있도록 기획됐다. 지역 사회와 재가 중심의 보건의료서비스 제공이 그 대책으로 강구됐다.

재택의료 추진에 대하여 보건복지부의 '커뮤니티케어 모형'을 살펴보면 급성기 이후 가정과 재택으로 연결되는 흐름을 보이고 있다. 병원에서는 '지역연계실(사회복지팀, 사회복지사·의사·간호사 등)'을 설치해 퇴원 전 종합적인 환자 평가와 퇴원 계획을 수립해야 한다. 재택의료서비스가 시행되자 환자들은 기존의 '왕진'과 무슨 차이가 있느냐고 묻는다. 환자로서는 이름만 다를 뿐 서비스의 내용은 같다고 느낀다. 재택의료서비스를 제공하는 이들, 제공하게 될 이들 먼저 관련법 변천사를 이해할 필요가 있다.

1980년대 초중반까지 의사가 환자를 찾아가는 왕진은 일반적인 의료행위였다. 그러나 전 국민 의료보험이 시작되면서 해당 주소지에서만 의료행위를 하도록 했다. 자연스럽게 왕진도 줄어들었다. 1990년대 후반부터는 '원격 영상 진단 시범사업'이 진행됐다. 원격 통신을 이용한 원격의료 시범사업이 진행됐다. 그러다 다시 2000년 의료법이 개정되면서 응급환자 진료에만 예외를 두고 원격의료 행위를 금지했다. 이후로 2003년 의료취약지역의 환자에게 원격의료 실시를 허용하고 2008년에는 방문진료에 대해 수가를 인정하기 시작했다. 2020년 감염병예방법 개정으로 감염병 재난 위기 경보가 발령된 경우에 비대면진료가 허용됐다.

한편 보건복지부는 2016년 요양시설 촉탁의사 제도를 시행했다. 촉탁의사가 요양원에 있는 환자들을 방문해 치료와 처치를 해주는 제도로 별도의 비용이 산정된다. 현재 '왕진'과 '방문의료'는 동일한 의미로 사용하고 있으나 차이가 있다. 왕진은 비정기적으로 의사가 환자의 가정을 방문하여 진료하는 것을 의미한다. 방문의료는 정기적으로 의사·간호사 등이 거동 불편 중증환자, 중증정신질환자, 거동 불편 장애인, 요양병원 퇴원 만성질환자, 호스피스 말기환자 등 대상자의 집에 찾아가 진료, 간호, 재활치료 등을 제공하는 것을 의미한다. 우리나라에서는 의료법 제33조 제1항 제2조(환자나 환자 보호자의 요청에 따라 진료하는 경우)에 의거하여 의료기관 이외의 곳에서 의료행위를 할 수 있다.

현재 왕진에 대한 요양급여비용은 의료기관 내에서 행해지는 요양급여비용과 동일한 방식으로 산정하되 교통비 등 기타 비용을 '사회 통념상 인정할 수 있는 실비 범위 내'에서 환자가 추가 부담하도록 규정하고 있다. 엄밀히 재택의료서비스가 기존의 왕진이나 촉탁의사와 다른 점은 '의료기관이 아닌 곳'에서 '지속적인' 진료와 돌봄을 제공할 수 있게 된 것이다. 응급환자나 환자의 요청이 있을 때로 한정했던 이전의 제도와 차이점이 크다. 질병을 관리하는 차원에서 환자가 있는 곳을 방문해 진료할 수 있다. 또한 재택의료서비스는 의사가 주도하는 의료행위만을 의미하지도 않는다. 간단한 드레싱과 같은 행위는 교육받은 간호사도 할 수 있고 돌봄과 복지가 필요하면 요양보호사가 도와주는 것도 가능하다.

재택의료서비스는 다양한 직종의 전문가들이 환자의 집을 포함해 환자가 거주하는 시설을 정기적으로 방문해 진료하는 행위라고 정의할 수 있다.

## 어떻게 재택의료서비스를 확대할 것인가

재택의료서비스는 일찍부터 필요성이 제기돼왔다. 정부에서도 이를 수용하여 많은 제도적 보완을 해나가고 있다. 2018년 보건복지부가 발표한 '지역사회 통합 돌봄(커뮤니티케어)' 추진계획에서도 '재택의료서비스(방문의료)'를 확대할 것을 명시했다. 대상은 거동불편 중증환자, 중증정신질환자, 거동불편 장애인, 요양병원 퇴원 만성질환자, 호스피스 말기환자 등으로 의사나 간호사 등이 거동이 불편한 환자의 집으로 찾아가 진료, 간호, 재활치료 등을 제공하는 내용이다. 2019년 4월 발표된 보건복지부의 제1차 국민건강보험종합계획(안)에도 '재택의료서비스'에 대한 계획이 일부 제시됐다.

정부에서는 병원 밖 지역사회까지 아우르는 통합적인 의료제공체계 구축을 목표로 하고 있다. 환자가 입원해 치료를 마치고 집으로 복귀하기까지 전 과정을 하나의 서비스로 연결하기 위해 재택의료를 도입한다는 계획이다. 계획상의 방문의료팀(의료인, 약사, 영양사, 물리치료사, 작업치료사 등)은 가정을 방문해 교육·상담·진료·간호·복약지도·재활·영양관리 등 종합서비스를 제공한다.

2018년에는 건강보험법을 개정해 '방문요양급여'를 신설했다. 노인장기요양보험에서도 방문간호를 재가급여로 제공하고 있다. 노인요양시설에 있는 환자의 경우 촉탁의사가 방문해 진료와 치료를 받을 수 있다. 앞으로 정부는 이러한 방문의료와 재택의료를 연결하는 방안을 고려할 것으로 보인다. 일본도 1992년 의료법 개정과 지역포괄케어의 영향으로 재택의료서비스를 확대했다. 일본도 이전에는 재택의료가 일반적이지 않았다.

1948년에 제정된 의료법은 의료행위가 진료소나 병원에서만 행해질 수 있다고 제한했고 재택의료는 돌발 상황에서 어쩔 수 없는 예외적 의료로 보았다. 그러다 1986년부터 자가투여주사 지도·관리, 자가복막투석 지도·관리부터 인정하기 시작해 보험급여를 확대했다. 그 후 다양한 항목들이 의료보험으로 급여 제공이 가능해졌다. 그러다 1992년의 제2차 의료법 개정이 되면서 재택의료의 법적 근거가 만들어졌다. 개정된 법에 "의료는 국민 스스로의 건강 유지를 위한 노력을 기초로 병원, 진료소, 개호 노인 보건시설(의료제공시설), 의료를 받는 사람의 주택 등에서 효율적으로 제공돼야 한다."라고 명시됐다. 재택의료에 대한 정의는 '의료를 받는 자의 주택 등에서 제공되는 의료'라고 설정됐다. '재택'에는 개호보험 시설(특별양호노인주택, 개호 노인보건시설)이나 고령자용 주택·시설(양호노인주택, 경비노인주택, 그룹홈, 서비스형 고령자주택)도 포함됐다.

한편 재택의료의 고정관념 중 하나가 질병을 앓는 사람, 즉 아픈 사람만을 위한 서비스라는 것이다. 그러나 재택의료의 목적은 '의료서비스 이용에 어려움을 겪는 국민의 의료접근성을 높여 삶의 질 개선을 돕는 것'이다. 대상자의 기준과 지역에 대해 고민해야 한다. 또한 재택의료가 활성화되기 위해서는 돌봄서비스와 연계 성장을 시도해야 한다. 재택의료가 필요한 대상자는 일상생활, 가사, 주거, 식생활, 의료 등 다양한 서비스가 필요한 이들이 대부분이다. 누가, 어떻게, 어떠한 재원으로 이들을 돌볼 것인가 검토해야 한다. 공급자에 대한 고민도 필요하다. 재택의료 대상자는 돌봄을 필요로 한다. 대상자와의 라포(신뢰) 형성을 시작으로 대상자의 건강 상태 변화를 알아채고 기록하고 공유할 수 있어야 재택의료의 본질인 '연속성'이 갖추어진다.

주거시설 내에 재택의료를 시도한다면 '우리 단지 내 보건실' 또는 '우리 동(행정구역) 안의 집중돌봄실'을 시도해 볼 수 있다. 전문의료인이 상주하며 서비스를 제공할 수도 있다. 의료기관 내의 입원실이나 환자들이 머무는 주거공간을 연계해 접근성을 개선할 수도 있다. 현재 보건복지부에서 제공하는 '나의건강기록' 앱을 활용하는 것도 유용한 팁이다. 재택의료서비스 수요가 증가하는 상황에서 재택의료서비스를 확대하기 위해 비용, 자격, 환경과 조건 등에 대해 더 고민해야 한다는 목소리가 높다. 구체적으로 살펴보자.

첫째, 비용을 보자면 현재 시범사업에 참여하는 재택의료 병의원의 수입은 환자 1명당 약 12만 원이다. 이동시간을 고려할 때 병의원의 수익은 크지 않다. 간호사를 동행할 경우 2만~4만 원의 추가 수입이 생기지만 이는 인건비에도 미치지 못한다. 가까운 일본의 경우 왕진과 정기 방문진료 두 가지 형태로 재택의료가 활성화되어 있다. 방문진료의 경우 월 2회를 하게 되면 2024년 기준 약 5만 2,720엔(약 45만 9,000원)의 수가가 산정된다. 방문진료 1회 수가(2만 6,360엔)는 외래진료 1회 수가(5,120엔)보다 5배 더 많다. 그에 비해 환자 본인 부담률은 10% 수준이다.

둘째, 자격을 갖춘 인력의 수급 문제다. 간호사의 경우 가정간호 전문사격증을 취득한 간호사만 재택의료를 할 수 있는데 대학병원에 근무하는 이들이 대부분이다. 이들의 재택의료는 병원을 중심으로 이루어지기 때문에 원거리의 환자를 돌보는 데는 어려움이 많다. 인력 수급을 위해서 보완이 필요하다.

셋째, 약물, 장비, 기구 등의 수가 적용 문제다. 대면진료 시 약물, 장비, 기구 등이 반드시 필요하다. 차량으로 이동할 경우 필요 물품을 모두 가지고 다니기 어려울 정도다. 그러나 수가 적용이 잘 되지 않는다. 의료진이 수가 청구 시 진료기록이나 청구자료 등 입력해야 하는 목록도 많다. 간호사도 신입 또는 경력이 짧은 경우 이러한 행정절차에 어려움을 느껴 채용이 쉽지 않다. 이것을 어떻게 해결할지 논의가 필요하다.

그러나 재택의료서비스의 장래가 어둡지만은 않다. 재택의료의 확대 필요성과 당위성은 사회적 합의가 이루어진 대목이다. 정부에서도 병원에 입원해 치료받는 것보다 재택의료가 비용과 환자 만족도 측면에서 더 나은 선택이란 것을 잘 알고 있다. 시간이 걸리더라도 재택의료의 비중은 점차 확대될 것이다. 실제 네덜란드는 개업의 30~40%가 방문진료를 하고 있다. 영국은 외래환자 비율 50%, 전화 상담 20~30%, 나머지는 방문진료로 이루어진다. 전 세계적으로 재택의료서비스는 대기 수요가 많은 사업이다.

재택의료서비스 확대를 위해 전문가들은 암이나 대사질환 등 만성 관리가 필요한 환자부터 실시해 보는 것을 권한다. 의료기관 개설이 어려운 경우는 통합재가센터 또는 방문간호센터를 개설해 개원의와 협력하는 구조를 취하는 것도 좋은 대안으로 꼽는다. 의료의 접근성을 높이는 것이 무엇보다 중요하다. 다양한 관련 직종의 전문가들이 연계되는 시스템도 적용이 시급하다. 의사, 치과의사,

약사, 간호사, 재활치료사·작업치료사, 영양사, 요양보호사 등 다양한 직종의 전문가들과 상호 원활하게 소통하며 필요한 서비스들이 연계된다면 재택의료서비스의 질도 한층 끌어올릴 수 있을 것이다.

# 6
# 요양보호사 교육시설
## : 노인 돌봄 전문 인력 양성소

케어닥 설립 이후 원활한 요양보호사 수급을 위해 교육원 사업도 진행했다. 초고령사회가 가속하면 요양보호사 수요도 지속적으로 증가할 테니 선제적으로 교육원을 세워 요양보호사를 양성하고 바로 채용하겠다는 계획이었다. 교육원에서 인성과 능력을 갖춘 요양보호사를 선별할 수 있으니 구인과 채용에 어려움을 덜 수 있겠다는 기대도 있었다.

그러나 많은 요양보호사에게 수많은 합격증을 전달하고서야 교육원 운영이 '양질의 인력 확보'라는 설립 취지에 부합하지 못한다는 결론을 내렸다. 케어닥에서는 교육 기간에 태도도 좋고 시험 성적도 좋은 '새내기' 요양보호사들에게 취업 제안을 많이 했다. 하지만 번번이 퇴짜를 맞았다. 대부분은 "혹시 필요할까 싶어서 따 둔 거예요."라며 취업 제안 자체를 거절했다. 일부 요양보호사들은 가족요양을 하기 위해 요양보호사 자격증을 땄고 바로 재가요양센터

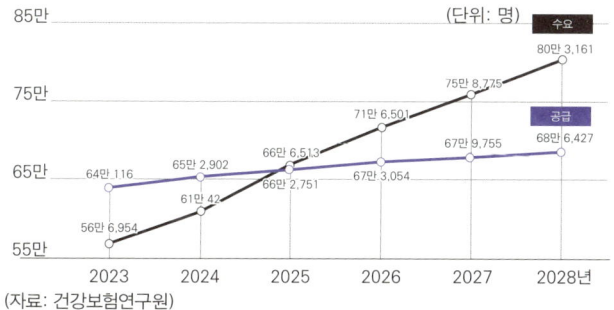

**요양보호사 수요와 공급 차이**
(자료: 건강보험연구원)

에 등록했지만 운영에는 큰 도움이 되지 못했다. 가족요양은 수가가 낮아 수익이 크지 않은 데다 가족을 돌보는 요양보호사들은 관리가 쉽지 않았다. 급여에 맞춰 쉽게 센터를 옮기는 이들도 많이 있었다. 결과적으로 요양보호사 교육원은 요양보호사 양성을 수단으로 '교육비 보조금 매출'을 올리는 사업이었다. 요양보호사 구인이나 수급자 영업에는 큰 영향을 미치지 못했다. 케어닥이 경험한 내용은 요양보호사 공급 부족이라는 현실의 데이터에도 그대로 드러났다.

### 왜 요양보호사 공급은 수요에 비해 부족한가

국민건강보험공단은 2025년 요양보호사 수요와 공급이 접점을 이루다가 이후부터는 수요 증가를 공급이 따라오지 못할 것으로 보고 있다. 2028년 요양보호사 수요는 80만 명에 이르지만 공급은 68만 명에 미치지 못해 요양보호사 수급 문제가 발생할 수도 있다.

요양보호사 수급에 문제가 생기는 데는 케어닥의 경험 외에도 여러 이유가 있다. 첫째, 2024년 요양보호사 자격요건이 강화돼 합격

허들이 높아지고 실질 합격률도 낮아질 것이란 예상이다. 경력자와 국가자격소지자를 제외한 신규 교육생의 경우 교육이수 시간이 240시간에서 320시간으로 대폭 늘어났다. 제1회 요양보호사 자격시험은 2010년 8월에 실시됐다. 2008년 노인장기요양보험이 도입된 초기에는 소정의 교육과정만 이수하면 요양보호사 자격증을 쉽게 취득할 수 있었다. 그런데 2009년 요양보호사 자격 시험제를 골자로 하는 노인복지법 개정 후 자격시험을 실시하게 됐다. 정부에서는 '노인학대' 등의 문제가 자주 이슈화되자 요양보호사의 자질 향상을 위해 요양보호사 자격시험을 강화한다고 밝혔다.

둘째, 높은 업무 강도 대비 낮은 급여로 이탈자가 많아지고 있다. 2023년 고용노동부의 근로교육 프로그램인 '내일배움카드' 훈련생 중 요양보호사가 속한 직종(의료기술지원)의 취업률은 52.7%로 낮지 않았다. 하지만 2020년 국민건강보험공단에 따르면 83만여 명의 요양보호사 자격증 취득자 중 현장에 투입된 현역 인원은 1만 6,500여 명에 불과했다. 10명 중 8명은 자격증만 따고 실제 일은 하지 않는다는 것이다.

요양보호사의 업무는 중환자나 노인들의 식사 보조, 세면, 양치, 배설물 치우고 닦기, 기저귀 갈아주기, 화장실 청소, 부축, 체위 변경, 침상 갈이, 목욕, 입원자의 신체 상태 점검, 설거지 등 신체적으로 매우 힘든 일이다. 무한 반복되는 업무를 지속하기 위해서는 일머리와 인내심이 요구된다. 그럼에도 급여는 높지 않다. 어느 곳이나 시간당 최저시급을 약간 상회한 수준에서 급여가 책정된다. 게다가 시설의 경우 1일 교대나 주야간 2교대로 장시간 일을 해야 한다. 환자의 정신 상태가 좋지 않으니 업무 강도는 높아지고 정신적

스트레스도 많아진다. 현업 요양보호사 중에는 다른 일을 할 수 있다면 그만두고 싶다고 어려움을 토로하는 이들이 상당히 많다.

셋째, 근무 환경과 사회적 인식이 좋지 않다. 주간보호센터의 경우 상대적으로 업무 강도가 낮고 8시간만 일을 하면 되고 그나마 월급도 꼬박꼬박 받을 수 있어 양호하다. 상대적으로 수월한 주간보호센터는 자리가 잘 나지 않는다. 방문요양센터와 요양원의 경우 일도 많지만 사회적 시선도 좋지 않은 편이다. 요양보호사가 하는 일이 잡무에 가깝기 때문에 파출부로 생각하는 대상자와 보호자들도 있다. 원칙상 요양보호사는 요양업무만 담당하고 김장, 농사 보조, 가족 식사 등의 잡일을 하지 않아도 된다. 하지만 이런 일을 부탁하는 대상자와 가족들이 많고 만약 해주지 않으면 계약이 종료될 수도 있다. 열악한 근무 환경과 나쁜 사회적 인식은 요양보호사들이 일을 포기하게 만드는 원인이 되고 있다.

요양보호사의 열악한 근무환경은 노인학대와 같은 극단적 문제를 일으키기도 한다. 보건복지부의 「2022년 노인학대 현황보고서」에 따르면 생활시설 내 학대 발생 건수는 지난 2018년 380건에서 2022년 662건으로 78%나 증가했다. 대표 유형으로 방임(35.4%), 신체적 학대(33.9%), 성적 학대(20.9%)가 많았다. 노인학대의 주요 원인은 무엇보다 '인력 부족'이다. 8~10명의 대상자를 한꺼번에 돌봐야 하는 요양보호사들은 만만치 않은 스트레스를 받으며 월평균 200만 원이 조금 넘는 보수를 받고 있다. 1~2년 차 요양보호사의 42.4%, 2~3년 차 25.9%, 3~4년 차 10.9%가 매년 시장에서 이탈하고 있다는 통계도 있다. 인력난은 곧 대상자들이 받는 요양서비스의 품질 저하로 이어지고 노인학대 같은 문제를 반복적으로 일으키는 원인이 된다.

고강도 근무환경에 저임금이 유지되는 구조에서 부당한 처우를 받기까지 하는 요양보호사들이 정신도 온전치 않은 대상자들을 따뜻한 마음으로 대해주기를 바라는 것은 그야말로 '희망사항'이다. 일각에서는 요양보호사의 열악한 처우가 영세 개인사업자들이 과도한 경쟁을 펼치기 때문이라는 지적도 한다. 입소자 수가 수익과 직결되는 상황에서 영세 개인사업자들이 인건비를 줄이는 방식으로 수익을 올린다는 것이다. 노인학대 문제를 해결하기 위해 양질의 요양보호사를 더 많이 육성해야 한다는 목소리가 힘을 얻는다. 그러나 정부가 요양보호사들의 급여를 지원해 근무환경을 개선해야 한다는 주장도 설득력을 얻고 있다.

### 어떻게 요양보호사 교육원 창업에 성공할 것인가

현재 우리나라에서 영업 중인 요양보호사 교육원은 1,100여 개이다. 대한요양보호사교육원협회도 만들어져 교육의 질 향상과 요양보호사의 권익 보호를 위해 노력하고 있다. 요양보호사 교육 과정은 전문성 강화를 위해 만들어졌다. 앞서 설명한 대로 노인장기요양보험 도입 초기에는 간병인들이 '최소한의 교육'을 이수하면 국가자격증을 받는 정도였다. 이후 노인 돌봄의 전문성을 강화하기 위해 체계적인 교육이 필요하다는 인식이 생겼고 요양보호사 교육원도 생겨났다.

역시나 초기에는 소규모 위주의 교육원이 많았으나 점차 시스템과 시설을 갖춘 대형 교육원들이 등장하기 시작했다. 대부분은 사설 기관이며 지자체나 사회복지법인에서 운영하는 곳은 일부이다.

최근에는 온라인 교육과정을 제공하는 교육원도 늘어나고 있다. 요양보호사 교육원의 교육과정은 이론, 실기, 실습으로 구성되는데 2024년부터는 신규 교육자의 교육 시간이 320시간으로 늘어났다.

교육원 창업을 위해서는 시설, 인력, 운영 측면에서 다양한 요건을 충족해야 한다. 먼저 80제곱미터 이상의 연면적을 확보해야 하고 강의실, 사무실, 실습실 등 교육에 필요한 공간도 갖추어야 한다. 강의실은 이론 강의와 실기 연습을 위한 공간으로 통상 교육생 1인당 2제곱미터 이상이 필요하다. 실습실에는 침상, 휠체어, 목욕보조 기구를 갖추어 요양 실습이 가능해야 한다. 교수요원은 의사, 간호사, 사회복지사, 물리치료사, 작업치료사, 요양보호사 등의 자격을 갖춘 인원이 3명 이상 충족돼야 한다.

단 교육원의 대표자는 특별한 요건이 없다. 그러다 보니 '아무나' 운영할 수 있다고 생각할 수 있는데 그렇지 않다. 다른 장기요양기관과 달리 시군구별로 노인 인구수를 고려하여 인허가 수가 정해져 있다. 정수에 미달하지 않는 한 신규 시설 인허가를 내주지 않는다. 또한 주변에 요양보호사 교육원이 있다면 일정 거리를 두고 인허가를 내주기 때문에 먼저 파악해야 한다. 이러한 이유로 요양보호사 교육원은 신규 설치가 아니라 '인수나 매매'로 접근하는 경우도 많다. 공간과 집기는 인수가 가능하지만 고용노동부 지정은 인수가 되지 않는다. 신규 지정을 하지 않을 위험이 있으니 주의해야 한다.

요양보호사 교육원의 비즈니스 구조는 단순하다. 수강생이 많으면 매출도 커진다. 강의장 면적에 비례해 한 강의당 수강할 수 있는 수강생의 숫자가 정해지는데 임대차 면적이 커지면 커질수록 수강생이 커지고 매출이 커지는 구조이다. 요양보호사 교육원은 지자체 인허가를 받으면 바로 운영할 수 있다. 하지만 대부분은 고용노동부의 내일배움 교육과정을 등록하고 국비 지원을 받아 운영해서 수강생의 교육비 부담을 높이는 전략을 취한다. 자기 부담으로 신규 취득하려면 70만~100만 원의 비용이 든다. 국비에서 10%를 지원해주고 이후 자격증을 취득한 다음 6개월 이내 취업하고 6개월간 근무 시 추가로 전액을 수강자에게 환급하는 구조로 돼 있다. 종합해보면 대부분의 매출이 국가에서 받는 보조금인 셈이다(근래에는 보조금 환급 절차가 점차 복잡해지다 보니 자기 부담으로 교육받는 수강자가 증가하는 추세이다).

교육원 창업 시 대표자는 보통 영업과 행정을 담당하고 강의는 간호사나 다른 사회복지사 등 강사를 통해서 많이 진행한다. 임차료 외에 강사 인건비가 큰 비중을 자치하므로 잘 채용하고 관리하는 것도 중요한 포인트라 하겠다.

최근에는 교육원 간 경쟁이 치열해지고 있다. 교육생의 원활한 모집, 높은 합격률, 효율적인 운영과 관리 등 체계적인 운영이 필요하다. 가장 집중해야 할 것은 모집률, 수료율, 합격률 3가지를 높이는 것이다. 먼저 모집률을 높이기 위해서는 입소문을 잘 내야 한다. 교육생의 대다수는 50~60대의 여성이다. 초기에는 저렴한 교육비나 혜택을 주어 모집할 수 있지만 지속적인 운영 방향과는 맞지 않는다. 교육원의 성패는 교육생이 얼마나 교육과정을 잘 이수하느냐와 얼마나 합격하느냐에 달렸다. 최종 합격생의 비율과 숫자는 금방 입소문을 탄다. 더 잘 가르치고 더 높은 합격률을 만들기 위해 교육생 관리와 교육의 질 관리에 집중해야 한다. 초기에는 마케팅에도 어느 정도 비용을 지출해야 하는데 대상이 50~60대 여성임을 감안해야 한다. 블로그나 네이버 키워드 마케팅에 의존할 수는 없다. 역시 입소문, 추천, 주변 시설들과 관계가 매우 중요하다.

수료율과 합격률은 교육 과정과 관련이 깊다. 우선 50~60대 여성에게 맞는 교육 수준을 유지하고 그들의 마음을 잡는 강사를 섭외해야 한다. 합격률을 높이고 책임감 있는 모습을 보여주기 위해 재수 삼수도 지원하는 학원들이 많다. 교육생들에게 진정성 있는 모습을 보여주는 것도 중요하다. 합격한 요양보호사들에게 취업 알선을 해주는 것도 큰 동기부여가 되므로 인근 지역의 방문요양센터, 주야간보호센터, 요양보호사들과 협력 구도도 잘 만들어야 한다.

효율적인 운영과 관리를 위해시는 교육원의 시선을 잘 관리해야 한다. 교육원은 면적에 따라 '한 강의당 수강할 수 있는 교육생'의 숫자가 정해진다. 교육장이 클수록 강사 1인당 수강생의 숫자가 많아지므로 이왕이면 큰 강의실을 운영하는 것이 좋다. 또한 320시간이라는 긴 시간 동안 수업을 들어야 하므로 교육생들을 위한 공간에도 신경을 써야 한다. 요즘 교육생들은 식사를 위한 휴게실 등 편의시설에도 신경을 많이 쓰는 추세다. 다만 교육장이 커지고 부대시설이 많아질수록 임차료도 높아진다. 번화가의 대로변을 고집할 필요는 없다. 적절히 유동 인구가 있고 60대 여성이 길을 찾기 쉬운 입지면 충분하다. 만일 대로변에서 한참 들어와야 하는 곳에 교육장이 있다면 입간판을 설치하거나 주변 광고물을 활용하는 것을 추천한다.

교육원의 수익성을 높이기 위해서 '강의장 회전율'을 높이는 방안도 생각해 봐야 한다. 주간반, 야간반, 주말반으로 시간대를 나눠 개설하면 더 많은 교육생을 수용할 수 있다. 코로나19 이후에는 온라인 교육이 가능해져 지원 유무를 확인하는 교육생들도 많아졌다. 온라인 교육시설을 겸비하는 것을 추천한다.

마지막으로 최근 교육생들은 대부분 '내일배움카드'라는 고용노동부의 근로 교육 프로그램에 등록해서 수강료를 지원받는다. 따라서 고용노동부 지정 교육원으로 등록되는 것이 매우 중요하다. 신청한다고 바로 등록되지 않기 때문에 충분한 여유 기간과 운영자금을 갖고 개원 시점을 고려해야 한다. 고용노동부에서는 학원 등록 이후에도 부정행위, 부정 출석 등을 감시하며 적극적으로 지정 취소와 지원금 환수까지 진행한다. 출결 관리와 부정행위 방지를 위해 교육원에서도 관리·감독을 꾸준히 해야 한다.

# Silver Wave

실버 웨이브 4

## 시니어 하우징이라는 파도

# 1
# 시니어 주거 시장에서 길을 찾다

    2025년은 대기업들이 시니어 하우징에 본격적으로 뛰어드는 해이다. 시장의 주목을 받았던 쟁쟁한 시니어타운들이 잇달아 문을 연다. 3월 한미글로벌디앤아이의 '위례심포니이', 4월 부산외 '오시리아 라우어', 10월 롯데건설의 '마곡VL르웨스트', 11월 엠디엠그룹의 '백운호수 푸르지오 숲속의 아침 스위트' 등이 입주를 앞두고 있다. 대형건설사의 시니어 하우징 사업 진출은 앞으로도 계속될 전망이다. 현대건설은 서울 은평구에 214가구의 임대형 시니어타운 복합 개발 사업을 추진하고 있고 HDC현대산업개발도 광운대역세권 복합용지의 2개동에 '프리미엄 웰니스 레지던스'를 입주시킨다는 계획을 발표했다.

    정부도 역시 시니어 하우징 시장 확장에 힘을 싣고 있다. 2024년 7월 '시니어 레지던스 활성화 방안'을 발표했다. 시니어타운을 비롯한 시니어 레지던스의 공급 확대에 방점을 찍은 내용으로 사업자 요건 및 규제 완화를 위한 다양한 개정안이 포함됐다. 서울시도 '2030 서울시 도시·주거환경정비기본계획' 변경안을 수정, 가결하며 도시정비형 재개발 사업을 진행할 때 노인복지주택 도입을 허용했다.

### 2035년 시니어타운과 시니어 레지던스가 폭발한다

업계에서는 이제 성장의 발판에 올라선 시니어타운과 시니어 레지던스가 2035년에는 폭발적으로 성장할 것이라 예상하고 있다. 초기 베이비붐 세대가 80세에 이르는 시기로 시니어 하우징의 수요가 가장 크게 인식되는 시점이기 때문이다. 일본 역시 단카이 세대로 불리는 베이비붐 세대의 고령화에 발맞추어 시니어 하우징 산업이 서서히 일어나기 시작해 이들이 80세에 근접한 최근에 이르러 시장 확대의 정점에 도달했다. 일본의 시니어 산업 성장 모델에 따르면 우리의 시니어 하우징 사업의 미래도 상당히 밝다고 하겠다.

시니어 하우징이 여러 형태 중에서도 시니어타운과 시니어 레지던스 같은 비정부 주도 사업의 성장에 대한 기대가 큰 것도 일본 시니어 하우징 산업 역시 자기 부담형 모델의 급격한 성장을 경험했기 때문이다. 일본의 시니어 하우징 공급 형태를 보면 특별양호노인주택이나 개호노인보건시설과 같이 개호보험의 지원을 받는 시설은 각각 3.4%, 1.0%의 저조한 성장률을 보였다. 반면 우리나라의 시니어타운과 유사한 유료 노인홈(개호형)과 서비스형 고령자 주택(개호형)은 각각 9.7%, 23.1%로 높은 성장세를 보여왔다(2021년 4월 하세코 종합연구소 자료 기준).

과거로부터 현재에 이르는 일본 시니어 하우징의 발달사는 국내 시니어 하우징에 관심을 가지는 기업과 예비 창업자들에게 유의미한 인사이트를 제공한다. 일본 시니어 하우징 발달사의 핵심은 서비스형 고령자주택이 도입된 2011년을 기점으로 시니어 하우징의 공급 주체가 정부에서 민간으로 옮겨왔다는 점과 일본의 시니어들도 민간에서 운영, 관리하는 시니어 하우징 시설에 높은 만족도를 보이고 있다는 점이다. 따라서 우리나라 역시 지금까지의 시니어 하우징은 아픈 사람들이 머무는 요양원과 요양병원이 대부분이었지만 앞으로는 현재의 건강을 오래 유지하고 싶은 시니어 액티브들이 머물 수 있는 곳으로 변화할 것이다.

그렇다면 성장이 예견된 시니어 하우징의 실체는 무엇인가? 몇 가지 요건을 짚어볼 수 있다. 첫째는 민간이 주도하는 시설이라는 것이다. 앞서 시니어 하우징 시설이 공공형과 민간형으로 나뉘어 있다고 설명했다. 공공형은 정부기관, 비영리단체에서 보조금으로 운영하는 시설이다. 민간형은 기업 같은 민간업체가 운영하며 보조금은 받을 수도 있지만 영리를 추구하는 시설을 포함하는 것이 특징이다. 민간형 중에서도 일본은 '유료 노인홈'과 '서비스형 고령자주택'이 지속해서 성장했다.

우리나라 역시 일본의 두 가지 민간 시니어 하우징과 유사한 형태의 시니어 하우징이 성장할 것이 뻔하다. 시니어타운은 우리나라의 대표적 민간 시니어 하우징이다. 일본의 대표적인 민간 시니어 하우징인 유료 노인홈과 서비스형 고령자주택의 설립 과정과 운영 원리, 수익 발생 구조를 이해하면 우리나라의 민간 시니어 하우징이 어떻게 성장할지 대략적인 감을 잡을 수 있을 것이다.

**한·일 민간 노인주거시설 현황 비교**

|  | 종류 | 시설 | 정원 | 고령 인구 대비 비율 |
|---|---|---|---|---|
| 한국<br>(65세 이상 994만 명) | 노인복지주택 | 39개 | 8,840명 | 0.09% |
| 일본<br>(65세 이상 3,624만 명) | 유료 노인홈 | 1만 7,327개 | 67만 명 | 1.8% |
|  | 서비스형<br>고령자주택 | 8,294개 | 28만 명 | 0.8% |
|  | 합계 | 2만 5,621개 | 95만 명 | 2.6% |

(자료: 한국통계청, 2022년 기준, 일본후생노동성, 2023년 발표)

먼저 유료 노인홈은 일본의 가장 일반적인 시니어 하우징 시설이다. 유료 노인홈에 대해 후생노동성은 '고령자의 심신의 건강을 유지하고 생활을 안정시키기 위해 필요한 식사 제공, 개호(목욕, 배설, 식사) 서비스 제공, 세탁이나 청소 등의 가사, 건강관리 중 1개 이상의 서비스를 제공하고 있는 시설'로 정의하고 있다.

2011년 서비스형 고령자주택이 등장하기 전에는 '시니어 하우징=유료 노인홈'으로 생각할 정도로 과거부터 지금까지 일본 시니어 하우징의 핵심 시설이었다. 우리나라로 치면 유료 양로시설과 노인복지주택의 중간쯤 되지만 시니어타운과도 비슷한 면이 있다.

민간에서 운영하는 유료 노인홈은 입주에 드는 모든 비용과 이용 서비스를 모두 입주자가 부담한다. 다만 개호보험의 지원을 받는 급여시설과 비급여시설이 혼재돼 있다. 일본의 노인복지법에 따르면 유료 노인홈은 업태나 종류가 다양한데 60세 이하도 특정 질병으로 개호보험 인정을 받으면 입주가 가능한 곳도 있다(우리나라도 노인장기요양보험의 경우 노인성 질환으로 일상생활이 힘든 경우 60세 미만도 보험 혜택이 가능하다).

'개호형'은 '특정시설입주자생활개호' 신고를 하고 개호보험 인

**일본 유료 노인홈의 종류**

| | 개호형<br>유료 노인홈 | 주택형<br>유료 노인홈 | 건강형<br>유료 노인홈 |
|---|---|---|---|
| 시설의<br>특징 | 주로 개호를<br>필요로 하는<br>고령자가 개호나<br>생활 지원을<br>받으면서<br>거주하는 시설 | 자립-요개호<br>고령자가<br>생활 지원을<br>받으면서<br>거주하는 시설 | 개호가 필요해질<br>경우에는<br>퇴거해야 함 |
| 시설<br>종류별 수 | 전체 유료 노인홈의<br>약 28.8%를 차지 | 전체 유료 노인홈의<br>약 71%를 차지 | 전체 유료 노인홈의<br>약 0.2%를 차지 |
| 입주대상 | 자립,<br>요지원1~요개호5<br>※ 시설에 따라 다름 | 자립,<br>요지원1~요개호5<br>※ 시설에 따라 다름 | 스스로<br>일상생활이<br>가능한 고령자 |
| 요양<br>서비스 | 일반형:<br>시설 직원이 제공<br>외부 서비스<br>이용형:<br>외부 직원이 제공 | 외부 서비스를<br>입주자 개개인이<br>계약 | 받을 수 없음 |
| 제공되는<br>서비스 | 생활 지원<br>신체 개호<br>재활<br>레크레이션<br>서클 활동<br>식사 등 | 생활 지원<br>(세탁, 청소 등)<br>식사 서비스 등 | 가사 지원<br>식사 서비스 등 |
| 입주<br>일시금 | 0엔~수억 엔<br>이상까지<br>천차만별<br>(5년 전후에 걸쳐 상각됨) | 0엔~수억 엔<br>이상까지<br>천차만별<br>(15년 전후에 걸쳐 상각됨) | |
| 월 이용료 | 15~40만 엔 정도로 시설에 따라 다름 | | |

정등급을 받은 대상자를 입주자로 받으면 개호보험 급여 제공 대상이 된다. 이 부분은 우리나라와 크게 차이가 있다. 우리나라는 민간 시니어타운은 장기요양급여 대상이 아니다. 개호형 유료 노인홈에 입주하게 되면 입욕, 배설, 식사, 돌봄, 기능 훈련 등 개호 서비스 비용을 개호보험으로부터 받을 수 있다. 사업자와 이용자 모두 비용 부담을 줄일 수 있다. 따라서 유료 노인홈은 돌봄이 필요한 정도에 따라 개호형, 주택형, 건강형으로 나뉜다.

이용자 분포를 보면 개호형 유료 노인홈이 전체의 3분의 1(28.8%)을 차지하고 주택형이 3분의 2(71%) 이상을 차지한다. 건강형은 0.2%로 전반적으로 유료홈은 돌봄이 필요하다. 하지만 자립생활도 어느 정도 가능한 고령자가 선택하는 형태라 할 수 있다. 자세한 설명은 다음과 같다.

1. 개호형 유료 노인홈: 기본적으로 개호와 생활 지원 서비스가 필요한 어르신들을 위한 시설이다. '특정시설 입주자 생활개호'의 지정을 받아 개호 서비스 제공이 의무이다. 기본적으로 65세 이상을 입주 조건으로 하는데 모든 시설이 그런 것은 아니다. 식사, 세탁, 청소 같은 기본 서비스뿐만 아니라 배설, 목욕, 기능훈련, 레크레이션까지 서비스에 포함된다. 응급대응 시스템, 의료연계, 건강관리 서비스가 핵심 서비스가 되고 세일즈의 주된 포인트가 된다. 우리나라의 요양원과 흡사한 면이 많다.

2. 주택형 유료 노인홈: 자립과 개호를 필요로 하는 고령자 모두 생활 지원을 받으면서 거주하는 시설이다. 기본적으로 60세 이상 자립 가능한 어르신부터 적절히 돌봄이 필요한 어르신까지 생활 지원 서비스를 받으며 식사, 세탁, 청소 등 서비스도 받을 수 있다. 돌봄과 개호보험 지원이 필요할 경우 외부기관과 연계해서 집에서 외부인이 방문해 돌보도록 돕고 있다. 시설이 병설방문센터를 운영하는 곳도 많다. 입주자들은 연계 서비스를 중요하게 생각한다.

3. 건강형 유료 노인홈: 말 그대로 자립이 가능해서 스스로 일상

생활에 필요한 활동들을 영위할 수 있어야 하고 생활에 필요한 일부 서비스를 시설에 살면서 부분적으로 받는 곳이다. 식사 등 생활 지원 서비스가 전부다. 돌봄이 필요한 상태가 되거나 건강이 좋지 못하면 퇴소해야 하는 조건으로 입소하는 곳이다. 한국에서 흔히 말하는 액티브 시니어를 위한 호텔식 서비스를 추구하는 공간으로 돌봄이 필요할 경우 외부업체를 이용하거나 퇴소해야 한다. 이러한 제약으로 다른 유형의 시니어 하우징에 비해 시설 수(일본 전국 20개 내외, 1% 이하)가 상당히 적다.

유료 노인홈 중에서 가장 이용자가 많은 주택형은 우리나라의 시니어타운과 유사한 모습이다. 다만 유료 노인홈은 돌봄에 집중하다 보니 엘리베이터 크기와 숫자, 오물처리실, 스프링클러 등의 시설을 충족해야 한다. 주택과 유사한 공간 제공과 서비스에 중심을 두고 간병이나 요양서비스는 직접 제공하지 않는다. 필요한 서비스는 상담실에서 제휴 업체를 추천, 소개하며 절차의 일부만 책임진다. 우리나라의 시니어타운도 병설이나 직영시설을 운영하지 않는 형태다.

개호형 유료 노인홈은 우리나라에는 없는 형태로 시설인허가와 개호보험 적용 인가를 동시에 받아야만 운영이 가능하다. 개호형 유료 노인홈은 개호보험료를 지원받아 보조금 매출이 추가되는 장점이 있다. 입소자의 개호등급이 높으면 부담액과 지원액이 커지는데 소비자가 내는 금액에 매달 100만~300만 원의 보조금 매출이 추가로 발생한다. 하지만 시설 인허가와 유지를 위해 요양보호사, 간호사, 영양사 등을 반드시 배치해야 하므로 인건비 지출이 필수적이다. 보조금 회계와 사용에도 제약이 따른다.

비용 면으로 보자면 건강형 유료 노인홈이 가장 비싸다. 고급 콘셉트의 소수 시설로 운영되기 때문이다. 개호형도 24시간 돌봄 인력이 상주해야 하고 간호 등 상대적으로 많은 서비스를 받기 때문에 월 비용이나 보증금이 비싸다고 할 수 있다. 다만 기본 돌봄서비스가 월세에 포함되어 추가로 내는 비용은 거의 없다. 주택형은 3가지 형태 중 가장 저렴하다. 다만 돌봄서비스나 간호사를 동반한 서비스는 유료 옵션이다.

### 서비스형 고령자주택은 젊고 건강한 노인 공간이다

다음으로 서비스형 고령자주택에 대해 알아보자. 일본의 서비스형 고령자주택은 시설보다 주택에 가장 가까운 형태이다. 서비스형 고령자주택의 특징은 돌봄 집중이 덜하다 보니 시설 충족 요건이 거의 없다. 다만 장애인이나 고령자도 시설 이용에 불편이 없도록 배리어 프리barrier free 설비를 갖춰야 한다. 제공하는 서비스는 생활 상담, 일과 중 돌봄서비스 등 비교적 가벼운 내용이다. 유료 노인홈의 기본 서비스인 야간 긴급 돌봄, 식사, 청소, 세탁 등은 없거나 제휴한 외부 업체를 이용하는 유료 옵션인 경우가 많다.

서비스형 고령자주택이 서비스의 상당 부분을 외주 업체를 통해 제공하는 이유는 두 가지다. 첫째, 절대적 비용을 줄이기 때문이다. 둘째, 민간업체를 이용함으로써 대형 프랜차이즈화가 가능하기 때문이다. 서비스형 고령자주택의 입주자 요건은 '자립이 가능한 60세 이상의 노인'이다. 유료 노인홈의 입주자 요건이 65세인 것과

**일본 세타가야구 치토세다이에 위치한 솜포케어의 라비 레지던스**

(자료: SOMPO 홈페이지)

비교해 5세나 낮춘 것이다. 서비스형 고령자주택은 '젊고 건강한' 노인을 위한 공간으로 포지셔닝되어 있다. 설립 취지도 건강할 때부터 관리를 잘해서 오래 건강하게 살자다. 또한 서비스형 고령자주택은 시니어 하우징 중 상대적으로 정부의 관리와 보조금 지출이 적다. 그래서 비용 부담이 적어 오래 살 수 있는 곳이 선호된다.

서비스형 고령자주택은 2011년 정부의 설립인가 이후부터 꾸준히 늘고 있다. 대형 기업에서 프랜차이즈 형태로 확장을 많이 했다. 여러 지점을 효율적으로 운영하기 위해 서비스의 외주화를 시도했다. 지금도 대부분 서비스 제공 업체를 이용하는 추세이다.

서비스형 고령자주택도 앞서 살펴본 유료 노인홈처럼 여러 형태로 세분화할 수 있다. 크게는 일반형과 개호형(요양형)으로 나눌 수 있다. 일반형은 주택에 가깝게 운영하면서 개호 서비스는 제공하지 않는 형태다. 관련한 국가보조금도 받지 않는다. 단 개호형은 개호등급자가 입소한 경우로 역시 국가보조금을 받는다. 상대적으로 입소자의 지출은 적고 운영자의 매출 확보는 쉬운 형태이다. 유료 노인홈과 마찬가지로 개호형으로 운영할 경우는 돌봄 인력을 상주시켜야 한다.

하지만 기본적으로 서비스형 고령자주택은 '건강한' 노인을 위한 곳으로 거동이 매우 불편한 등급의 대상자는 거주할 수 없다. 높은 개호등급을 위한 서비스도 제공하지 않는다. 한마디로 개호 대상자 중 일부만 입소가 가능할 뿐이다. 우리나라와 같은 요양원은 절대 아니다.

이어서 '우리나라 사람들의 눈에 비친 유료 노인홈과 서비스형 고령자주택의 일반적인 모습'을 설명해 보고자 한다. 케어닥은 시니어 하우징에 관심 있는 기업과 예비 창업자들을 대상으로 여러 차례 '일본 시니어 하우징 투어'를 진행했다. 많은 사전정보를 갖고 간 이들조차 "정말 이렇게 다르다고?"라는 질문을 연발하기도 한다. 사업자 입장에서 주의해야 할 포인트들을 짚어보도록 하겠다.

일본의 유료 노인홈은 한국의 요양원과 흡사한 부분이 많다. 그러나 엄밀히는 요양원과 시니어타운의 중간 상품으로 볼 수 있다. 일본의 서비스형 고령자주택이 한국의 일반적인 노인복지주택에 근거를 둔 시니어타운과 비슷한 상품군이다. 유료 노인홈을 방문한 한국인들은 "일본과 한국은 상황이 많이 달라 창업이 어렵겠다."라는 이야기를 많이 한다. 그러다 서비스형 고령자주택을 방문하면 "이 정도라면 시니어타운도 창업해볼 만하겠다."라는 이야기를 다시 꺼낸다. 그만큼 한국인의 눈에 유료 노인홈과 서비스형 고령자주택은 큰 차이를 보인다.

서비스형 고령자주택과 유료 노인홈을 비교해보면 그 차이를 명

**일본과 한국의 시니어타운 비교**

| 구분 | 서비스형 고령자주택 (일반형) | 서비스형 고령자주택 (개호형) | 한국 시니어타운 (노인복지주택) |
|---|---|---|---|
| 입주조건 | 자립가능한 65세 이상 | 자립가능한 60세 이상 | 스스로 거동 가능한 60세 이상 |
| 보증금 | 0~수천만 엔(수억 원) | 0~수천만 엔(수억 원) | 수억 원~십수억 원 |
| 월 비용 | 10만~40만 엔 (약 98만~393만 원) | 10만~40만 엔 (약 98만~393만 원) | 100만~600만 원 |
| 서비스 내용 | 안부 확인, 생활 보조 | 거동 보조 및 돌봄서비스 가능 | 식사, 청소, 생활 지원 건강 상담 |
| 돌봄·요양 서비스 | 없음 (외주 서비스) | 있음 (낮은 개호등급만 가능) | 없음 (외주 서비스) |
| 돌봄 인력 규제 | 없음 | 입주자 2명 당 1명 | 없음 |
| 정부 운영 보조 | 없음 | 부분적 (개호 입소자 보조금) | 없음 |

확히 알 수 있다. 유료 노인홈은 돌봄을 기본으로 한다. 법정 면적이 개인 세대당 13제곱미터로 상대적으로 적다. 반면 서비스형 고령자주택은 25제곱미터로 거의 2배 가까이 크게 구성하도록 되어 있다.

또한 '공용부'에서도 차이가 크다. 유료 노인홈은 '공용' 시설 중심이다. 목욕실, 식당, 재활실이 공용이며 일상적 돌봄이 가능한 운영사(임직원)가 서비스를 제공하는 형태로 한다. 반면 서비스형 고령자주택은 세면, 목욕, 식사 등을 세대 내에서 거의 해결할 수 있도록 한다. 세대 내 부엌과 화장실이 있고 고객군도 이를 중요하게 생각한다.

유료 노인홈을 방문한 한국인들은 국내 시니어타운과 비교해 공용부 공간이 적고 인테리어도 부족하다는 피드백을 많이 한다. 유료 노인홈의 입주자들은 사회활동을 크게 하지 않고 취미활동도 많이 할 수 없다. 이러한 이해가 없다 보니 유료 노인홈이 매우 협소해 보이는 것이다. 또한 요양원과 유료 노인홈은 외부인 출입이 제한적이다. 건강한 일반인에게 이러한 환경은 익숙해지기 어려울 수 있다.

반면 서비스형 고령자주택은 우리나라의 일반적인 시니어타운과 비슷하게 취미 공간과 프로그램 공간을 확보하고 운영도 잘되는 편이다. 운영 면에서도 주택과 흡사하다. 서비스형 고령자주택도 엄밀히 주택이므로 운영자가 입주민의 생활에 크게 개입하지 않는다. 방문객도 자유롭게 방문이 가능하며 입주민도 자유롭게 입출입이 가능하다. 입주요건도 까다롭지 않다. 어느 정도 몸이 불편해도 돌봄서비스를 기대하지 않는다면 입주가 가능하다. 입주는 운영 기업 혹은 민간업체와 임대차 계약으로 이루어진다. 시설에 대한 이용계약이 아니기 때문에 일방적 계약 해지나 퇴소가 어렵다. 입주자 입장에서는 안정적인 생활 여건을 확보할 수 있다.

그래도 우리나라의 시니어타운과 비교하면 서비스형 고령자주택이 훨씬 작다는 인상을 받는다. 서비스형 고령자주택의 실제 면적은 7~15평 남짓으로 25제곱미터 이하가 80%를 차지한다. 30제곱미터 이상은 20%도 채 되지 않는다. 공간에 대한 입주자들의 선호도가 그대로 반영된 것이다.

최근에는 대기업들이 서비스형 고령자주택 사업에 진출하면서 다양성을 확보하기 위해 대형 평수의 자립형 모델을 공급하기도 한다. 이는 하이엔드 시장을 형성하려는 노력으로 보는 견해가 많다. 사실 규모의 차이, 특히 공용부의 차이는 입주민의 규모 차이에서 기인하는 경우가 많다. 국내 시니어타운은 100인 이상의 대규모 시설로 전체 공용부가 크다. 반면 일본의 서비스형 고령자주택은 평균 입주자가 50~70명으로 시설 자체가 크지 않다. 공용부도 크게 쓰지 않는다.

투어를 마치고 한국인의 반응을 살펴보면 서비스형 고령자주택에 대한 선호가 훨씬 높다. 우리나라의 노인복지주택에 익숙해서 유사한 형태에 더 호감을 보이는 것이다. 일반형 서비스형 고령자주택은 비용 면에서도 노인복지주택과 비슷하다. 입주자는 수억 원대의 높은 보증금과 월세를 감당해야 한다. 사업자 입장에서는 기본적인 규제가 거의 없고 입주자의 니즈나 욕구에 따라 내외부 서비스를 제공하기 때문에 사업 진출과 창업에 대한 부담이 덜하다고 느끼는 경우가 많다.

# 2
# 타깃 시니어에 따른 하우징 개발법

어느 사업이든 성공을 위해서는 시장조사, 니즈 파악, 페인 포인트에 대한 확실한 솔루션이 필요하다. 시니어 하우징 시장 역시 노인들의 니즈와 솔루션에 대한 답을 갖고 뛰어들어야 한다. 그러기 위해서는 타깃 시니어에 대한 확실한 정보와 인식이 필요하다. 더불어 시장에 커다란 영향을 미치는 정부의 정책 방향, 미래 트렌드도 사전에 반드시 확인해 두어야 한다.

일본의 시니어 하우징 시장은 성숙기에 접어들었고 많은 형태의 상품을 내놓았다. 일본의 사례는 우리에게 많은 시사점을 전해 준다. 일본도 시장성, 상품성, 그리고 정책 방향성과의 일치가 특정 시니어 하우징 상품의 성패에 크나큰 영향을 미쳤다. 일례로 유료 노인홈 중 건강형은 수요층이 많지 않아 전체 시니어 하우징의 1%도 되지 못했다. 건강한 노인들을 위한 시설이 정부보조금을 받는다는 것도 이치에 맞지 않는다는 지적이다. 반면 서비스형 고령자주택은 정부의 지원 정책에 발맞추어 2011년 처음 만들어진 이래 꾸준히 상승세를 이어오고 있다. 정부의 규제, 인허가, 지원 정책도 중요하지만 소비자 니즈(돌봄)까지 부합하는 상품을 내놓는 것이 얼마나 중요한 포인트인지도 보여준다.

### 시니어 하우징 사업자들이 점검할 이슈는 무엇인가

한국에서 시니어 하우징을 시작하는 사업자들이 점검해야 하는 이슈들을 차례로 짚어보자. 우선 시니어 하우징의 '시장성'에 대한 실효적인 예측이 필요하다. 2023년 7월 후생노동성이 발표한 자료에 따르면 일본의 유료 노인홈의 수는 2022년 기준 1만 7,327개(미신고시설은 제외)라고 한다. 전체 고령자 인구의 1.8%가 유료 노인홈에 살고 있다. 노인주거시설 중 가장 높은 비율을 차지한다. 서비스형 고령자주택은 8,294개로 전체 고령자 인구 중 0.8%가 거주한다. 2012년 기준 890개소에서 2023년 8,294개소로 늘어난 것이다. 수치상으로만 보면 11년 만에 10배 가까이 성장한 것이다. 두 가지 형태의 시설에 거주하는 전체 고령자 수는 95만 명에 이른다. 지금도 지속적으로 늘어가는 추세다.

반면 한국의 시니어타운(노인복지주택)은 2023년 기준 39개로 노인주거복지시설(양로시설, 노인복지주택, 노인공동생활가정) 중에 가장 적다. 이들 정원도 8,840명으로 전체 고령자의 0.09%에 해당한다. 단순 비교해 보아도 건강한 고령층을 위한 시니어 하우징의 공급과 수요는 일본이 우리나라보다 20배나 많다. 세계에서 가장 빨리 늙어가는 우리나라에서 시니어 하우징은 서둘러 개발해야 할 산업임이 틀림없다.

다음으로 시니어 하우징의 '상품성'에 대한 고민이다. 일본의 시니어 하우징은 개호형, 주택형, 건강형으로 나누어져 있다. 국내 시니어타운 개발 시에 어떤 콘셉트를 적용해 어떻게 구현할 것인가를 고민해야 한다. 일본의 유료 노인홈의 경우 기본적으로 일상생활에 불편함을 느끼는 노인들을 위해 만들어진 시설이다. 사회적 약자도 살기에 무리가 없는 배리어 프리 설계와 안전규제를 갖추어야 운영 신고가 가능하다. 이러한 기본 프레임 내에서 '운영자가 집중하고 싶은 타깃'에 따라 개호형, 주택형, 건강형으로 나눠서 실제 운영에 들어간다.

설비 면에서 보자면 유료 노인홈은 돌봄이 필요하거나 필요하게 될 노인들을 위한 공간이므로 개인 공간 외에도 할당해야 할 면적이 상당히 넓다. 법적 규제에 따른 유료 노인홈의 개인(혹은 1인당) 바닥 면적은 13제곱미터 이상이어야 한다. 세대 내 긴급호출 설비를 의무적으로 갖추어야 한다. 그리고 지하에는 거주용 세대를 둘 수 없다. 부대시설로는 화장실, 욕실·탈의실, 사무실, 세면실, 재활치료실, 세탁실, 식당, 오물처리실, 건강관리실, 간호직원실 등을 반드시 갖추어야 하고 스프링클러 설치도 의무다. 이러한 설치 규제를 따라 시설을 갖추다 보면 세대당 법정 면적인 13제곱미터는 초과하지만 많이 크지는 않은 20제곱미터 내외의 실제 면적이 나온다.

유료 노인홈을 시니어 하우징에 적용할 때 유의점은 무엇인가
이러한 이해를 바탕으로 일본의 유료 노인홈을 국내 시니어 하우징 설계에 적용할 때 몇 가지 유의점을 지적할 수 있다. 첫째, 돌

봄에 방점을 찍은 시설일수록 개인(혹은 1인당) 규모는 작고 비용은 올라갈 수밖에 없다. 한국인들이 일본의 유료 노인홈을 방문할 때 흔히 "일본의 시니어 하우징은 사이즈는 작고 비용은 비싸다."라고 한다. 대부분 이해가 부족한 데서 생기는 오해다. 이런 오해는 일본 시니어 하우징의 상당 부분을 차지하는 유료 노인홈이 세대 크기가 작고 돌봄서비스 비용이 높아서 생기는 부분이다. 그러나 앞서 설명했듯 유료 노인홈이 세대가 작고 비용이 많이 드는 것은 '돌봄에 필요한 공간과 인력 비용'이 많기 때문이다. 더불어 돌봄이 필요한 노인은 개인 활동 공간이 크게 필요치 않고 돌봄 노동자들과 돌봄을 위한 공간이 더 필요하다. 만일 시니어타운 중에서도 (노인장기요양보험의 적용을 받는 것은 아닐지라도) 돌봄에 주력한 공간을 기획한다면 유료 노인홈은 좋은 모델이 될 수 있다. 그러나 일반적인 시니어타운을 설계할 때는 유료 노인홈을 참조하는 것은 적절하지 않다.

둘째, 액티브 시니어를 위한 적합한 공간에 대한 고민이다. 일본 유료 노인홈 입주자의 평균 연령은 86~87세로 매우 높다. 유료 노인홈 자체가 액티브 시니어를 위한 하우징 시설이 아니다. 유료 노인홈과 유사한 시니어 하우징을 설계하고 여기에 액티브 시니어들의 입주를 기대한다면 유료 노인홈보다는 다음에 설명할 서비스형 고령자주택 모델을 차용하는 것을 권한다.

셋째, 접근성과 교통 편의성을 어느 정도까지 확보할 것인가에 대한 고민이다. 이는 거주하는 입주민의 건강 상태와 직결된다. 만일 아주 건강한 노인이 매일 외출해야 한다면 외진 곳을 굳이 찾아 살 이유가 없을 것이다. 그러나 돌봄이 많이 필요하고 한 달에 한

두 번 병원을 가는 것 외에 외출이 없다면 큰 고민거리는 아니게 된다. 돌봄이 중요한 노인들이 머무는 공간일수록 상대적으로 입지의 중요도는 높지 않다. 실제 일본의 유료 노인홈도 메인 입지나 메인 거리에서 떨어진 곳이 많다. 이면도로나 다세대 빌라촌 인근도 많은 편이다.

시니어 하우징 개발에 '상품성'을 결정하는 것은 '누가 고객인가?'를 설정하는 것에서 시작해야 한다. 부동산의 대부분은 입지에 영향을 받지만 고객에 따라서 좋은 입지와 나쁜 입지가 갈린다. 해당 장소에 누가 올 것인가, 어떤 고객을 모실 것인가를 먼저 설정해야 한다. 시니어 하우징의 설계 역시 고객에 맞춤한 기획이 들어가야 한다. 전용부와 공용부 인테리어 타입, 안락하고 평안하게 하루하루를 지낼 수 있는 서비스 모두 고객 맞춤이 가장 중요하다.

마지막으로 시니어 하우징의 '정책 방향성'에 대해 살펴보자. 정책의 결정사항과 지원책에 가장 크게 영향을 받은 일본의 시니어 하우징은 서비스형 고령자주택이다. 일본 정부는 서비스형 고령자주택을 도입하기 전에 막 고령기에 접어든 초기와 중기 노인을 위한 시설이 필요하다는 것을 인식했다. 단카이 세대의 고령화가 지속적으로 진행되다 보니 새롭게 노인 세대로 편입되는 이들이 많아졌다. 이들의 수요를 충족하는 공간이 필요하다고 생각한 것이다. 게다가 정부 예산이 많이 들지 않도록 민간에서 운영하는 시니어 하우징이어야 한다는 확실한 '목표'가 있었다.

정부의 정책 방향을 제대로 읽은 서비스형 고령자주택은 설립 초기부터 지금까지 꾸준한 성장세를 이어오고 있고 사업자 입장에서도 상당한 수익을 올리는 모델이 됐다. 그 결과 2011년 신규 업태가 된 후 개호형 서비스형 고령자주택은 연평균 23.1%라는 높은 성장세를 이어오고 있다.

일본의 서비스형 고령자주택에서 배울 점은 무엇인가

그렇다면 일본의 서비스형 고령자주택을 한국의 시니어타운에 적용할 때 우리는 어떤 인사이트를 적용할 수 있을까?

첫째, 민간 운영자에게는 규제가 덜한 사업일수록 확실히 유리하다. 일본의 서비스형 고령자주택은 후생노동성이 아니라 국토교통성 소관이다. 시설보다는 집이나 주택에 가깝고 운영자들은 내가 사는 공간을 관리하고 생활에 도움을 주는 주체다. 정부의 개입은 계약 관계를 모니터링하는 수준이다. 입주자는 서비스형 고령자주택을 임대차 계약으로 점유하고 계약 기간 동안 내 집처럼 자유롭게 거주할 수 있다. 우리나라는 시니어 하우징을 보건복지부와 국토교통부가 협업하여 관리하고 있나. 돌봄·복지 서비스 측면은 보건복지부에서, 주거·시설 측면은 국토교통부에서 관할한다.

둘째, 위탁운영으로 수익을 극대화할 수 있다. 유료 노인홈의 경우는 절반 이상이 직영으로 운영한다. 이는 운영의 난이도와 전문성 차이 때문인 것으로 보인다. 일본 역시 개호보험을 지급받기 위해서는 따라야 하는 가이드라인이 많다. 이를 다 지키려면 업무의 난이도는 올라가고 전문성도 필요해진다. 하지만 서비스형 고령자주택은 개호보험 대상이 아니다. 상대적으로 서비스 수준과 운영 난이도가 낮다. 이를 위탁으로 운영하면 사업자는 운영의 어려움을 쉽게 해소할 수 있다. 일본의 경우 서비스형 고령자주택의 활성화로 위탁운영 업체의 성장세도 눈에 띈다.

특히 리츠 형태로 민간 사업자가 수익을 목적으로 서비스형 고령자주택을 운영하는 곳도 많다. 이들은 '전문성'과 '확장성'을 고려해 위탁운영 업체를 이용한다. 당연히 위탁운영을 수탁한 기업들도 수익성 확보가 쉬워져 늘어나는 추세다. 국내도 시니어 하우징 산업이 성장하고 시니어타운의 개발 수요가 많아질 경우 위탁운영이 일반화될 가능성이 크다. 개발사가 직접 운영사를 만들지 않는 이상 케어닥과 같은 시니어 하우징을 전문으로 하는 운영 기업을 찾는 수요도 많아질 것이다.

셋째, 시니어타운에 대한 정부의 정책은 '규제는 줄이고 지원은 확대하는 방향'으로 갈 수밖에 없다. 일본의 서비스형 고령자주택의 성장 배경에는 정부 재정의 한계가 가장 컸다. 유료 노인홈이나 특별양호시설 같은 국가보조금을 많이 지출해야 하는 시설이 많아지는 것은 확실히 정부 재정에 무리가 갔다. 일본 정부에서는 신규 인허가를 매우 보수적으로 진행하고 몇 년 전부터는 아예 내주지 않고 있다. 그러나 일본의 고령 인구는 매년 엄청나게 늘어나고 시니어 하우징에 대한 수요와 필요도 지속적으로 커지고 있다. 이에 대한 솔루션으로 재정 부담이 없거나 아주 적은 서비스형 고령자주택을 내놓았던 것이다.

재정 부담 문제는 일본만의 문제가 아니다. 우리나라도 노인장기요양보험의 재정적자 문제가 지속적으로 제기되었고 우려가 커지고 있다. 이를 바탕으로 시니어 하우징의 미래를 내다보면 '일본과 비슷한 솔루션'밖에 답이 없다. 보조금 중심의 시설은 인허가가 줄고 민간 기업이 주도하는 자기 부담형 주택은 확대될 것이 뻔하다. 물론 현재도 국내 시니어 하우징 업태 중에서 시니어타운은 규제가 가장 적다. 시니어 하우징을 고민하는 기업으로서는 상대적으로 큰 고민 없이 시작할 수 있다. 여기에 '적은 규제, 많은 지원'으로 정부의 정책이 확실히 정해진다면 많은 사업자가 일시에 시니어 하우징 산업에 뛰어들 가능성이 크다. 물론 이런 상황이 현실화된다면 소비자인 노인들이 시니어 하우징을 선택할 수 있는 폭도 상당히 넓어질 것이다.

이때 중요한 것은 '넓은 선택의 폭'을 제공하며 소비자의 선택을 받는 것이다. 규제에만 맞추기보다 더 나은 공간 구성, 타깃 고객의 요구에 정확히 부응하는 서비스 등으로 차별화해야 한다. 다양한 돌봄 상품, 운영 프로그램을 기반으로 건강한 노인이 건강을 유지하며 향후 10년을 의지할 수 있는 공간으로 설계해야 한다. 장기적으로 머물 수 있는 공간으로 서비스를 제공하고 신뢰를 쌓는 것이 매우 중요하다.

일본의 서비스형 고령자주택을 찾은 많은 한국인이 "아파트와 시니어타운 사이에 있는 상품 같다. 집처럼 꾸미고 식사 서비스를 제공하면 될 것 같다."라고 시니어 하우징 사업을 쉽게 이야기한다. 그러면 나는 "장님이 코끼리 만지는 식으로 시니어 하우징을 이해하고 사업을 시작하면 큰코다친다."라고 쓴소리한다.

일례로 서비스형 고령자주택의 입소자 평균연령은 83세로 절대 적지 않다. 규정상 자립이 가능한 60세 이상의 노인을 대상으로 하지만 실제 입주자 중에는 90대도 있다. 고령의 대상자들이 많은 것은 사업의 성숙도와도 관련이 깊다. 서비스형 고령자주택 사업이 시작된 것이 2011년이므로 벌써 14년 전이다. 60~70대 입주자들이 상당한 시간이 지난 지금까지도 그곳에 머무르고 있다. 대상자 입장에서 시니어 하우징은 죽기까지 머물 공간이다.

　단순히 상품의 정의를 이해하고 해당 콘셉트만 공부해서는 소비자의 니즈와 맞는 상품을 구현하기 어렵다. 면밀한 조사와 학습을 기반으로 타깃을 충분히 세분화해서 적절한 서비스를 제공해야 한다. 이왕이면 업계에서 오래 활동한 최상의 파트너와 함께 개발에 뛰어드는 것을 권한다.

# 3
# 시니어 하우징으로 도시를 살리다

'도시 재생'은 끊임없이 변화하고 성장하고 죽어버리기도 하는 도시를 다시 살리는 일이다. 저출산·고령화로 도시 재생이 대한민국의 중요한 화두로 등장했다. 초고령사회로의 진입은 도시에도 치명적인 위기가 될 수 있다. 시니어 인구 증가는 도시의 활력을 잃게 한다. 일본도 고령화와 젊은이들의 이주로 유령화된 도시 때문에 문제가 많다. 최근에는 도시에 모든 편의 시설을 집중하는 '콤팩트 시티 계획'을 발표했는데 '공동화된 지방 도시를 포기하는 정책'이라는 비판을 듣기도 했다.

우리나라는 어떠한가? 해방 이후 도시화를 급속하게 경험한 우리나라는 서울과 광역시를 중심으로 대도시와 중소도시가 생겨났다. 그러나 불과 한 세기도 지나지 않아서 저출산·고령화 문제에 봉착했고 지방의 도시들은 쇠락의 길을 걷기 시작했다. 그래도 얼마 전까지만 해도 원도심 재개발로 도시를 다시 살리려는 노력이 많았다. 하지만 이제는 지자체의 주요한 정책으로 사멸해 가는 도시를 살리자는 도시 재생이 언급되고 있다.

2024년 인구통계에 따르면 수도권(서울, 경기, 인천) 인구는 2,604만 명으로 전체 인구의 50.86%를 차지했다. 1990년의 42.2%와 비교하면 상당한 증가를 보여준다. 지금도 수도권 집중화는 계속되고 있다. 2019년의 수도권-비수도권 인구 격차는 1,737명에 불과했지만 2020년 24만 7,591명으로 격차가 급격히 커졌다. 2021년에는 40만 7,757명, 2022년 53만 1,198명, 2023년 70만 3,201명, 2024년 87만 7,825명으로 매해 격차가 10만~20만 명씩 커지고 있다.

고령화 관점에서 보자면 지역별 편차도 만만치 않다. 수도권의 고령화율은 17.7%, 비수도권은 22.38%로 4.68% 격차가 난다. 수도권 내에선 서울이 19.41%로 같은 권역 내 경기(16.55%)와 인천(17.63%)보다 높다. 이는 청년층이 주거 문제 등을 이유로 외곽으로 밀려난 탓이다. 비수도권 청년들은 더 나은 삶의 미래를 찾아 수도권으로 집중한다. 이는 비수도권과 지방 소멸 위험을 가중시킨다. 이 청년들이 다시 치열한 생존경쟁에서 살아남으려 발버둥을 치는 사이 출생률은 떨어지고 초고령 인구는 늘어나는 저출산·고령화의 악순환이 반복되고 있다.

또한 광역시에 비해 도 단위 광역단체의 고령화율이 더 빠르게 진행되고 있다. 전남의 고령화율은 27.18%로 가장 높고 그 뒤로 경북(26%), 강원(25.33%), 전북(25.23%) 순으로 나타났다. 비수도권 광역시 역시 고령화율이 빠르게 높아지고 있다. 부산(23.87%)과 대구(20.84%)도 이미 초고령사회다. 고령화가 심해지다 보니 자연스

**지역별 고령 인구 비중 (2023년)**

2023년 고령 인구 비중이 가장 높은 지역은 전남이다. 수도권에서는 서울이 가장 높고 인천, 경기 순으로 나타났다. 전국의 시니어 하우징 공급 현황 또한 '서울 및 경기도 등 수도권'에 집중되어 있다.

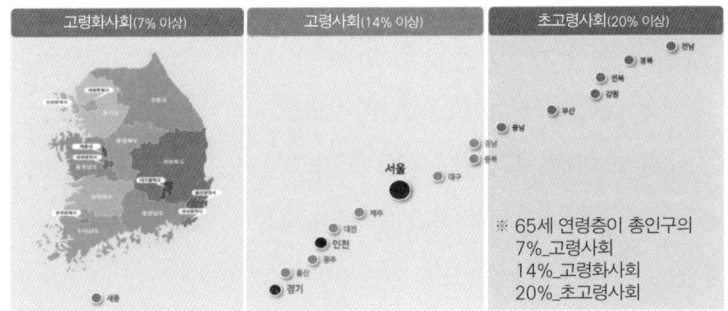

(자료: 통계청 장래인구 추계)

**지역 내 총생산의 비수도권 비율 변화 (2000~2020년)**

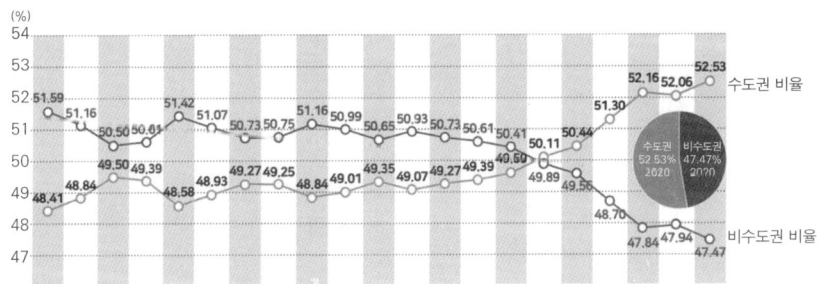

(자료: 통계청)

레 도시 전체가 사라질 수 있다는 위험 의식도 커지고 있다. 통계청에서 발표한 '인구소멸위험지수'에 따르면 113개 시군구가 소멸 위험 지역으로 분류되어 있다. 전체 시군구의 55.7%에 해당하는 수치로 한국의 절반이 이미 사라지고 있다.

### 지역공동화와 도시소멸은 어떤 문제를 일으키는가

그렇다면 지역공동화와 도시소멸은 직접적으로는 노인들에게 어떤 문제를 일으키고 있는가? 더 많은 노인이 의료서비스와 돌봄 서비스를 찾아 주변의 대도시로 또 서울로 이동하게 만든다. 지방의 도시와 지역들은 사람이 없어 의료서비스와 돌봄서비스를 지속하기 어렵기 때문이다. 관련 일자리와 인프라도 점점 사라져 도미노처럼 노인들의 거주 여건이 나빠지고 있다.

그럼에도 아직 사라지는 지방을 지키는 것은 노인들이다. 통계청에 따르면 2023년 기준 500만 명이 넘는 노인이 지방에 거주하고 있다. 이 중 1인 가구 노인은 250만 명, 2인 가구 노인은 150만 명이다. 특히 농촌 지역의 경우 젊은 세대의 유출로 노인 비중이 높은데 농촌 지역 노인의 평균 연령은 77.1세에 달한다. 도시 지역 75.8세보다 높다. 특히 80세 이상 고령자 비율은 25.5%로 도시 지역(17.4%)보다 훨씬 높다.

지방에 노인 인구가 늘어나면 '고립과 소외' 문제가 당연히 일어난다. '숟가락이 몇 개인지까지 알던 시절'은 지나갔다. 이제 '이웃이 살아 있는지도 모르는 세상'이 되고 말았다. 상대적으로 땅은 넓고 인구 밀도가 낮으니 사회적 교류나 소통이 쉽게 단절된다. 여기에 교통 불편, 의료서비스 부족, 여가 활동 기회 부족이 더해지면 그나마 남아 있던 노인들도 대도시로, 특히 서울로 이주할 수밖에 없다.

"그냥 집에서 돌보면 되지 않나?"

그것도 쉽지 않다. 자택에서 방문 서비스를 받자고 해도 지방에는 제공업체가 많지 않다. 지방에서는 돌봄서비스 인력을 구하기 어려울 뿐더러 돌봄이 필요한 집들 사이 거리가 멀다 보니 방문하고 관리하는 돌봄 비용이 높다. 도시의 대단지 아파트에서 택배 일을 하는 것과 띄엄띄엄 집들이 떨어져 있는 시골 마을에서 택배 일을 하는 것 중 어느 것이 더 어렵겠는가? 돌봄서비스도 마찬가지다. 비용의 총합은 돌봄 비용 상승으로 이어져 서비스 제공자를 찾기 어려워진다. 그렇다고 솔루션이 아주 없는 것은 아니다. 도시재생과 지역 공동화의 해결책으로서 시니어 하우징을 소개해 볼까 한다. 시니어 하우징이 가진 '주택의 속성'은 도시를 다시 생기 넘치게 하고 각자의 공간에 갇혀 외로움과 고독 속에서 살아가는 암울한 분위기까지 바꿔놓을 수 있다.

### 시니어타운으로 일자리와 소비시장을 창출한다

최근의 시니어 하우징 트렌드 중 하나가 '집에서 늙기AIP, Aging in Place'라는 개념이다. 나이가 들어서까지 병원이나 요양시설이 아니라 자신이 살던 곳에서 돌봄서비스를 받으면서 살아가고 싶다는 욕구를 표현한 것이다. 그런 의미에서 적정 규모 이상의 시니어타운(노인 돌봄 마을)은 노인들이 돌봄서비스를 찾아 다시 도시로 가지 않을 이유를 만들어준다. 그 자체만으로 지자체 인구감소를 막을 수 있는 역할을 하게 된다.

돌봄 노동자 1명이 10명의 노인을 돌보기 위해서는 노인이 살고 있는 집을 각각 방문하게 되면 돌봄시간보다 이동시간과 준비시간이 상당히 많이 든다. 그러나 시니어타운에서 노인들이 단체로 생활하면 각자의 사생활을 유지하면서도 적절한 돌봄을 받을 수 있다. 1명이 동시에 10명의 노인을 돌볼 수 있다. 여기에 절약되는 이동 시간, 이동 거리, 준비 시간을 더하면 비용감소라는 혜택을 누릴 수 있다. 동시에 개별 급식에서 단체 급식으로, 개별 구

## 시대적 변화에 따른 시니어 하우징의 변화와 발전 과정

퇴소에 대한 걱정에서 자유롭고 가족과도 함께 거주할 수 있는 시니어 하우징이 많아질 것이다.

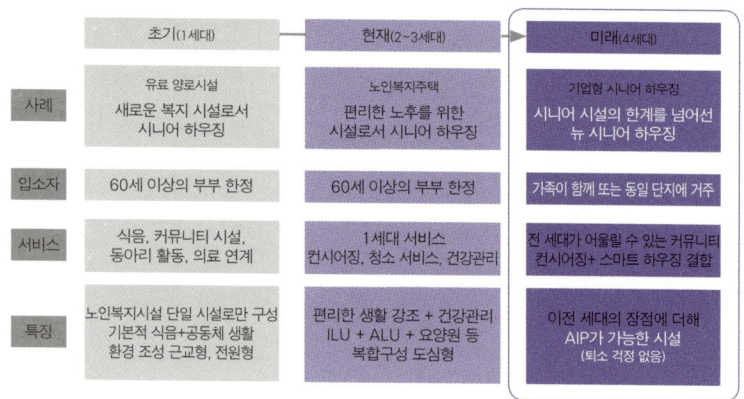

(자료: 케어닥 시니어 하우징 컨설팅 자료)

매에서 단체 구매로 이어지는 규모의 경제가 실현됨으로써 비용 절감 효과도 누릴 수 있다.

나아가 시니어타운에서 입주민을 위한 스포츠 시설, 문화·여가 시설, 의료서비스를 기획하고 운영하면서 동시에 인근 지역 주민들에게 공간을 개방하면 지역에 공동 인프라가 만들어져 지역 주민들에게 큰 혜택이 돌아갈 수 있다. 지자체 입장에서는 주민들에게 더 나은 삶을 위한 다양한 체육·문화 콘텐츠를 제공하기 위해 추가 지출을 할 필요가 없다. 시니어타운으로 인해 일자리와 소비시장 창출 등 지역경제를 활성화하는 것은 물론 지역주민을 위한 다양한 콘텐츠도 제공할 수 있어 1석 3조의 효과를 볼 수 있다. 중요한 것은 시니어타운 효과가 한두 달 혹은 한두 해에 그치지 않는다는 것이다. 시니어타운은 한 번 설립되면 최소 10년 이상의 운영을 목표로 하기 때문에 발생 효과가 그 기간만큼 유지된다. 지역의 인구를 유입하고 유지시키는 역할까지 할 수 있게 된다.

시니어타운으로 도시 재생이 가능하리라고 보는 '낙관적 기대'는 시니어타운에 입주하는 노인들의 충분한 소비 여력에서 시작된다. 2023년 기준 통계청에 따르면 65세 이상 노인 가구의 순자산은 4,058조 원으로 전체 가구 순자산의 37.7%를 차지한다. 이는 2017년(32.2%) 대비 5.5% 증가한 수치이다. 더 자세히 들여다보면 노인 가구의 자산 중 주택이 차지하는 비중은 78.1%로 가장 높다. 전체 가구의 자산 중 주택이 차지하는 비중 62.2%보다 훨씬 높은 수치이다. 특히 노인 가구의 주택 평균 가치는 8억 4,000만 원이다. 이는 전체 가구의 주택 평균 가치 5억 7,000만 원보다 47.0%나 높은 수치이다. 이들의 자산을 현금화(주택연금이나 월세로 전환해서 발생하는 수익)했을 때 소비 여력은 더 커진다.

2024년 노인 가구의 1인당 소비지출은 2,928만 원으로 전체 가구의 평균 소비지출 3,667만 원의 79.6% 수준으로 절대 적지 않다. 주요 소비 항목은 주택(25.3%), 식료품(16.2%), 의료(13.4%) 순이다. 대한민국 절반에 가까운 '부'를 시니어 계층이 가지고 있다. 이들의 주요 지출은 '의식주와 일상서비스'다. 따라서 이들이 시니어타운에 입주했을 때 어떤 일이 벌어지겠는가? 노인 가구는 맞춤한 서비스에 충분한 지출을 하게 될 것이다. 여기서 발생하는 부가가치는 돌봄 노동자와 관련 업무 종사자와 운영 기업에게 돌아갈 것이다.

실제로 해외에서는 시니어타운을 통한 도시발전과 재생의 사례를 쉽게 찾아볼 수도 있다. 미국은 다양한 유형의 시니어 하우징을 통해 도시재생에 성공한 사례를 보여주고 있는데 '은퇴자 주거복합단지(CCRC, Continuing Care Retirement Community)'가 대표적이다. 은퇴자 주거복합단지는 의료, 복지, 문화생활 등을 제공하는 통합형 시설로 노인들의 삶의 질 향상과 함께 도시 활성화에도 기여하고 있다. 일례로 애리조나 선시티Arizona Suncity는 애리조나 외곽에 자연 발생적으로 생겨나고 개발된 시니어 주택 단지이다. 허허벌판에 세워진 애리조나 선시티에는 전국에서 모여든 은퇴자들이 살고 있다. 돌봄서비스와 생활 인프라를 누리기 위해 각지에서 노인들이 모이다 보니 어느새 인구가 늘어 도시 팽창까지 나타나게 됐다.

영국은 '혼합 주거Mixed Housing' 정책으로 다양한 연령대와 사회구성원이 공존하는 도시환경을 조성하고 있다. 정부는 시니어 하우징을 일반 주거단지와 혼합 개발해 노인들이 소외되지 않고 사회활동에 적극적으로 참여할 수 있도록 지원한다. 여기에 더해 '지역중심 시니어 하우징Community-Based Senior Housing'은 지역사회의 요구에 맞춰 시설과 서비스를 제공해 지역 주민들의 삶의 질 향상에도 기여한다.

대표적으로 노팅엄은 시니어타운 로레토Loretto가 들어선 곳이다. 빈곤과 실업으로 어려움을 겪던 지역이었는데 시니어타운이 조성되고 일자리가 창출돼 도시에 활력이 돌아왔다. 문화공간도 만들어 도시재생에 성공적이라는 평가를 들었다. 현재 노팅엄의 시니어타운에는 약 300명의 노인이 거주하고 있는데 지역주민들은 종사자이자 이용자로서 시니어타운 내 의료기관, 상점, 레스토랑, 카페, 공원, 정원 등 시설과 택시 서비스, 가사 도움 서비스, 식사 배달 서비스, 의료 상담 서비스, 자원봉사 프로그램 등을 적극적으로 활용하고 있다.

일본도 '노인이 편안하게 살 수 있는 마을Dementia-Friendly Community'

**영국 노팅엄의 로레토 시니어 하우징 전경**

(자료: 로레토 시니어 하우징 홈페이지)

을 조성하며 시니어 하우징을 중심으로 도시재생을 추진하고 있다. 마을 전체를 노인 친화적으로 설계해 노인들이 안전하고 편리하게 생활할 수 있도록 지원한다는 취지다. 또한 '지역 기반 시니어 지원 시스템Community-Based Senior Support System'은 노인들의 일상생활 지원, 건강관리, 사회활동 참여 등을 돕고 있다. 앞선 영국의 사례와 마찬가지로 지자체와 지역사회 활성화를 위해서 시니어타운을 적극적으로 활용하고 있다.

이미 많은 국가에서 고령화, 도시화, 인구과밀화, 인구공동화, 지역소멸 등의 여러 가지 문제를 시니어타운이라는 새로운 비즈니스 모델로 해결하고 있다. 시니어타운을 개발하고 운영함으로써 노후된 도시를 활성화하고 주민들의 삶의 질을 향상시키는 목표를 달성했다. 노인 입장에서는 지속가능한 돌봄서비스와 더 나은 커뮤니티 서비스를 통해 더 나은 주거, 여가 공간을 제공받을 수 있다. 동시에 지역 주민들과 함께 살아간다는 공동체 의식을 갖고 시간과 공감을 나눔으로써 정서적 안정도 유지할 수 있다.

이제 인구감소 해결, 돌봄·의료 인프라 확보, 일자리 창출 등을 해결하기 위해 지자체 단위, 나아가 국가 단위에서 시니어타운을 활용하는 방안을 찾아야 한다. 시니어타운 개발은 주거 문제, 요양 시설 부족 문제, 병상 부족 문제를 동시에 해결할 수 있고 노인 돌봄 재정을 만드는 과정에서 발생하는 세금 문제까지 해결할 수 있다. 노인들을 돌봐야 하는 가족들의 부담도 덜어줄 수 있다. 노인, 가족, 지역사회, 그리고 기업을 위해 나아가 국가의 건전한 발전을 위해 시니어타운 개발에 대한 논의를 적극적으로 시작할 때다.

# 4
# 시행착오는 줄이고 만족도는 높여라

"노년에 편히 살려고 시설에 들어왔는데 오히려 눈물만 흘리고 있다."

경기 용인시 처인구에 위치한 총 336가구 규모의 한 시니어타운에 거주하고 있는 입주자들의 한숨이 깊어만 간다. 해당 시니어타운은 2004년 M대학교에서 용인 캠퍼스 내에 조성한 시니어타운으로 M대학교의 파산으로 운영이 정지됐다. 2021년 6월부터는 사우나와 식당 등 모든 시설이 폐쇄됐다.

해당 시니어타운은 사업 초기부터 구설수가 많았다. 분양 당시 '부지 내 골프장 입주민 평생 무료'와 같은 파격적인 조건을 내걸었으나 실제로는 골프장 건설 허가도 받지 못한 상태였다. 2021년 이후로는 입주자 전용 셔틀, 사우나, 식당, 의무실 등 프리미엄 시니어타운으로 홍보했던 어떤 시설도 이용할 수 없게 됐다. M대학교를 운영하는 M학원이 파산 신청까지 하게 된 것이다.

식당이 없어진 이후 입주민들의 불편은 말로 할 수 없는 상황이다. 입주자 대부분이 고령이어서 스스로 식사를 준비하기 어렵다 보니 배달음식을 시켜 먹는 일이 다반사다. M학원은 2023년 7월 회생계획안이 인가돼 시니어타운을 매각하고 채무를 변제하겠다고 발표했으나 입주자들의 고통은 언제 끝날지 알 수 없다.

2024년 3월 7일 한 온라인 신문에 '실버타운인데 노인시설 없어'라는 제목으로 업데이트된 기사를 발췌한 것이다. 엄밀히 한국은 시니어 하우징이라는 새로운 사업이 시작된 초기에 머물러 있다. 시행착오도 많다. 10년 전에는 시니어타운을 분양하겠다고 입주자를 모았다가 '사기'로 판명된 일들이 종종 언론에 보도됐다. 이런 사건·사고는 시니어 하우징이라는 사업에 대한 일반인의 불신을 불러일으켰다.

다행인 것은 이런 세태가 비단 한국만의 모습은 아니라는 것이다. 지금은 고령화 선진국으로 불리는 미국이나 일본 그밖에 나라들도 지금의 우리와 같은 시기를 거쳤다. 초기에는 관련 기업들이 파산과 영업 정지를 당한 사례도 많았다. 고령화 선진국들의 경험을 타산지석으로 삼아 초기 시행착오를 줄이는 방법을 고민해 보자.

먼저 미국은 1960년대 후반부터 대규모 은퇴자 주거복합단지가 활발히 조성됐다. 10년 차에 접어들기 시작한 1970년대 후반에서 1980년대에 걸쳐 전국의 대규모 은퇴자 주거복합단지가 파산하는 사태가 벌어졌다. 이에 따라 각 주에서는 관련 규제를 내놓기 시작했다. 1997년에는 35개 주에서 대규모 은퇴자 주거복합단지 운영에 대한 규제를 갖추게 됐다.

초기 파산이 벌어졌던 주요 이유는 시니어 하우징의 특성을 잘

**한국의 시니어 하우징 시장은 이제 시작이다**

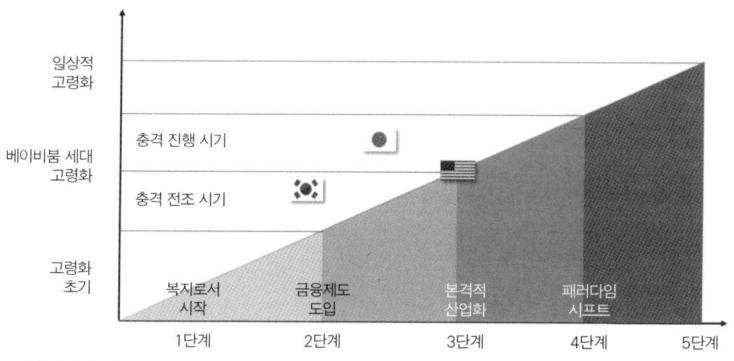

(자료: 케어닥)

못 이해했기 때문이다. 유나이티드 메소드 교회는 '퍼시픽홈즈Pacific Homes'라는 대규모 은퇴자 주거복합단지를 운영했는데 선불금을 지불하면 평생 돌봄서비스를 받을 수 있는 '생애 보장 계약'을 진행했다. 문제는 유나이티드 메소드 교회에서 당시 노인들의 기대 수명을 너무 짧게 잡은 것이었다. 수명 연장이 계속되는 상황에서 이들이 수령한 계약금은 너무 적었다. 거기다 공간이 없어 신규 입소자도 받지 못하니 새로운 수익도 창출할 수 없었다. 결국 유나이티드 메소드 교회는 자금 확보에 실패했고 재정적 어려움으로 파산에 이르게 됐다. 피해는 고스란히 입주자들에게 돌아갔다. 1,800명의 입주자는 4억 달러 상당의 소송을 제기했다.

일본 역시 고령화사회로 접어든 1970년대부터 유료 노인홈 등 시니어 하우징 상품이 등장했다. 긴 역사만큼 시행착오도 적지 않았다. 1980년대 초 도쿄에 위치한 고급 노인홈 선메딕의 도산은 사회적으로도 큰 파장을 불러일으켰다. 유료 노인홈 운영에 대한 규제와 제도가 충분치 않았던 만큼 운영 경험이 미비한 민간 운영자가 시장에 뛰어든 것이 문제였다. 선메딕이 도산하자 노후 자산을 처분해 입소한 약 30여 명은 당장 갈 곳이 없어졌다. 분개한 입소자들은 선메딕 이사장을 사기죄로 고소하고 국회에서도 구제 방안을 논의할 정도로 사회적 관심을 받았다. 선메딕의 도산은 1982년 '사단법인 전국유료노인홈협회'가 출범하는 계기가 되기도 했다.

### 시니어 하우징의 운영 가이드라인이 필요하다

이렇게 시니어 하우징의 파산과 도산을 경험한 국가에서는 시니어 하우징의 건전한 운영을 위한 가이드라인을 만들었다. 그러한 가이드라인이 법제화돼 지금은 설립 단계부터 안정적 운영이 가능한 곳에서만 영업을 할 수 있게 허가를 내주고 있다. 미국은 시니어 하우징이 재정적 어려움으로 파산 과정을 거칠 때 '파산법 제11장'을 적용하기로 했다. 파산 과정에 돌입했다고 해서 기업 운영을 곧바로 중지시키지 않는다. 채무 이행은 일시 중지하되 자산 매각을 통해 기업을 정상화시키려 노력한다. 일종의 파산보호신청인 셈이다. 대규모 은퇴자 주거복합단지에 이 법을 적용하게 되면 입주자들은 재정적 손실은 입을지라도 쫓겨나는 위험을 피할 수 있다. 입주자들의 피해를 최소화하기 위한 방법을 선택한 것이다.

일본은 입소 노인들의 피해를 막기 위해 다양한 장치를 도입했다. 1999년에 '유료 노인홈 설치·운영 지도지침'을 개정해 사업자 부도에 따른 도산 방지와 간병 서비스 등을 입주 계약에 명시하도록 했다. 이러한 지침은 실질적인 법적 근거가 되어 소규모 유료 노인홈의 입소 노인들을 보호하고 있다.

모든 소비재가 그러하지만 시니어타운도 해당 국가의 역사와 문화에 영향을 받는다. 그걸 모르고 "이런 시설이 좋더라, 이런 시설이 잘된다."라는 말만 듣고 그대로 따라 하면 큰 어려움에 빠질 수 있다. 어느 기업이 '우리나라도 50세 이후 서핑을 즐기는 은퇴문화가 만들어질 것'이라며 강원도 강릉에 대규모 은퇴자 주거복합단지를 짓는다면 과연 성공할 수 있겠는가? "우리의 은퇴 문화를 몰라도 너무 모른다."라는 비판을 듣기 십상이다.

또한 초기 시행착오를 경험한 선진국의 사례는 시니어 하우징을 시작하는 우리나라 기업에 품질, 수익성, 투명성을 담보할 수 없다면 사업을 시작해선 안 된다는 교훈을 남기기도 한다.

여느 기업 운영과 마찬가지로 시니어 하우징도 서비스 품질의 악화, 수익성의 악화, 운영진의 배임 행위 등은 시니어타운을 파산에 이르게 하는 대표적인 원인들이다. 서비스 품질이 유지되도록 인력을 적절히 배치하고 수익성을 유지하기 위해 시설 운용의 적절성을 지속적으로 확인해야 한다. 또한 정직하고 투명한 운영을 위해 철저한 회계 관리와 주기적인 외부 감사를 시행해야 한다. 운영에서 핵심은 양질의 서비스를 유지하는 것이다. 우리나라처럼 비즈니스 환경이 안정되고 소비자들이 똑똑한 상황에서는 외부 요인만 없다면 파산이나 도산에 이를 일은 많지 않다. 입주자의 만족도가 높으면 수익성 유지는 따라오는 과정이다.

고객 입장에서 시니어 하우징을 평가하는 두 가지 포인트는 시설과 운영이다. 좋은 시설에서 맞춤한 서비스를 받고 싶은 것이 고객의 마음이다. 그러나 사업자 혹은 공급자 입장에서 두 가지 모두를 만족시키는 일은 쉽지 않다. 보이는 시설이나 직접 느끼는 서비스 제공에 앞서 시니어 하우징이라는 사업에 대한 이해가 필요하고 그곳을 이용하는 고객에 대한 이해도 필요하다. 시니어 하우징이라는 공간과 대상 고객은 다음과 같은 4가지 특징이 있다.

첫째, 시니어 하우징은 소비를 하는 공간이다. 입주자들은 자산과 시간을 어떻게 더 효율적으로 소비할 것인가를 고민하는 사람들이다. 은퇴 이후라는 특정 시기에 더 나은 편의시설과 건강관리 서비스를 이용하고 싶어 하는 노인들이 와서 효율적이고 효과적인 서비스를 받기 위해 지갑을 연다. 이들은 생산적인 활동 빈도는 줄이고 은퇴 후 여가 활동과 사회참여에 집중한다. '일상 그 자체'가 삶의 목적이자 종착점으로서 시니어 하우징을 선택한다는 것을 알아야 한다.

둘째, 시니어 하우징은 입주자의 장기간 체류를 전제로 한다. 입주를 고민하는 시간은 길지만 한 번 입주하면 최소 5년 이상 거주하는 공간이 시니어 하우징이다. 자체 조사에 따르면 입주자들의 평균 거주 기간은 7년이다. 노년층을 위한 종합적인 공간과 서비스를 제공하기 때문에 건강이 허락하는 한 머물고자 한다. 게다가 시니어 하우징은 여느 집과 달리 24시간 중 머무는 시간이 가장 길다. 식사, 여가, 운동, 건강관리, 취미 시설을 한곳에서 이용하게 되므로 바깥 활동이 많지 않다. 거동이 불편해지기도 하고 생활 활동 반경이 줄어드는 것에도 영향을 받는다.

셋째, 시니어 하우징은 타 입주민들과 커뮤니티 및 교류를 목적으로 한다. 노인들도 사생활을 존중받기 원하지만 동시에 교류하고 활동에 참여하기 원한다. 입주자들 대부분이 적극적으로 공동체 활동에도 참여한다. 입주 전에 제공되는 안전하고 편리한 생활을 잘 누리기 위해 의료서비스, 안전 시스템 등도 꼼꼼히 따지는

**공동주택 vs 시니어 하우징**

시니어 하우징은 시니어의 일상에 필요한 다양한 서비스(생활편의, 건강관리, 문화·여가 등) 제공 및 전문적인 인력이 배치되어야 구현 가능한 사업이다.

| 공동주택 | | | | 시니어 하우징 | | |
|---|---|---|---|---|---|---|
| 하드웨어 | 소프트웨어 | 휴먼웨어 | | 하드웨어 | 소프트웨어 | 휴먼웨어 |
| 주거시설 | 일상생활 서비스 | 시설·운영 | 주거 | 주거시설 | 일상생활 서비스 | 시설·운영관리 |
| ·4인 가구 중심 설계<br>·관리사무소<br>·조경, 놀이터 | ·우편, 택배, 물품보관 | ·보안 및 시설 관리(FM) | | ·시니어 특화 설계<br>·전용식당 및 라운지<br>·산책로, 광장, 텃밭 | ·우편, 택배, 물품 보관<br>·가사, 세탁 서비스<br>·식사 서비스 | ·보안 및 시설 관리(FM)<br>·생활 및 입주민 관리(CS)<br>·영양 및 식단 관리 |
| 생활문화시설 | 문화 활동 서비스 | 문화·여가 | 문화 | 생활문화시설 | 문화 활동 서비스 | 문화·여가관리 |
| ·스포츠센터, GX룸<br>·독서실, 다목적실<br>·경로당, 작은도서관 | ·레저, 스포츠 활동 | ·어메니티 관리 | | ·스포츠센터, GX룸<br>·동호회실, 연회장<br>·사우나, 스파, 찜질방 | ·레저, 스포츠 활동<br>·배움, 강좌, 교양<br>·취미, 오락 활동 | ·어메니티 관리<br>·프로그램 운영<br>·동호회 활동 지원 |
| | | | 돌봄 | 의료연계 시설 | 건강관리 서비스 | 케어관리 |
| | | | | ·건강관리센터, 상담실<br>·물리치료실, 재활센터<br>·간호사실 | ·응급의료체계<br>·정기건강검진<br>·건강관리 | ·24시간 간호사 상주<br>·운동처방사, 물리치료사<br>·병원 동행 |

(자료: 케어닥)

편이다.

넷째, 시니어 하우징은 비교적 싸지 않다. 입주민들은 생의 마지막을 위해 충분한 금액을 지출할 의사가 있다. 실제로도 주거공간 내에서 많은 금액을 소비하고 있다. 식사, 의료, 여가, 문화, 건강, 웰빙 등을 위한 다양한 소비로 전체 소비 금액은 자연스럽게 커지는 분위기다. 서비스 패키지가 많을수록 다양한 프로그램이 운영될수록 더 좋은 시설로 느끼곤 한다.

**개발사와 운영사는 시니어 하우징의 특징을 적용해야 한다**

이러한 시니어 하우징의 특징들은 흔히 이야기하는 '청년주택'과 매우 다른 부분이다. 일례로 청년주택은 '돈을 버는 직장에 가기 위해 잠을 자고 생활을 하는' 수단으로서의 공간이다. 청년들에게 코리빙으로 대표되는 청년주택은 내 집을 장만하기 전에 잠시 거쳐 가는 곳이다. 낮은 월세를 선호하고 의식주에 따른 부가 소비도 일어나지 않는다. 이러한 차이는 "청년주택은 마케팅비도 많이

들고 매출도 작아 돈이 안 된다. 그런데 왜 시니어 하우징은 돈이 된다고 하는가?"에 대한 답이기도 하다.

개발사와 운영사는 시니어 하우징의 이러한 특징을 사업 전반에 적용해야 한다. 첫째, 시니어 하우징은 공간과 입지도 물론 중요하지만 다양한 편의시설과 생활 깊숙이 관여된 서비스 제공에 초점을 맞춰야 한다. 이를 위해 호텔보다 더 전문적인 운영 시스템과 노하우 그리고 인력이 필요하다. 호텔은 고객이 1박 2일 짧은 시간 머무는 반면 시니어 하우징은 최소 3년 이상 머문다. 최초 서비스 설계부터 운영 관리에 높은 전문성을 요구한다. 아직은 사업 도입 초기로 운영 시스템과 체계, 매뉴얼, 그리고 설치 신고와 운영에 대한 정부와 지자체의 규제가 완벽하지 않다. 제대로 된 학습과 파트너를 선정한 후 신중히 접근할 필요가 있다.

둘째, 고령자의 신체적 특성을 고려해 설계와 시공을 해야 한다. 일반적인 주택 환경은 나이가 들수록 불편해진다. 노인실태조사에서 현재 주거공간에 불만족을 표시한 노인들이 자주 언급한 불편 지역은 주방, 화장실, 욕실 등이었다. 시야가 흐려지고 관절이 약해지는 등 균형 감각과 신체 기능이 떨어지는 만큼 이에 맞게 공간을 바꾸고 안전장치를 마련해야 한다.

기본적으로 배리어 프리 설계를 하지만 안정성을 높이는 건축 재료와 디테일도 중요하다. 시니어들에게 일어나는 많은 사건·사고가 낙상이다. 2019년부터 2022년까지 65세 이상 고령자가 가장 많이 다친 공간은 의외로 '주택(68.1%)'이며 '바닥재'는 사고를 일으키는 품목으로 꼽힌다. 낙상 방지를 위해 '마찰계수'를 적용하는 것부터 자연 친화적 공간 구성까지 세심하게 접근해야 한다.

최근 눈길을 끄는 시니어 하우징은 '유니버설 디자인universal design' 에 기초한 설계이다. 유니버설 디자인이란 성별, 연령, 국적, 문화적 배경, 장애의 유무에 상관없이 누구나 직관적이고 손쉽게 쓸 수 있는 범용 디자인을 말한다. 고령층 역시 부담 없이 쓸 수 있게 설계된 인테리어와 공간 디자인을 가리킨다.

한편 케어닥은 2024년 3월 '시니어타운 표준 등급 가이드'를 제시해 시니어 당사자와 보호자들이 시니어 하우징 상품을 7개 등급으로 변별할 수 있도록 했다. 눈에 보이는 환경과 눈에 보이지 않는 서비스를 10가지 항목, 50여 개 세부 지표로 체계화한 가이드이기도 하다. 비용을 지불하는 소비자들의 알 권리를 충족시킴과 동시에 더 다양하고 좋은 모델들이 만들어질 수 있도록 산업의 성장을 견인하고자 했다. 이후 케어닥은 국내에서 처음으로 '시니어 하우징 설계 디자인'을 만들어 시니어 공간에 고려해야 할 요소들과 장애인 시설과는 다르게 어른으로서 시니어들이 존중받고 회복하는 공간으로서 고민해야 할 요소들을 정의했다.

2023년 국내 최초로 선보인 돌봄서비스 특화형 시니어 하우징인 케어닥 케어홈은 시니어 공간에 특화된 설계를 본격적으로 적용하기도 했다. 유니버설 디자인 사례와 같이 전 층에 안전바를 설치한 것은 물론 발이 걸리지 않는 카펫을 적용하고 객실 화장실 내에도 미끄럼 방지 타일, 안전바, 높낮이 조절이 가능한 세면대를 설치했다. 또한 객실 침대 위 천장에는 인공지능 기반 낙상 방지 알림 시스템을 설치했다. 고령자에 특화된 공간 구성은 입주자들에게 안정감을 주고 시설 서비스에 대한 만족도도 높였다. 앞으로도 케어닥은 업그레이드한 '시니어 하우징 디자인 가이드라인'을 제공할 예정이다. 그리고 이에 맞춰 시니어 하우징들의 고급화 버전도 지속적으로 선보일 것이다.

셋째, '어울려' 살아가는 공간으로서 시니어 하우징을 운영해야 한다. 특히 미국, 일본, 유럽 등 선진국에서는 대규모 은퇴자 주거복합단지의 형태로 노인주거시설의 개념을 마을까지 확장한 사례들을 선보이고 있다. 내부 커뮤니티도 중요하지만 지역사회와 친화적인 부분도 고려해야 한다.

은퇴자 주거복합단지의 가장 큰 장점은 생활공간 안팎에서 자연스럽게 고령 친화적인 환경을 누릴 수 있다는 점이다. 지역사회 내에서의 사회 참여 활동 증가는 시니어의 삶의 여유와 만족도를 높여주는 것은 물론 건강에 대한 주관적 인식에도 긍정적인 영향을 미친다.

이 외에도 시니어 하우징 운영 기업으로 성공적으로 시장에서 자리를 잡기 위해서는 높은 운영비용 관리 역량, 전문 인력 확보, 적극적인 홍보와 마케팅 등 해결해야 할 과제들이 더 있다. 이를 위해 인력 모집, 마케팅, 기술 연동 등 다양한 부문에서 전문 기업을 활용하며 시너지를 내야 한다. 그중 가장 중요한 것은 '고객'과 '현장 인력'을 구하는 일이다. 고객을 적시에 확보하지 못하면 매번 수백만 원의 마케팅 비용이 든다. 또한 현장 인력을 구할 때도 적지 않은 채용 광고 비용이 든다. 따라서 사업을 시작하기 전에 이러한 구체적인 고민을 미리 시작해야 한다.

케어닥에서는 시니어 케어 모바일 플랫폼을 통한 구인구직, 자체 플랫폼을 통한 입주민 마케팅, 시니어 하우징만을 위한 ERP 솔루션, 보험사들과 연계한 보험 상품 개발 등을 활발히 전개하고 있다. 특히 국내 오퍼레이터 중에서는 선도적으로 '병원-집-시니어 하우징'을 통합적으로 연결하는 시도를 진행하고 있다. 건강할 때부터 아플 때까지 다양한 상황에서 케어닥 서비스를 이용할 수 있는 온오프라인 연계가 가능한 순환형 플랫폼을 구현하는 것이다. 고령화 시대에 필요한 새로운 주거 및 돌봄 모델을 제시하며 시니어타운 시장의 다변화와 활성화를 이끌고 서비스의 질 향상, 사회적 비용 절감, 새로운 일자리 창출 등 다양한 사회적 가치를 창출할 수 있으리라 기대한다.

실버 웨이브는 고령화라는 더 이상 피할 수 없는 현실에서 새로운 기회를 만들어가는 변화이다. 케어닥 케어홈은 이러한 변화의 중심에서 국내 시니어 하우징의 비즈니스화라는 새로운 가능성을 열어가고 있다. 실제 경험에서 얻은 인사이트를 공유함으로써 국내 시니어 하우징 시장이 더 빠르게 성장할 수 있도록 돕고자 한다. 그럼으로써 건강하고 행복한 노년을 보낼 수 있는 환경과 누구나 안심하고 나이 들 수 있는 사회를 만들고자 한다.

# 5
# 헬스케어 리츠,
# 시니어 하우징에 투자하라

리츠REITs는 부동산투자신탁Real Estate Investment Trusts을 말합니다. 다수의 투자자로부터 자금을 모집해 부동산은 물론이고 관련 증권 등에 투자하고 그 수익을 투자자에게 다시 돌려주는 부동산 투자 금융상품이다. 부동산 리츠는 투자자의 자금을 모아 부동산에 투자한 뒤 임대료 수익 등을 배당으로 돌려주는 중위험·중수익 금융상품으로 알려져 있다. 주요 투자군은 오피스(사무실), 호텔, 상가 등으로 종류는 매우 다양하다.

헬스케어 리츠는 부동산 리츠의 한 종류이다. 의료와 관련된 부동산에 투자하는 것이 특징이다. 대표적으로 병원, 시니어 하우징, 전문 간호시설, 의료용 오피스 빌딩에 투자하는데 소유부터 관리까지 진행한다. 주요 수입은 여느 부동산 리츠와 같이 임차인에게 받는 임대료이다. 그런데 국내 리츠는 의료시설을 자산으로 편입하기 어려운 부분이 있었다. 지금껏 헬스케어 리츠가 활성화되지 못한 상황이었다.

그런데 지난 2023년 12월 국토교통부가 LH(한국토지주택공사)와 함께 국내 첫 '헬스케어 리츠' 사업에 참여할 민간사업자 공모에 나섰다. 이어서 2024년 우선협상대상자 선정을 시작으로 본격적인 사업 운영에 들어갔다. 이에 따라 국내 헬스케어 리츠 시장에 초록불이 켜졌고 시니어 하우징 관련 리츠가 증가할 것이라는 기대도 있다. 특히 부동산 경기 부진 속에서 새로운 투자 시장의 블루 오션이 될 것이라는 기대가 남다르다.

헬스케어 리츠는 국내에서는 아직 낯선 감이 없지 않지만 해외에서는 오랜 기간에 걸쳐 활성화됐다. 특히 미국에서는 웰타워, 벤타스, 헬스피크 프로퍼티스, 케어트러스트 리츠, 오메가 헬스케어 인베스터스 등이 약 200조 원에 달하며 그중 상장 리츠는 120조 원의 시장을 형성하고 있다. 배당수익률도 높아 인기가 상당하다.

일례로 글로벌 헬스케어 리츠 1위 기업인 웰타워는 1980년에 상장해 40년째 성장을 계속하고 있다. 2024년 1월을 기준으로 시가총액이 496억 달러(한화 약 65조 원)에 달한다. 웰타워는 미국, 캐나다, 영국 등에 고급 은퇴자 요양시설과 독립생활을 위한 시설을 운영하고 있는데 시니어 주택과 헬스케어 관련 부동산에도 직접 투자와 운영을 맡고 있다. 요양시설과 외래병원 등의 매출의 약 72.4%(2022년 12월 기준)로 시니어 하우징 관련 임대 수익이 상당히 높은 것이 특징이다.

이처럼 시니어 하우징은 미국의 헬스케어 리츠에서 가장 큰 비중을 차지하고 있다. 부동산 분석 업체 그린스트리트Green Street는 헬스케어 리츠 자산이 시니어 하우징 오퍼레이팅 30%, 시니어 하우징 트리플 넷 리스 9%, 메디컬 오피스 27%, 병원 14%, 라이프사이언스 10%, 전문 간호시설 10%로 구성돼 있다고 밝혔다.

시니어 하우징 중에서도 오퍼레이팅은 부동산뿐만 아니라 종합 의료서비스까지 제공하는 형태로 수입원이 다양하고 트리플 넷 리스Triple Net Lease는 10년 장기 임대차로 시설에 부과되는 재산세, 보험료, 유지보수료를 모두 임차인이 내는 조건의 계약이다. 보통 10년 이상 장기로 계약하고 건물 관리 일체를 임차인이 하게 되므로 임대인은 임대료만 받으면 된다. 임대인에게는 안정적인 사업 모델로 꼽힌다.

2023년 12월 국토교통부와 LH가 합동으로 시도하겠다고 밝힌 첫 헬스케어 리츠 사업은 경기도 화성동탄2 택지개발사업지구 의료복지시설 용지 내 시니어타운을 조성하는 것이다. 2024년 12월 민간사업자로 선정된 M기업은 국내 굴지의 부동산 기업으로 국토교통부와 해당 부지의 구매 계약을 체결했다고 밝혔다.

그런데 국토교통부와 LH에서 최초의 헬스케어 리츠 사업을 발표하기 반년 전인 2023년 7월 기획재정부, 보건복지부, 국토교통부, 금융위원회 등의 부처가 한데 모여 합동 기자회견을 했다. 당일 공동 발표한 내용은 '시니어 레지던스 활성화 방안'이었다.

시니어 레지던스 활성화 방안에는 리츠가 시니어 레지던스 개발 사업에 원활하게 진입하게 하는 다양한 내용이 담겨 있었다. 정부는 화성동탄2지구를 비롯한 택지를 지원하고 설립·세제 관련 규제도 과감히 개선하기로 했다.

세부적으로 살펴보면 프로젝트 리츠의 전문 주주 1명이 주식을 50% 넘게 소유하는 것을 허용하며 '1인 주식 소유한도(50%)' 등

**헬스케어 리츠 진행 방안**

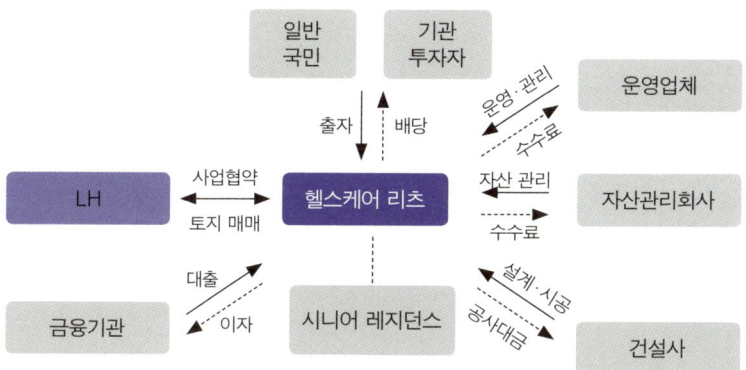

(자료: 기획재정부, 보건복지부 등이 합동 발표한 「시니어 레지던스 활성화 방안」, 2024. 7)

진입 규제를 풀어주기로 했다. 시니어타운 사업 위탁 운영 자격 요건도 폐기했다. 이전에는 시니어타운을 운영해본 경험이 없는 자는 실버타운 위탁 운영을 할 수 없었지만 이제 잠정적으로 가능해졌다. 이로써 리츠뿐만 아니라 장기요양기관, 호텔, 요식업체, 보험사도 시니어타운을 운영할 수 있게 됐다. 더불어 리츠가 시니어타운을 설치하고 신탁해서 운영하는 경우는 지방세도 감면하기로 했다. 시니어타운의 경우 취득세 25%, 재산세 25%를 감면받을 수 있다. 또한 이날 정부는 2025년부터 인허가 기간 단축 등을 위한 원스톱 지원 시스템을 운영한다고 밝혔다. 시니어타운 설립 시 노인복지법상 인허가 및 건축법상 인허가 기간을 단축하는 것도 검토하겠다고 덧붙였다.

그런데 국토교통부와 LH가 헬스케어 리츠를 시작하기에 앞서 시니어 레지던스 활성화 방안을 발표한 이유는 무엇일까? 가장 큰 이유는 시니어 하우징의 '공급 부족'을 해결하기 위해서다. 이번 헬스케어 리츠에만 해당하는 이야기는 아니다. 지난 2015년 이후 정부가 시니어타운 분양을 금지하자 투자금 회수가 어려워진 민간 기업들이 시니어타운 사업 진출을 꺼려 공급이 둔화됐다. 노인주거시설 공급 부족이 쌓여 주거 문제가 불거질 우려가 있었다. 2024년 정부는 '분양형 실버타운'을 9년 만에 다시 부분적으로 허용하기로 했다. 정부의 이런 발표들은 시장에 '규제 완화'라는 확실한 사인을 보내고 있다.

'분양형 실버타운'이 활성화하면 시니어타운도 주택처럼 개인 간 거래가 가능해진다. 개발회사 입장에서는 임대형에 비해 투자금 회수 기간도 단축된다. 만일 실버타운에 매월 서비스 이용료를 납부해야 할 때는 운영사에서 수납해 서비스를 안정적으로 제공할 수 있다.

마찬가지로 헬스케어 리츠 사업도 국내 시니어 하우징의 공급에 커다란 영향을 미칠 것으로 본다. 금융이 발달한 미국에서 헬스케어 리츠는 흔히 성장과 배당 두 분야를 다 잡은 '만능 리츠'로 불린다. 국내 헬스케어 리츠가 일반 투자자까지 끌어들이는 형태로 성장할 경우 시니어 하우징의 시장 확대는 반드시 일어날 수밖에 없다. 따라서 헬스케어 리츠의 활성화는 대규모 시니어 레지던스 공급으로 이어질 것이다. 2025년 사업을 본격화한 화성동탄2지구의 의료복지시설 내 시니어타운은 규모도 상당하다. 약 5만 6,000평 사업 대상지 중 노인복지시설이 절반 이상을 차지한다. 대규모로 공급된다면 일시적으로나마 공급 부족 문제가 해소될 것이다.

나아가 헬스케어 리츠가 활성화하면 시니어 하우징 시장에 대한 인식이 바뀔 것이다. 지금껏 시니어타운은 정부 예산을 받은 복지재단이나 종교법인, 학교법인이 비영리사업으로 운영해왔다. 회계

수익이 잡히지 않았고 수익성도 낮다는 인식이 강했다. 하지만 헬스케어 리츠를 계기로 민간 사업자들이 대거 시장에 진입하게 되면 일반 대중 역시 간접 투자 방식으로 시니어 하우징 사업에 참여할 수 있다. 투자란 향후 수익을 기대하는 것으로 이익을 기대할 수 없는 곳에 투자란 있을 수 없다. 시니어 하우징 역시 탄탄한 수요에 기반을 두어 이익을 낼 수 있는 시장이라는 인식이 새로이 자리 잡을 것으로 보인다.

마지막으로 헬스케어 리츠는 시니어 하우징 산업의 폭발적인 성장을 이끌 도화선이 될 것이다. 헬스케어 리츠는 초고령사회 대응을 위한 정부의 시니어타운 공급 활성화 방안 중 하나이다. 정부의 적극적인 지원 정책 아래 해당 사업이 진행되는 것이다. 시니어타운 준공과 실제 임대까지 이어지며 헬스케어 리츠가 시장에 성공적으로 안착하게 되면 사업성도 입증된다. 그렇다면 이후 비슷한 사업이 여럿 추진될 것이고 시니어 하우징 산업이 성장할 것이다.

한편 정부는 리츠 외에도 택지 공급 시 시니어타운용 부지를 배정하고 학교 유휴시설 부지 등을 활용한 시니어타운 공급 지원 방안도 검토하고 있다고 밝혔다. 그뿐만 아니라 주택연금 수령자가 시니어타운 입주 후에도 주택연금 수급 자격을 유지할 수 있도록 하는 방안을 검토하며 안정적인 수요층 마련에도 힘쓰고 있다. 이런 상황들을 종합해 볼 때 국내 시니어 하우징 시장의 성장 가능성은 점차 커지고 있다.

또 하나, 국토부와 LH에서 민간 참여형 헬스케어 리츠를 도입하는 만큼 헬스케어 리츠 자금은 시니어 하우징 공급의 중요한 축으로 자리 잡을 가능성이 높다. 헬스케어 리츠의 영향으로 시니어 하우징이 많아지면 당연히 소비자 선택의 폭도 넓어질 것이다. 개발자 관점에서는 돌봄서비스를 유연하게 제공하는 시니어 하우징을 보다 빠르게 개발할 기회가 생길 것이다.

헬스케어 리츠의 도입이 반가운 또 하나의 이유는 헬스케어 리츠와 함께 동반 성장할 시니어 산업군도 많아질 것이라는 점이다. 요즘 신축 아파트나 오피스텔들이 소비자 맞춤형 설계를 진행하듯이 헬스케어 리츠 또한 시니어에 특화된 인테리어와 부대시설을 포함한 시니어타운 조성을 기획하고 있다. 시니어타운에 거주할 입주자들에게 돌봄을 제공할 종사자와 해당 서비스 기업들도 반드시 필요하다. 이러한 돌봄서비스 역시 시니어 전문 기업이 참여하여 제공할 수밖에 없다. 노인 돌봄 전문 기업들의 동반 성장 역시 예견되는 부분이다. 이런 선순환이 이루어진다면 대상자, 보호자, 업계 종사자 모두가 만족하는 선순환적 돌봄 문화도 안착할 수 있을 것이다.

케어닥은 지난 7년간 가사 돌봄, 재택간병, 방문요양, 방문재활, 병원간병, 요양시설, 양로시설 등 시니어 삶 전체 영역에서 돌봄을 제공해왔다. 20만 명 이상의 고객에게 돌봄서비스를 제공하며 많은 노하우를 데이터화했으며 최적화된 전문적 돌봄을 실현해 왔다. 더불어 7만 명 이상의 케어코디를 운용하며 돌봄 인력 관리에서 많은 노하우를 축적해 왔다. 노인 돌봄의 운영과 컨설팅 역량을 필요로 하는 많은 협력사와 파트너사와 국내 1호 시니어 하우징 전문 운영사로서 국내를 넘어 아시아를 선도하는 시니어 하우징 전성시대를 이끌 것이다.

# Silver Wave

실버 웨이브 5

## 시니어 연계 서비스와 기술의 파도

# 1
# 간병·돌봄 인력 알선업
## : 환자와 간병인 매칭 비즈니스

과거 대가족 시절 간병은 가족 구성원 중 한 명의 일이었다. 주로 여성(며느리)에게 간병 책임이 집중되어 여성의 경력 단절과 가족 내 갈등으로 이어지는 경우가 많았다. 그러다 산업화와 도시화를 거치며 대가족에서 핵가족으로 변화했고 가족 구성원이 간병을 감당하기 어려운 상황이 됐다. 자연스럽게 간병을 업으로 하는 직업인이 생겨났고 이들의 모임이자 간병 일을 알선하는 협회도 생겨났다. 1980년 한국간병인협회가 생겨나면서부터 간병인 제도가 정착될 수 있었다. 협회는 법적 구성은 아니지만 개별 간병인들의 집합이자 대표성을 지닌 곳으로 인식되고 있다. 병원에도 간병인을 알선하는 사업자를 간병협회라고 인식하고 있다.

### 간병은 어떻게 서비스 사업이 되었는가

간병 서비스에 대한 수요는 1990년대 중반부터 빠르게 증가했

**간병의 어려움 척도**

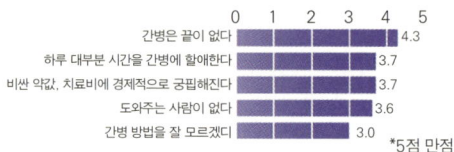

**본인이나 가족이 입원했을 때 누가 간병하나**

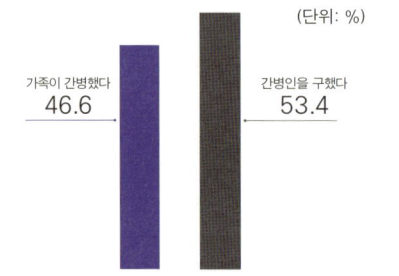

(자료: 한국보건의료산업노동조합)

다. 2000년대 들어서는 간병협회도 직업안정법의 구속을 받는 유료직업소개업(인력알선업)으로 법적 지위를 갖게 됐다.

한편 1994년 간병 산업에도 큰 전환기에 들어섰다. 의료법이 개정돼 '30개 이상의 요양병상을 갖고 장기입원이 필요한 환자를 대상으로 의료행위를 하는 기관'을 '요양병원'으로 한다는 법적 정의가 만들어졌다. 요양병원 입원 대상은 노인성질환자, 만성질환자, 외과적 수술 후 또는 상해 후 회복 기간에 있는 자로 정리됐다. 요양병원에 대한 법적 지위가 확립되면서 일명 '공동간병' 시스템이 만들어졌다.

이전까지 간병은 대형 병원에서 수술한 입원 환자를 대상으로 이루어졌다. 일명 '개인간병' 시스템이었다. 그런데 요양병원 정의 후 2000년대 접어들어 요양병원의 증가가 가팔라지면서 한 명의 간병인이 다수의 환자를 돌보는 공동간병 시스템으로 확대됐다.

개인간병은 환자가 고용하는 일수만큼 급여를 받는 반면 공동간병은 월급여 개념의 고정 급여를 받는 형태다.

우리나라에서 요양병원은 단순히 노인을 위한 병원을 넘어 의료와 돌봄의 복합적인 니즈를 해결하는 곳으로 진화해 왔다. 2008년 노인장기요양보험법 시행과 함께 요양병원이라는 공식적인 명칭이 사용됐고 2000년 초반 100개 미만이던 시설은 2020년 1,600개 이상으로 많아졌다. 통계상 40만 명 이상의 노인 환자가 요양병원에서 생활하고 있다. 요양병원 근무 간병인은 8인실 기준으로 1명의 간병인이 일하는 것으로 계산하면 5만 명 이상이나 된다. 실제로는 1인실, 2인실, 3인실 등 다양한 형태의 병실과 간병인 운영 형태가 있어 근무 간병인은 더 많다고 보는 것이 현실적일 것이다.

간병 산업은 요양병원과 상급병원이 중심이다. 최소 금액은 공동간병, 최대 금액은 개인간병으로 보면 된다. 2024년 기준 공동간병은 환자 1인당 최소 1만 5,000원부터, 개인간병은 2만 원부터 시작한다. 여기에 공동간병은 월 급여에 환자 수를 곱하여 월 단위로 계산한다. 개인간병은 보통 24시간 기준으로 돌봄 일수를 곱하여 수입을 계산한다.

보건복지부는 2021년 기준 국내 간병 시장 규모를 약 7조 6,000억 원으로 추정했다. 그리고 연평균 8.1%씩 성장해 2030년에는 약 11조 6,000억 원에 이를 것으로 전망했다. 한국은행에서 발행한 2024년 '돌봄서비스 인력난 및 부담 완화 방안'에서는 한 달 간병인의 평균 급여를 370만 원으로 보고 있다. 이는 65세 이상 고령가구 중위소득의 1.7배에 달하는 큰 비용으로 상당히 부담되는 금액이다. 그러나 이러한 시장과 산업에 대해 국가와 병원은 결코 '당사

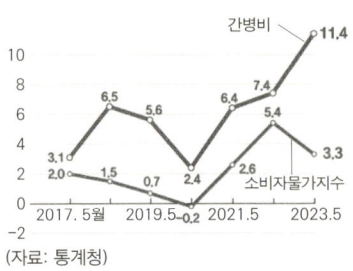

치솟는 간병비 물가
(단위: %, 전년 대비 증감률)
(자료: 통계청)

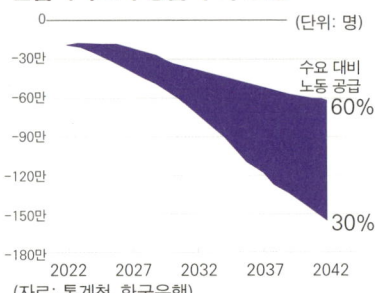

돌봄서비스직 공급 부족 전망
(단위: 명)
(자료: 통계청, 한국은행)

자'가 아니다. 간병인은 환자의 직접고용으로 일하며 협회는 알선 업무만 한다. 정부, 병원, 국민건강보험공단이 개입할 여지가 전혀 없다.

물론 정부도 높은 간병비에 대한 문제를 무시하고만 있던 것은 아니었다. 2013년부터 간호간병통합서비스라는 시범사업을 시작했다. 2015년부터 간병인이나 가족 대신 간호사, 간호조무사 등 전문 간호 인력이 입원 환자에게 24시간 포괄 의료서비스를 제공하는 간호간병통합서비스가 본격적으로 시행됐다. 건강보험이 적용돼 환자의 간병비 부담은 줄고 의료서비스의 질은 높이는 효과를 보였다. 그러나 약 10년간 운영된 간호간병통합서비스는 한계에 다다른 모양새다. 2022년 10만 병상을 목표로 했으나 2024년 기준 7만 병상 확보에 그쳤다.

간호간병통합서비스의 효과가 '제한적'이라는 비판도 있다. 현재 간호간병통합서비스는 간호사, 간호조무사의 돌봄이 크게 필요 없는 '거동이 가능한 환자'와 '일반 환자'를 대상으로 운영하고 있다. 전체 병실 중 일부만 간호간병병동으로 운영하다 보니 간병인이 필요 없는 환자는 간호간병실, 간병인이 필요한 노인 환자 등은 일반 병실로 배정하는 경우가 일반적이다. 노인 환자는 보험 적용이 되지 않는 사설 간병인의 도움을 받아야 해서 간병비 부담을 안게 된다. 결과적으로 간병 산업은 커가고 있지만 환자와 보호자의 간병에 대한 책임과 경제적 부담은 사라지지 않고 있다. 노인 인구의 증가로 간병 산업의 성장세도 지속될 것이라 예상된다.

### 간병인 알선 사업에서 알아야 할 것은 무엇인가

간병비 문제가 자주 거론되는 이유는 시장의 요구만큼 간병 인력이 많지 않기 때문이다. 문제를 해결하기 위해 정부는 일찍부터 '외국 국적 동포(외국인근로자)'에게 간병 시장을 개방했다. 일례로 2007년 방문취업제(H-2)가 시행되어 외국 국적 동포의 국내 고용 절차가 간소화되었고 중국 동포들이 국내로 대거 유입됐다. 인력 부족 문제를 겪던 간병 산업에 중국 교포들이 활력을 불어넣기 시작했다.

다음 해인 2008년에 노인장기요양보험이 시행되면서 간병인 시장이 분화됐다. 이전까지 누구를 대상으로 하든 간병과 돌봄을 담당하는 이들은 모두 간병인이었다. 그러나 노인장기요양보험 실시 이후 요양보호사와 간병인의 역할이 구분됐다. 그러면서 내국인과 교포의 역할도 구분됐다.

내국인 간병인은 노인장기요양보험의 지원을 받아 4대 보험이라는 안전망을 확보한 노동자인 요양보호사가 됐고 교포들은 내국인 간병인이 떠난 빈자리를 채워나갔다. 특히 요양병원은 24시간 상주 간병인이 필요하기 때문에 주거공간과 식사를 해결해야 하는 교포들에게는 안성맞춤인 자리였다. 2000년 중반부터 교포들은 요양병원 내 공동간병 대부분을 담당하게 됐다.

　간병인이 되기 위한 자격 조건은 없다. 『국어사전』에서도 간병인은 "병자를 간호하는 사람"일 뿐이다. 그런데 2000년대에 들어서 민간 자격의 '간병사'가 등장했다. 온라인 사전에도 "질병과 간병에 대한 전문 지식을 바탕으로 환자에게 각종 서비스를 제공하는 자격을 취득한 전문 간병인. 대한간병사협회에서 실시하는 자격시험을 통하여 자격증을 취득할 수 있다."라고 적혀 있다. 그러나 2008년 노인장기요양보험이 신설되고 국가자격증인 '요양보호사'가 만들어지자 민간자격증의 필요성이 약해졌다. 이전에는 산재환자에 대한 간병급여의 차이로 근로복지공단에서 인정하는 산재간병인도 있었으나 2008년 요양보호사 자격으로 대체됐다. 그럼에도 아직 몇몇 단체에서 민간에서 제공하는 자격증 발급을 위한 간병인 교육을 실시하고 있다.

　간병인 알선을 사업으로 하기 위해서는 직업안정법 시행령에 따르는 '유료직업소개소'로 등록해야 한다. 대표자 요건에 따라 사회복지사, 직업상담사 등이 주로 창업한다. 유료직업소개소는 제약 요건이 많지 않고 신규 등록 시에도 임대차 계약서와 보증보험증권 외에 필요 서류가 많지 않다. 자본금 1억 원 외에 비용 부담도 크지 않아 진입 허들이 낮은 사업으로 꼽힌다.

### 유료직업소개업 신규·변경 등록신청 시 구비서류

　간병인 알선은 유료직업소개소를 통해 진행되는데 지역에 따라서는 유료직업소개업이 아니라 사회적협동조합이나 사단법인 등을 통하는 경우도 있다. 이 경우 소개 알선이 아니라 조합원의 구직 알선으로 본다. 흔하지 않지만 직접 채용도 있다. 일부 병원에서 구인난이 심해 직접 채용을 선택한 것으로 보인다.

유료직업소개소의 매출은 구인자(환자 또는 보호자)에게 구직자(간병인)를 소개하며 받는 소개 수수료만이다. 직업소개 알선의 수수료도 법적 규정을 따라야 한다. 유료직업사업자의 자격 및 시설 등의 요건은 자본금 1억 원 외에 크게 제한이 없다. 병원 원무과와 간호과에서 담당업무를 했던 이들이 기존의 네트워크를 활용해 현재 간병사업을 하는 경우가 많다. 그러나 모두가 성공한 것은 아니다. 지인에 의존해 초기 수요처 발굴은 쉽지만 간병인 공급이 원활하지 않으면 곧 수요가 끊긴다.

병원이나 환자가 만족할 만한 간병인을 매칭해서 현장에 적응시키는 것은 매우 중요한 업무이고 어려운 업무이다. 매칭은 실시간으로 이루어지는 것이 특징이다. 간병인 인력 풀을 잘 유지해야 한다. 병원별로 간병인 운영에 대한 특성을 이해하고 환자 상태도 잘 이해한 후 적시에 간병인 공급에 나서야 한다. 요양병원은 공동간병, 급성기 병원과 전문병원은 개인간병이 주를 이룬다. 환자 중에는 자택에서 개인간병을 요구하는 경우도 있다. 공간과 환자에 대한 이해를 바탕으로 간병인을 연결해야 한다. 최근 들어 간병인을 구하는 것도 쉽지 않다. 대인 관계가 원만하고 사람들과 소통에 스트레스를 덜 받고 후속 관리를 꼼꼼하게 해주는 성실함을 갖춰야 해서다.

간병인 알선 사업을 하며 벌어지는 문제는 대부분 직업소개알선, 도급, 파견의 차이점을 이해하지 못해 벌어지는 것들이다. 직업소개알선업은 적극적 관리와 개입을 필요로 하지 않는다. 따라서 수입도 10% 이내의 알선 수입이 전부다. 과도한 열정으로 사업자

**인력알선업 vs 도급 vs 파견업**

| 구분 | 인력알선업 | 도급 | 파견업 |
|---|---|---|---|
| 정의 | 구직자와 구인자를 연결해 주는 서비스 | 특정 업무 완성을 위탁하는 계약 | 근로자를 고용하여 다른 회사에 파견하는 것 |
| 관계 | 알선업체-구직자, 알선업체-구인자 (각각 별도 계약) | 도급업체-도급회사 (1개 계약) | 파견업체-근로자, 파견업체-사용업체 (각각 별도 계약) |
| 지휘·명령 | 구인자가 직접 지휘·명령 | 도급업체가 자체적으로 지휘·명령 | 사용업체가 지휘·명령 |
| 책임 | 채용 여부 결정은 구인자에게 있음 | 도급업체가 업무 완성에 대한 책임이 있음 | 파견업체가 근로자 관리 책임이 있음 |
| 법적 근거 | 직업안정법 | 민법 | 파견근로자 보호 등에 관한 법률 |
| 예시 | 간병인 소개, 가사도우미 소개 | 건물 청소, 경비 용역 | 사무직 파견, 생산직 파견 |

가 간병인들에게 노무적, 세무적 도움을 주고자 할 때 문제가 생긴다. 인력 관리와 업태 운영에 주의가 필요하다. 부가세 10%를 별도로 내거나 퇴직금을 지불해 큰 손해를 입을 수도 있다. 직업안정법에 나와 있는 소개요금을 정확히 인지하지 못해 행정처분을 받는 경우도 있다. 법정 수수료를 초과하여 징수하는 것은 불법이다. 구직자에게 소개요금을 선불로 받는 것도 금지된다. 사전에 구직자와 구인자에게 수수료, 근로 조건 등을 투명하고 정확하게 공시해야 한다.

　지역자치단체 주관 부서에서 정기적으로 점검을 나오기 때문에 소개요금약정서 등 관련 서류도 잘 보관해야 한다. 한편 외국 국적 교포의 소개 알선이 점차 많아지고 있다. 외국인인 경우 특히나 간병업무를 할 수 있는 자격 파악이나 경험의 증빙이 중요하다. 사전 면접이나 현장 확인 등 추가 조치가 필요할 수 있다.

## O2O 간병인 플랫폼은 왜 성장이 쉽지 않은가

　모바일 플랫폼이 유행하면서 배달의민족을 필두로 청소, 가사,

육아 등 전문 인력이 필요한 곳에 사람을 보내주는 O2O 비즈니스가 호황을 누렸다. 간병 영역도 피해 갈 수 없었다. 케어닥을 포함한 많은 스타트업과 기존 업계에서 비슷한 모바일 플랫폼을 시도했다. 하지만 결과적으로 큰 성과를 거두지 못했다.

무엇 때문일까? 여러 이유가 있겠지만 현실적으로 모바일이나 PC에서 간병인을 찾는 경우가 기대만큼 많지 않았다. 간병은 병원에서 행해지는 일로 병원의 신뢰를 기반으로 하는 경우가 많다. 온라인에서 무작위로 사람을 구하는 것을 선호하지 않는다. 또한 의료는 변화가 빠르지 않은 영역이다. 디지털 전환 속도가 느린 것도 간병인 플랫폼이 기대만큼 성공하지 못한 이유로 꼽힌다. 환자의 컨디션이나 질환의 정도를 앱에서 설명하기도 어려울뿐더러 시시각각으로 변하는 환자의 상황과 컨디션을 설명하기도 어렵다. 오히려 전화나 대면 소통을 쉽고 편안하게 느낀다. 신뢰도 면에서도 온라인보다 오프라인이 더 높은 점수를 받고 있다.

결론적으로 '고관여 제품'인 간병을 모바일 중심으로 O2O 플랫폼에 담는다는 것은 아직은 시기상조로 비친다. 병원에서는 신뢰할 만한 업체에 간병인을 의뢰하고 싶고 보호자들 역시 대면을 거쳐 간병인을 검증하고 싶어 한다. 편리하고 저렴하다는 이유로 모바일 플랫폼에서 간병인을 구하는 일은 현실적으로 일어나지 않았다. 당분간 이러한 현상은 사라지지 않을 것으로 보인다. 그렇다고 모바일 플랫폼이 아주 무의미한 것은 아니다. 최초 접점 수단과 관리 수단으로 역할을 할 수 있다. 그러나 막상 연결되면 친절하고 현장에서 제대로 서비스를 제공하는 업체만이 경쟁력을 유지하며 생존할 수 있을 것이다.

# 2
# 해외 보조 인력 양성과 파견
## : 돌봄 인력 부족 문제의 해법

2008년 노인장기요양보험 실시 이후 내국인과 교포의 '자리'가 달라지기 시작했다. 요양보호사들이 장기요양서비스를 제공하는 파트(시설급여와 재가급여)로 이동하면서 교포들이 병원과 가정에서 간병과 돌봄을 담당하게 됐다. 그러면서 간병 인력 구인난이 더욱 심각해졌다. 동포(조선족, 고려인)와 불법 외국인 노동자(중국 한족, 몽골족 등)가 그 틈을 메워나갔다. 그러나 코로나19로 간병인 수급이 또다시 어려워졌다. 간병인으로 활동하던 많은 동포와 외국인 노동자가 본국으로 돌아갔고 신규로 유입되는 간병인들도 줄었다. 간병인 부족은 간병비 증가로 이어졌다. 코로나19 이전인 2019년 하루 7만~9만 원 하던 간병비가 12만~15만 원까지 올랐다.

일본은 간병 돌봄 인력 문제를 어떻게 해결했는가
일본은 우리보다 앞서 간병 돌봄 인력 부족 문제를 경험했고 지

**주요 개인 서비스(외식 제외) 품목 최근 5년 물가상승률**

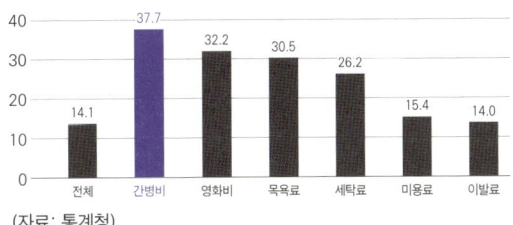

(자료: 통계청)

**병원비 외 간병비 부담 수준**

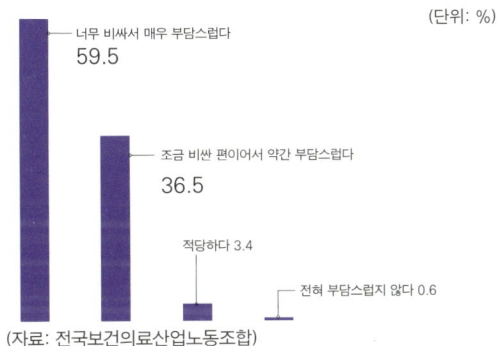

(자료: 전국보건의료산업노동조합)

난 2019년 12개 업종에 대한 '특정기능제도'를 도입했다. 해당 분야 외국인 노동자에게 최대 5년간 체류를 허용하는 제도이다. 특정기능의 핵심 업종은 개호로 우리나라로 치면 요양보호사와 같은 직종이다. 인력난을 겪는 일본 정부는 외국인 개호 노동자 모집에 적극적으로 나섰다. 개호 자격시험 빈도는 월평균 10회 이상으로 타 업종(월 2회)에 비해 높고 외무성의 특정기능제도 홈페이지에도 최상단에 올라와 있다.

실제 제도 도입 후 외국인 개호 인력은 2022년 7,019명에서 2023년 1월 1만 7,066명으로 늘었다. 베트남, 캄보디아 등에서 간호 보조 업무를 한 경험이 있는 여성들이 특정기능제도를 통해 일본에 많이 정착했다. 그들은 자국의 교육원에서 일본어와 돌봄 교육을 받고 일본으로 입국했다. 일본 내에서 언어 시험, 개호 영역 일본어 시험, 기능 시험을 거쳐 요양시설에서 일을 시작했다. 개호 인력의 최초 체류 허가 기간은 5년이지만 개호복지사 자격증을 취득하면 기간 제한 없이 일할 수 있다.

그러나 외국인 노동자에게 개호 업무는 쉽지 않다. 차별과 갑질은 없지만 노동 강도가 높고 처우도 그다지 좋지 않다. 일본 개호 종사자들의 급여도 다른 업종과 비교할 때 최저 수준이다. 다만 외국인에 대한 차별이 없고 승진·진급도 근속 연수와 업무 성과에 따라 이뤄진다는 점에서 직장 문화는 나쁘지 않다고 한다. 2023년 일본 정부는 5년간 특정기능 수용 인원을 34만 5,000명에서 82만 명으로 2.4배 늘렸다. 입국 문턱을 낮춰 부족한 일손을 채우겠다는 계획이다. 부족한 인력은 2025년 약 32만 명, 2040년에는 약 69만 명으로 추정돼 장기적으로 개호 인력 수입은 지속될 것으로 보인다.

### 한국도 외국인 간병·돌봄 인력 유입이 시작됐다

우리나라에서도 간병인 임금 상승 문제, 요양보호사 부족 문제 등을 이유로 외국인 간병·돌봄 인력을 유입하는 논의가 시작됐다. 내국인의 간병비를 높이면 환자와 보호자의 간병비 부담이 커지고 건강보험 등 정부 지원을 늘리면 재정적자가 커져 외국인 노동자와 같은 저임금의 노동자를 찾는 방법을 강구하게 됐다.

이와 비슷한 맥락으로 2024년 9월 서울시는 외국인 가사관리사 시범사업을 시행했다. 필리핀 출신의 가사관리사 100명이 입국

해 142개 가정에서 가사 서비스를 시작했다. 그보다 앞선 2024년 7월 법무부와 보건복지부는 국내 대학 졸업 외국인 유학생의 요양보호 분야 취업을 허용하고 국내 체류 동포의 요양보호 분야 취업을 장려하는 계획을 발표했다. "요양보호사의 고령화 등으로 인해 돌봄 인력 공급이 부족하여 요양보호사 자격을 취득한 젊고 전문적인 외국인 근로자 활용을 확대할 필요가 있다."라며 "국내 대학 졸업 외국인 유학생을 대상으로 요양보호 분야 취업을 허용하는 비자인 특정활동(E-7) '요양보호사' 직종을 신설한다."라는 내용이었다. 이로써 우리나라도 외국인 간병·돌봄 인력의 본격적인 유입이 확실시됐다.

해외에 인력을 송출하는 일은 낯선 풍경이 아니다. 우리나라 역시 개발도상국 시절 독일에 광부와 간호사를 파견하고 이들의 인건비를 담보로 외자를 유치했다. 인력 파견 국가에서 수입 국가로 위치가 바뀌었을 뿐이다. 보건복지부의 발표 이후 국내 노인 돌봄 전문 업체들은 '전문 간병 인력 양성 과정'을 추진한다는 내용의 보도자료를 속속 발표했다. 이후 돌봄 스타트업들이 해외 돌봄 인력 양성·도입 사업을 시작했다. 아직 돌봄 인력을 국내에 도입한 사례는 없지만 동남아시아의 해외 인력 파견 업체와 외국인 유학생이 왔을 때 교육을 담당할 수 있는 국내 대학과 업무협약(MOU)을 맺는 식으로 사업의 시작을 알렸다.

동남아시아에는 글로벌 기준에 맞춘 인력 양성과 해외 파견에 특화된 전문 기업들이 많이 있다. 자체 교육원에서 파견생을 대상으로 전문 교육도 실시하는데 요양원을 운영하며 파견생들의 실습까지 책임지는 곳도 있다. 동남아시아의 해외 파견 전문 기업들은 일본, 대만, 유럽 등에 돌봄 인력을 파견한 경험도 풍부하다. 송출 프로세스도 잘 갖추고 있어 우리나라에도 빠르게 적용할 것으로 보인다.

국내 대학들도 외국인 학생을 모집해 교육시키고 돌봄 인력을 양성하는 데 큰 관심을 보이고 있다. 저출산으로 모집 정원을 채우지 못하는 대학들이 많아지는 가운데 새로운 교육 사업으로 외국인 학생 교육에 큰 관심을 보이고 있다. 졸업이나 수료 후 고용이 확정되는 과정이므로 매력도도 높은 편이다. 다만 외국인 학생을 모집하고 국내로 데려와서 교육시키는 과정은 의욕만으로 하기는 어렵다. 국내에 외국인 학생을 들여올 때 숙식을 해결해줘야 하고 언어적, 환경적 어려움을 겪지 않도록 돌봐줘야 한다. 선례가 없는 상황에서 돌다리도 두드려본다는 마음으로 사업에 임하고 있다고 한다.

정부의 구체적인 정책 발표가 뒤를 잇고 시범사업으로 실제 인력의 송출과 교육 그리고 배치까지 진행되면 해당 비즈니스를 시작하는 업체도 많아질 것이라 예상한다. 돌봄 인력 송출 비즈니스는 케어닥과 해외 파트너사가 함께 진행하는 협력 비즈니스이다. 파트너사는 인력 모집을 위해 지역센터를 운영하고 각 나라에 필요한 인력의 교육도 진행하고 송출 시 행정절차도 대행한다. 케어닥은 국내 영업을 통해 필요한 돌봄 인력의 규모를 확인하고 파트너사에 의뢰해 인력 송입 과정도 진행한다. 송입 인력의 비자 관련 행정절차와 입국한 해외 돌봄 인력의 국내 정착도 지원한다.

정부가 돌봄 시장 내 외국인 인력 활용을 주목함에 따라 향후 관련 수요도 많아질 것으로 보인다. 법무부가 외국인 유학생의 요양보호 분야 취업 장려 계획을 발표한 데 이어 서울시 또한 관련 분야 내 선별적인 외국인 전문 인력 도입 추진을 포함하는 '서울 외국인 주민 정책 마스터 플랜'을 발표했다. 2024년 7월 서울시가 필리핀 가사도우미 시범사업을 시작한 이후 간병 분야에서 해외 인력 도입도 제도화될 것이란 전망이 지배적이다. 법무부는 방문취업(H-2) 동포가 요양보호사 자격을 취득하면 체류 기간을 계속 연장할 수 있는 재외동포(F-4)로 자격 변경을 허용할 예정이다. 그리고 요양 보호사로 활동 중인 방문취업 동포의 장기근속이 가능해지면 신규 진입 또한 증가할 것으로 기대한다고 밝혔다.

그러나 해외 돌봄 인력 유입이 실현될 경우 나타나는 문제에 대해서도 고민해야 한다. 외국인 간병인과 요양보호사를 고용하는 이유는 인력 수급의 문제도 있지만 임금 자체를 낮추기 위해서이다. 우리나라는 국제노동기구ILO 국제협약과 최저임금법 등에 따라 외국인 노동자에게도 내국인과 동일한 수준의 최저임금을 적용해야 한다. 하지만 현행 최저임금법은 업종별 최저임금 차등 적용 가능성을 열어두고 있다. 돌봄서비스업종에서 내·외국인 구분 없이 최저임금을 낮출 수 있고 사적 계약 방식은 최저임금을 적용하지 않아도 된다. 최저임금 차등 적용은 중장기적으로 가격 왜곡을 줄이고 경제 전체의 효율성을 높이는 등 긍정적인 결과로 이어질 수 있다는 분석이다.

그러나 최저임금을 차등 적용할 경우 가장 큰 문제는 '처우'다. 현재도 요양보호사와 간병인의 임금 수준은 높지 않다. 외국인 노동자에게 차등 적용까지 하면 이탈자를 양산할 여지가 있다. 일본도 개호를 위해 입국했으나 불법체류자로 다른 일을 하는 이들이 있다. 타국에서 고된 업무를 지속하기가 힘들기 때문이다. 일단 입국했으니 비록 불법체류자 신분이라도 고임금을 받을 수 있는 직업으로 이탈하고픈 유혹을 뿌리치기 힘들 것이다.

2024년 기준 우리나라의 65세 이상 노인 인구는 1,000만 명을 넘었고 장기요양 이용 판정자는 120만 명을 넘겼다. 노인 인구 전체가 돌봄서비스가 필요한 것은 아니지만 다수는 공적제도의 도움을 받고 있지 못하다. 도움을 못 받는 노인 인구는 사적 간병인을 이용할 수밖에 없다.

또한 약 1,500개 요양병원에서 근무하는 간병인은 약 4만 명에 이르는 것으로 추정된다. 그러나 2023년 요양병원 간병비 급여화에 대한 정책 연구를 진행한 건강보험연구원은 "요양병원 입원서비스 이용이 적절한 환자 모두를 간병 서비스 급여대상자로 간주하면 현재 활동하는 간병인 규모의 3~5배 인원이 더 필요하다."라고 밝혔다. 4~8명의 환자를 1명의 간병인이 24시간 돌보는 시스템을 2~3명이 3교대로 진행해야 하므로 인원이 훨씬 더 필요하게 되는 것이다.

수요는 많고 공급은 부족해 간병비가 올라가는 상황에서 해외 돌봄 인력 유입은 피할 수 없는 선택이다. 우리나라에서 돌봄 업무를 하고자 하는 이들을 잘 교육해 현장에 배치하고 관리하는 일은 해외 돌봄 인력 양성·도입 사업을 하는 기업이 담당해야 할 몫이다. 국내 간병 시장의 안정화와 양질의 돌봄 인력 수급을 책임질 기업들이 많아져 고품질의 간병 서비스를 제공하길 기대한다.

# 3
# 보험과 신탁
## : 돌봄에 금융을 활용하다

대한민국 전체 인구가 2024년 기준 5,175만 명이 넘는데 한 해 태어나는 아이는 24만 명에 그친다. 누구나 인정하는 저출산 시대다. 은퇴 후 시니어 세대의 핵심이 된 액티브 시니어들도 노후가 걱정이다. 아플까 걱정, 돈이 떨어질까 걱정, 자식들에게 짐이 될까 걱정이다. 이를 해결하기 위해 '금융'을 활용하고 있다. 대표적인 상품이 보험과 신탁이다. 간병비보험은 대표적인 '안심' 상품이다. 2023년 보험개발원에서 발표한 자료에 따르면 간병·치매 보험에 가입한 고령자는 161만 명에 달한다. 전체 17.9%이다. 연령대로는 60대가 27.2%로 가장 높다. 젊은 시니어일수록 초고령화 시대를 적극적으로 준비하는 모양새다.

신탁 역시 초고령화 시대를 맞아 관심이 증폭된 금융 형태다. 사실 그간 우리나라에서는 신탁에 관심이 높지 않았다. 유럽, 미국, 일본 등에서 신탁을 다양하게 활용하는 것과 대조적이다. 그러나 요즘 텔레비전을 틀면 '할아버지와 손자'가 등장하는 신탁 광고가 종종 눈에 띈다. 소득 3만 달러 시대의 진입, 기대 수명 연장, 그리고 자산을 남기고 갈 수 있다는 기대감이 높아지면서 신탁에 대한 시니어 세대의 관심도 높아지고 있다.

### 간병보험은 유병장수 시대의 필수품이다

"파킨슨병을 앓고 있는 80세 할아버지를 돌보는 이는 75세로 역시 고령인 부인입니다. 벌써 6년째, 간병인은 비용 때문에 엄두가 나지 않았습니다. 단 하루라도 입원한 환자의 연평균 간병비는 275만 원. 장기화될수록 액수는 기하급수로 늘어 한 해 간병인 비용 총액은 3조 원에 이릅니다. 이르면 내년 말 이런 간병을 해주는 보험이 나옵니다."

2013년 11월 28일 KBS 뉴스에 등장한 내용이다. 헤드라인은 '간병보험도 등장'이라고 뽑았다. 그로부터 11년이 지난 2024년 정부는 사적 간병비 부담을 10조 원으로 추정했다. 출시를 예고했던 간병보험도 가입자가 많아졌다. 2023년 1월 기준 메리츠화재·한화손해보험·롯데손해보험·흥국화재·현대해상·KB손해보험·DB손해보험·NH농협손해보험 등이 '간병'이라는 이름을 내건 상품을 판매 중이다. 간병비 보장을 전면에 내세우지 않고 특약으로 간병비 관련 담보를 넣은 경우도 상당하다. 손해보험사들은 치매와 장기요양 자금을 함께 보장하거나 어린이보험, 건강보험 등에 간병비 보장 특약을 담는 등 다양한 상품을 쏟아내고 있다. 유병장수 시대 간병보험이 필수품이 되면서 간병 시장은 더욱 확대될 것이다. 직접 간병보험을 판매하는 보험사뿐만 아니라 간병

**간병인보험(현물)과 간병비보험(현금) 비교**

| | 간병인보험(간병인 지원 일당) | 간병비보험(간병인 사용 일당) |
|---|---|---|
| 구분 | 회사에서 보내주는 간병인의 서비스를 받음 | 간병인을 직접 고용하고 비용을 청구함 |
| 보험료 | 갱신 | 비갱신 |
| 장점 | 본인 부담 간병비용 없음 | 매달 내는 보험료 동일 |
| 단점 | 보험료 증가 | 물가상승 시, 본인 부담 간병비 발생 |

인을 파견하는 업체에도 큰 시장이 형성되는 셈이다. 비용 부담 없이 간병인을 이용할 수 있게 되므로 간병인 파견 업체에도 일이 많아진다. 간병보험 판매 증가를 예상하며 관련 비즈니스를 기획해 볼 수도 있다.

### ① 간병인을 직접 파견하는 간병인보험

우리나라에서 최초로 간병인보험을 내놓은 곳은 메리츠화재이다. 2012년 메리츠화재는 병원에 입원하여 치료받는 고객들에게 간병인을 파견하는 보험을 출시했다. 지금까지도 많은 가입자를 유지하고 있다. 메리츠화재의 판매 실적을 보고 다른 보험사들도 앞다퉈 유사한 간병인보험을 내놓기 시작했다. 당시 출시된 간병인보험은 입원 기간 파견된 간병인을 이용하거나 간병인이 필요 없는 경우 입원 일당(금액은 가입 시 약관에 따름)을 받을 수 있다. 파견하는 간병인은 보험회사와 사전에 계약한 간병업체에서 배정하고 비용도 지불한다. 환자가 직접 간병인 알선 업체에 연락할 필요가 없고 파견 병원도 종합병원, 요양병원, 의원 등 제약이 없다. 다만 간병 희망 날짜 기준 48시간 이전에 신청해야 하고 임의로 개인간병인을 고용해서는 안 된다.

간병인보험의 또 다른 장점은 '간병비 인상'과 '추가 지불'을 고민할 필요가 없다는 점이다. 간병비가 빠르게 상승해도 보험업체와 간병업체에서 부담한다. 다만 갱신형 상품이어서 보험사의 손해율과 예정이율 등에 따라 보험료가 상승할 수 있다. 보험사와 간병업체의 사정으로 간병인 지원이 어려운 경우는 간병인 지원비용 한도 내에서 간병비용을 보상받을 수 있다. 간병인 지원비용도 보험료 갱신 시점에 맞춰 올라간다.

② 간병인 비용을 지급하는 간병비보험

2021년 삼성화재에서 이전과 다른 간병비보험을 출시했다. 이전에는 간병인을 파견하는 보험이 대부분이었다. 그런데 삼성화재에서 간병인 사용료를 보상하는 보험을 판매하기 시작했다. 환자나 보호자가 직접 간병인을 고용한 뒤 보험사에 비용을 청구하는 방식으로 기존의 보험 청구 방식과 같은 프로세스를 거친다.

간병비보험은 원하는 간병업체를 통해 간병인을 구인할 수 있다는 것이 장점이다. 보험사의 고객센터 운영시간은 평일 9시부터 18시까지이고 주말과 야간에는 연락이 어렵다. 그러다 보니 급한 상황에서 간병인을 부르기 어려운 단점이 있다. 간병비보험은 사용자가 필요한 시기에 간병인을 구하고 이를 비용으로 청구하기 때문에 고객센터 운영시간에 구애받지 않는다.

또한 대부분 비갱신 형태로 판매돼 보험료 인상에 대한 부담도 없다. 납입금을 기준으로 보험사를 선택할 수 있어 보험 가입도 쉬운 편이다. 보상금액도 보험 가입 시점을 기준으로 쉽게 파악된다. 단 간병비는 간병업체마다 다르다. 보험사 보상금액보다 높으면 본인 부담액이 생긴다. 반대로 보상금액보다 실제 간병비 지출이 적다면 금전적 이익을 볼 수도 있다. 또한 비용 지급형의 경우 일반병원(12만 원 내외)과 요양병원(3만 원 내외) 일당이 다르다. 요양병원 입원이 많다고 예상한다면 간병인보험이 유리할 수 있다.

### 신탁으로 생전과 사후를 일임한다

원래 신탁이란 일정한 목적에 따라 재산의 관리와 처분을 남에게 맡기는 것을 말한다. 최근 관심이 높아진 신탁은 노후자산 관리 영역이다. 생전 그리고 사후에 필요한 일들을 신탁사에 일임해 처리하는 형태이다. 우리나라에서 이러한 신탁 업무를 할 수 있도록 인가된 기관은 약 60개로 주로 은행, 증권, 보험사가 시장을 주도하고 있다.

설문조사 결과 우리나라에서 신탁에 관심을 가지기 시작하는 나이는 50대 이후라고 한다. 인생의 허리라고 하는 50대에는 인생의 다양한 이벤트가 생겨난다. 위에는 부모님이 있고 아래는 자녀가 있다. 부모님이 돌아가시고 자녀들은 교육을 마치고 독립을 준비한다. 50대부터는 자신이 가진 한정된 자산을 잘 배분해 사용해야 한다. 또한 이후에는 노후 관리와 상속이라는 숙제를 안게 된다. 이런 일련의 이벤트에서 분쟁을 일으키지 않고 원만하게 처리하기 위해 신탁을 선택하는 이들이 늘고 있다.

① 고령화 시대 맞춤형 신탁들

고령화 시대에 맞춤한 신탁은 '유언대용신탁' '후견지원신탁(치매신탁)' '상조신탁' 등이 있다. 유언대용신탁이란 피상속인이 보험을 제외한 재산을 수탁업자(은행, 증권사, 보험사 등)에 맡기면 피상속인이 살아 있을 때는 자산을 굴려주고 사후에는 유언 집행을 책임지는 서비스이다. 엄격한 공증이 필요한 유언장 작성 없이 위탁자(고객 또는 피상속인)와 수탁자(금융사)가 임의로 계약을 체결할 수 있고 피상속인의 생애주기에 따라 적절한 재산 운용이 가능하며 사망 이후에도 구체적인 유언 계획을 실행할 수 있는 게 강점이다. 피상속인은 장애가 있거나 아픈 자녀에게 자산이 사용될 수 있도록 미리 지정해둘 수 있어 유언대용신탁을 활용하기도 한다.

일본은 2006년에 신탁법 개정이 이뤄지며 유언대용신탁이 도입됐다. 우리나라에도 일본의 사정이 알려지면서 유언대용신탁을 문의하는 고객들이 늘어났다고 한다. 우리나라에서는 2010년 신탁법 개정에 대한 논의가 진행됐고 신탁법 개정 이전에 법무부의 유권 해석을 받아 유언대용신탁 상품이 출시됐다. 다만 전문가들은 우리나라도 증여신탁을 위해 법을 정비해야 한다고 지적한다. 미국은 생명보험신탁, 연금양도신탁 등 기부와 상속을 설정할 수 있는 신탁들이 있다. 우리나라에서 이런 신탁이 자리를 잡으려면 세금 관련 문제를 먼저 해결해야 한다.

최근에는 치매, 알츠하이머, 파킨슨처럼 질병으로 자신이 제대

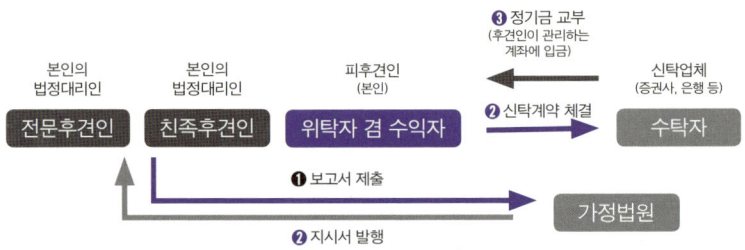

후견지원신탁(치매신탁) 구조

로 된 의사결정을 내리기 어려울 때를 대비해 자산을 지키는 방식으로 신탁을 활용하려는 시니어들도 늘고 있다. 고령자의 특수한 상황과 요구를 반영한 '후견신탁'도 자주 인용되고 있다. 후견지원신탁은 '치매대비신탁' 또는 '치매신탁'으로도 불린다.

치매대비신탁은 자산 관리 과정에서 치매라는 조건을 두고 목적을 정한다. 인지 상태가 양호할 때 금전을 신탁하면 재산 관리와 함께 후견이 필요할 경우 병원비, 간병비, 생활비 등의 비용도 처리해 준다. 치매에 걸린 자신을 보호하는 안전장치인 셈이다. 극단적으로 치매에 걸려도 자식이나 지인들에게 자산을 뺏기지 않을 수 있다. 치매대비신탁에는 상속도 포함할 수 있다.

이 밖에 생활비를 제공하는 생활비지원신탁, 부동산을 포함한 자산을 보호하는 주택신탁, 그리고 후견인이 피후견인의 자산을 안전하게 관리하는 보호신탁 등이 있다. 이 중 관심도가 높은 것은 생활비지원신탁으로 정기적으로 생활비를 지급하는 형태여서 생활 안정성을 보장받고 자산 관리의 어려움도 줄일 수 있다. 보호자 입장에서 후견신탁은 부모님의 자산을 안정적으로 관리할 뿐만 아니라 법적 보호를 통해 안전하게 지킬 수도 있다.

상조신탁은 자산 중 일부를 상조비용으로 지정하는 계약이다. 상조회사도 갑자기 문을 닫을 수 있기 때문에 상조자산신탁이 더 안전하다고 할 수 있다. 사후에 신탁에서 상조회사와 계약하고 상조비용을 지출하면 된다. 자산을 바르게 관리해 가치를 유지시키고 갑작스러운 사고에 대비해 의료비나 생활비를 안정적으로 쓸 수 있게 한다는 장점이 있다. 그러나 신탁이 장점만 있는 것은 아니다. 우선 신탁 관리 수수료와 세금이 발생한다. 또한 장기간 자산 운용을 위탁하게 되므로 그때그때 마음대로 자산을 유용해 쓸 수 없다. 계약자라면 신탁 계약에 앞서 장단점을 꼼꼼히 살펴야 한다.

② 봄을 맞이한 신탁 관련 비즈니스

실제 신탁 상품 안내를 진행해 보면 60대보다 40~50대가 더 많은 관심을 보이는 것을 알 수 있다. 그 이유는 부모님에게 상속받으며 복잡한 상속 과정을 경험해 신탁의 장점을 잘 파악하게 됐기 때문이 아닌가 생각된다. 또한 인생의 후반부로 넘어가며 건강을 살피고 자산 관리 계획도 꼼꼼히 세울 때이다. 고령화 시대에 신탁은 자산 관리 도구로 원스톱 서비스를 제공해야 한다. 인지능력이 저하될 때를 대비하고 사기와 같은 재산을 잃을 위험으로부터 자산을 보호할 수 있어야 하며 치매신탁의 경우 고령자의 재산을 지키는 것은 물론 보호자의 자산 관리 부담을 줄여 치매 환자와 가족 모두에게 높은 안정성을 제공해야 한다.

케어닥은 최근에 시니어 하우징과 연계하는 신탁 프로그램을 기획해 보았다. 입주자는 신탁사에 전체 비용을 맡기고 원하는 기간까지 주거비를 지출하도록 계약하면 시니어 하우징 운영업체는 신탁사에서 비용을 받고 계약 기간까지 안정된 서비스를 제공한다. 신탁을 통해 입주자는 각종 질병에 걸려 자신을 돌보기 어려울 때도 원하는 시니어 하우스에서 거주하며 돌봄서비스를 받을 수 있다. 입주자는 비용 지출을 신경 쓰지 않아도 되고 시니어 하우징 업체는 수익을 안정적으로 확보하는 효과를 기대할 수 있다.

한편 은행과 생명보험회사들은 2024년부터 시행된 사망보험금을 활용한 보험금청구권 신탁 관련 상품 개발에도 박차를 가하고 있다. 피상속인이 자신의 사망보험금을 신탁사가 관리하도록 지시할 수 있고 신탁회사는 피상속인이 원하는 구조로 보험금을 운용, 관리해 수익자에게 지급할 수 있다. 이와 관련해 노후 자산 관리부터 유언장 작성, 상속 재산 분할, 상속 집행까지 한 번에 대행하는 '유산 정리 서비스'도 출시됐다.

이처럼 시니어들에게 특화된 금융 상품과 서비스를 개발하고 공급하기 위한 금융사들의 경쟁이 치열해지고 있다. 맞춤 자산 설계, 웰리빙과 웰다잉을 아우르는 종합 상품, 서비스, 관리 채널 확대 등 100세 시대에 맞는 금융의 진화는 계속될 전망이다.

### 돌봄과 금융이 만나면 시너지가 생긴다

간병보험 그리고 신탁 관련 사업에 진출한 케어닥은 돌봄과 금융이 만나는 시너지에 높은 관심을 두고 있다. 은행권, 보험사, 신탁사 남낭사들을 만나보면 '시니어 고객'에 대한 관심이 매우 높다. 그들과 연관된 비즈니스를 하려고 하고 나이 들어가는 고객을 지속해서 관리하고자 한다. 구체적으로 돌봄서비스를 이용하는 시니어 고객들은 '축적 데이터'가 많은 이들이다. 이들은 돌봄서비스를 이용하며 소비 패턴, 질병 패턴, 생활 패턴, 관계 패턴을 데이터로 축적한다. 이들 데이터를 활용하면 금융사들이 원하는 실효적인 고객 데이터를 만들어낼 수 있다. 이를 새로운 상품과 서비스 그리고 비즈니스 모델을 만드는 데 활용하면 견고한 초석 위에 금융사만의 시니어 비즈니스를 시작할 수 있다.

케어닥은 금융사의 니즈를 바탕으로 돌봄과 금융을 연계해 실현할 수 있는 비즈니스 모델을 다음과 같이 정리해 공유하고 있다.

1. 맞춤형 실버보험 상품 개발

 노인 돌봄 분야에서 축적된 데이터를 활용하여 과학적이고 정확한 보험 상품을 개발한다. 간병 서비스 이용 패턴과 위험 요소를 분석하여 보험료를 산정하고 고객의 연령대와 질환 특성에 맞는 맞춤형 보장을 설계할 수 있다. 보험사들과 전략적 제휴를 통해 안정적인 수수료 수익을 창출할 수 있다.

2. 노인 특화 금융 상품 개발

 노인층의 특수한 금융 니즈를 반영한 상품들을 제공한다. 미래의 간병비용에 대비하는 목적성 저축 상품, 의료기관 이용 시 특별 혜택을 제공하는 전용 카드, 그리고 요양시설 입소에 필요한 보증금을 지원하는 금융 상품(대출) 등을 설계할 수 있다. 이로써 노인 고객층의 금융 편의성을 높인다.

3. 데이터 기반 신용평가 모델

 기존의 신용평가 시스템에서 간병인과 요양시설은 대부분 제외 대상이다. 높은 임금과 수익 모델을 가지고 있음에도 적절한 신용평가가 없어 대출을 받는 데 큰 제약이 따른다. 간병인은 근무 실적과 평가로, 요양시설은 운영 데이터, 수납 이력 등을 바탕으로 타당한 신용평가 데이터를 제공한다. 적절한 신용평가 데이터로 금융을 쉽게 이용하도록 지원한다.

4. 헬스케어 투자 자문

 빠르게 성장하는 헬스케어 산업에 대한 전문적인 투자 자문 서비스를 제공한다. 요양시설의 수익성과 발전 가능성을 분석하고 시니어타운 개발에 대한 전문적인 컨설팅을 제공한다. 또한 헬스케어 관련 투자 상품에 대한 전문적인 자문을 통해 투자자들의 성공적인 투자를 지원한다.

### 5. 결제·정산 플랫폼

간병 서비스 이용과 관련된 모든 금융거래를 안전하고 효율적으로 처리할 수 있는 통합 플랫폼을 제공한다. 간병비 에스크로 서비스로 안전한 결제를 보장하고 요양시설의 복잡한 정산 업무를 자동화하며 고액의 의료비 부담을 덜어주는 분할납부 서비스를 제공한다.

돌봄과 금융이 만났을 때 생기는 시너지는 크게 3가지이다. 첫째, 고객 접점이 다양해진다. 케어닥 고객이 금융 서비스를 원할 때 연계해주거나 금융사에 케이다의 서비스 데스크를 열어 고객들의 돌봄 문제를 해결할 수 있다. 이 과정에서 영업 매출은 물론 광고 매출을 올릴 기회가 생긴다. 둘째, 축적 데이터를 활용해 과학적인 상품과 서비스 설계가 가능하다. 케어닥의 시니어 고객들은 중장년층으로 병원 이력, 돌봄서비스 이용 내역, 비용 지불 능력 등 다양한 데이터를 갖고 있다. 이를 모두 케어닥에서 축적 정보로 갖고 있다. 이를 활용할 때 금융사들은 보험, 예적금, 신탁 등 맞춤형 금융 솔루션을 제공할 수 있다. 셋째, 컨설팅 정보를 쉽게 구할 수 있다. 케어닥은 돌봄 대상자와 서비스 정보를 구체화할 수 있다. 지역, 연령, 성별, 지출비용 등 다양한 기준으로 통계를 내면 개별 고객뿐만 아니라 고객군에 대한 데이터로도 활용할 수 있다. 해당 지역의 고객 연령 정보를 갖고 신규 점포 개설 여부, 추천 상품 가이드 등 실용적인 컨설팅 정보를 제공할 수 있다.

돌봄서비스 시장이 이제 막 성장기에 들어선 것처럼 돌봄과 금융의 콜라보도 이제 막 시작됐다. 먼저 관심을 가지고 먼저 첫발을 내디뎌야 할 때이다.

# 4
# 에이지테크
## : 나이듦의 불편을 덜어주는 기술들

전 세계적으로 2050년까지 60세 이상 인구는 21억 명에 이를 것으로 추산된다. 세계 인구의 4분의 1이 고령자가 되다 보니 나이듦의 불편을 덜이줄 기술이 필요할 수밖에 없다. 이러한 기술을 에이지테크라고 한다. 고령 인구의 급격한 증가에 따라 의료, 보건 등 헬스케어 분야에서 주거, 이동, 금융, IT 서비스 등 생활 전반에 걸쳐 노화로 인한 어려움을 극복하고 고령자와 돌보는 이들의 요구도 해결해 주는 기술이다. 에이지테크는 개개인이 삶의 질을 스스로 유지하면서 안전하고 독립적인 생활이 가능하도록 돕는다. 돌봄을 담당하는 이들의 정신적, 신체적 부담까지 줄여주는 것을 목표로 한다.

에이지테크가 새로운 미래 산업으로 부상했다

최근에는 건강과 돌봄뿐만 아니라 고령자 생활 전반에 필요한 기술들이 에이지테크로 주목받고 있다. 노령층은 건강한 몸을 유지하며 천천히 나이 드는 '슬로에이징'을 원한다. 그만큼 자신들의 건강과 자립적인 삶의 중요성을 인식하고 있다는 것을 보여주는 대목이다. 이러한 트렌드에 맞춰 스마트 에이징Smart Aging 또는 제론테크Gerontech라는 신조어가 만들어졌다. 스마트 에이징은 스마트폰, 태블릿, 스마트 워치처럼 건강과 생활 편의, 의료서비스 등 삶의 질을 높이는 데 초점을 맞춘 기술이다. 제론테크는 '노인학Gerontology'과 '기술Technology'의 합성어로 노년의 삶의 질 향상과 지속 가능한 삶을 목표로 하는 기술을 말한다. 둘 다 고령자의 특성과 변화하는 산업 환경에 맞춰 서비스와 제품을 내놓고 있다. 확장되는 헬스케어 산업에서도 에이지테크는 새로운 미래 산업으로 꼽히고 있다.

2018년 경기도 고양시에서는 배회 증상을 보일 수 있는 치매 노인 100명에게 신발형 배회감지기 '꼬까신'을 보급했다. 꼬까신은 통신모듈 내장형 신발로 앱을 통해 치매 노인의 위치를 실시간으로 확인할 수 있는 사물인터넷 네트워크 시스템을 갖추고 있다.

2020년 서울시 구로구에서는 독거노인 200여 명에게 '스마트 토이로봇'을 확대 보급했다. 토이로봇은 외관은 여느 봉제 인형과 같지만 정보통신기술ICT을 활용한 '반응형 로봇'이었다. 머리 쓰다듬기, 손잡기 등의 교감 활동이 가능하고 치매 예방을 위한 퀴즈, 체조, 명상 등의 콘텐츠도 이용할 수 있다. 음성으로 기상, 식사, 약 복용 시간도 알려준다. 일정 시간 움직임이 감지되지 않으면 보호자에게 알림 메시지도 전송해준다.

2021년 마포구는 인공지능 반려로봇 '마포동이'를 돌봄 대상자

400명에게 보급했다. 마포동이는 반려로봇으로 우울증, 만성질환, 인지장애 등으로 일상생활에 어려움을 겪는 어르신들을 돌보는 역할을 맡았다. 인공지능 자연어 처리 기술이 접목돼 120만 건의 이야기와 감성 대화를 전개할 수 있다.

이처럼 에이지테크는 인공지능, 사물인터넷, 빅데이터 등을 융복합해 발전하고 있다. 고령자의 신체 변화와 기능 저하를 개선하고 심리적으로 익숙한 환경을 유지하도록 하기 위해서다. 그러나 아직 우리나라의 에이지테크 시장은 걸음마 단계이다. 시장 규모도 2016년 27조 원에서 2020년 78조 원으로 3배 이상 성장했지만 민간에서 판매되는 대표 제품은 찾아보기 어렵다.

선진국들은 우리보다 한두 발짝 앞선 모습이다. 일본은 2010년대 이미 돌봄 로봇 개발을 시작했는데 높이 24센티미터, 무게 1.3킬로그램의 동물 모양 로봇 파페로Papero가 시장에 출시돼 모두를 놀라게 했다. 파페로는 자율주행을 하고 사용자와 대화도 할 수 있었다. 최근에 개발된 파로PARO는 경증 치매 환자, 자폐스펙트럼 환자, 암 환자 등의 소통 능력과 보행 능력을 향상시켜 미국식품의약청 승인을 받기도 했다. 쓰다듬기, 눈 맞춤 등이 가능해 경증 치매 환자, 자폐아에게도 도움이 돼 치료 효과를 인정받은 셈이다.

중국의 에이지테크 시장은 연평균 15% 성장세를 나타내고 있으며 8조 위안 규모를 내다보고 있다. 코트라Kotra 해외 시장 뉴스에 따르면 영국은 2013년 에이지테크에 관한 첫 주식이 발행돼 그 자금으로 스타트업 육성이 한창이라고 한다. 첫해에만 1조 원 이상의 지원을 받은 스타트업 수는 2020년 50개 이상 증가했다.

미국과 영국에서는 스타트업을 중심으로 헬스케어와 노인 돌봄 관련 에이지테크 제품들을 시장에 선보이고 있다. 건강과 의료, 돌봄, 기술 등을 다루기 때문에 에이지테크는 헬스케어의 한 영역일 수밖에 없다. 헬스케어 시장이 확대되고 다양한 시도가 가능한 지역에서 에이지테크 분야가 성과를 보이고 있는 상황이다.

KB경영연구소가 2024년 발표한「지속가능한 고령화사회를 위한 에이지테크의 혁신 사례」보고서에 따르면 영국의 미헬스MiiHealth는 음성 기반 대화형 인공지능 돌봄 플랫폼을 통해 사용자의 연령과 건강 상태에 따른 맞춤형 건강 정보를 제공한다. 또한 대화 과정에서 사용자의 건강과 감정 변화를 진단해 복약 일정이나 질병 증상 등과 관련한 조언도 한다.

미국의 케어프레딕트CarePredict는 인공지능과 웨어러블기기를 결합해 고령자의 건강 상태를 모니터링하고 위험을 예방하는 서비스를 제공한다. 손목에 차는 '템포'라는 시계형 기기를 통해 식사와 수면 등 일상적인 활동을 추적하고 이러한 데이터를 인공지능으로 분석해 낙상 위험이나 우울증 등의 건강 문제를 조기에 파악하는 방식이다.

이스라엘의 인튜이션로보틱스IntuitionRobotics는 인공지능 기반의 돌봄 로봇을 활용해 고령자와 대화를 나누며 유대관계를 형성한다고 소개했다. '엘리큐ElliQ'라는 이름의 돌봄 로봇은 사용자와 대화 시 상대방을 향해 회전하고 빛을 발산하는 식으로 공감과 유대감을 표현하고 복약 일정 등 건강관리에도 도움을 준다. 독거노인 가구 증가에 따라 사회적 고립을 해소하고 타인의 도움 없이도 일상생활을 영위할 수 있도록 돕는 에이지테크 제품이다.

### 에이지테크의 핵심 첨단 기술들은 무엇인가

인공지능은 건강 모니터링, 의료서비스 제공, 스마트홈 시스템, 로봇 도우미 등 다양한 에이지테크 분야에서 활용되는 대표 기술이다. 건강 상태를 모니터링하고 진단하기도 하고 스마트 웨어러블 장치를 통해 심박수, 혈압, 혈당 등의 생리 데이터를 실시간으로 수집하고 분석하여 사용자의 건강 상태를 평가하기도 한다. 인공지능 기반의 건강관리 서비스와 음성인식 기술을 활용한 보조기기 등 고령자 맞춤형 서비스가 확대되고 있다.

글로벌 대표 상품으로 블루스카이, 매직미러, 위딩스 등이 관심을 받고 있다. 영국의 인공지능 스타트업 블루스카이Blue Sky는 기계학습 알고리즘이 얼굴 근육과 음성 변화를 감지해 알츠하이머와 파킨슨 등의 질병을 진단한다. 캐나다의 누라로직스에서 만든 스마트 거울 매직미러Magic Mirror는 이미지 센서와 인공지능을 통해 질병 징후를 사전에 포착한다. 프랑스의 위딩스Withings는 종합 건강 진단기로 스마트폰보다 작은 크기로 체온부터 심전도, 산소농도를 측정하며 청진기 역할 등을 수행한다.

사물인터넷은 사람, 사물, 데이터 등 모든 것이 네트워크를 통해 연결된 것을 말한다. 일반 가전제품부터 의료기기, 웨어러블기기, 스마트기기 등을 인터넷에 연결해 사람의 개입 없이 스스로 작동하도록 한다. 다양한 디바이스와 센서들을 인터넷에 연결해 정보를 공유하도록 함으로써 고령자들의 삶의 질을 향상하고 일상생활을 편리하게 만든다. 안전한 환경 조성에도 한몫한다.

모바일 기술은 고령자들이 스마트폰이나 태블릿과 같은 모바일 기기를 사용해 일상생활을 더 쉽게 할 수 있는 기술이다. 시니어 모바일 기술은 보편적인 모바일 앱이나 기기와 크게 다르지 않다. 쉬운 사용성과 접근성으로 고령자들의 사회적 연결을 강화한다. 건강, 안전, 긴급, 인지 훈련 등의 다양한 분야에서 활용되고 있다.

메타버스는 가상융합세계라고도 불리는데 고령자들이 가상현실이나 증강현실과 같은 환경에서 다양한 활동을 즐길 수 있도록 하는 기술과 플랫폼이 나와 있다. 메타버스 내에서 다른 사람들과 상호 작용을 하면 사회적 고립감과 우울감을 해소할 수 있다. 메타버스에서 사회적 활동을 늘리고 문화와 여가 활동, 건강관리, 인지 교육 등을 실시해 새로운 경험이 풍부한 삶을 즐길 수 있도록 한다.

앞서 소개한 것처럼 로봇은 고령자들의 일상생활을 보조하는 데 이미 상용화됐다. 여러 가지 시니어 로봇이 개발되고 있으며 돌봄 및 간병, 가정생활 보조, 안전 및 긴급대응 등의 다양한 분야에서 활용되고 있다. '효돌'은 국내 스타트업이 내놓은 시니어 대상 로봇으로 대표적인 성공 사례로 꼽힌다. 챗GPT를 장착한 효돌은 식사, 수면, 복약 등을 챙겨주며 어르신과 음성 대화를 나누거나 정서적 교감을 한다.

일본의 경우 개호 로봇을 중심으로 에이지테크가 활발히 확산되고 있다. 2020년 11월 일반사단법인 일본케어테크협회가 설립됐다. 집이나 시설에서 개호, 관리, 운영 전반을 담당하며 최첨단 기술을 채용한 제품과 서비스를 내놓는다는 계획이다.

후생노동성은 개호 로봇 개발과 보급을 촉진하기 위해 상담창구와 개발 거점을 전국에 지정하고 개호 현장과 개발 기업을 지원하는 사업을 진행하고 있다. 2020년에는 '개호 로봇의 개발, 실증, 보급의 플랫폼'을 시작했다. 플랫폼은 상담 창구(로봇 소개, 시범 사용, 활용법 연수회), 리빙 랩(제품 평가, 효과 검증, 질적 향상 도모), 실증 필드(시범 운용, 도입 효과에 대한 데이터 수집) 3가지로 구성된다. 사업 효율화를 위해 정보통신기술 도입 시범사업도 진행 중이다. 지역의료개호 종합확보기금을 활용해 개호 소프트, 단말기, 스마트폰, 클라우드 서비스, 와이파이 기기, 오피스 소프트웨어 등을 지원하고 있다.

개호 로봇은 이동 지원, 배설 지원, 치매 노인 돌봄을 중심으로 다양한 개호 업무를 지원하도록 개발 중이다. 개호 로봇 활용을 촉진하는 과정에서 대중화되고 있다. 일본의 경우 지난 코로나19 대응 시기에 온라인 면회, 모니터링, 백오피스(비대면 사무 진행) 기능이 필요해졌고 개호 인력도 부족해 로봇 도입의 필요성이 높아졌다. 정부에서 지원하는 개호 로봇 도입 촉진책도 다양해졌다.

이밖에도 대부분의 선진국이 에이지테크에 집중하고 있다. 2024년 12월에 발표된 '고령친화산업 현황과 정책 방향에 대한 고찰' 보고서에 따르면 미국은 국립보건원 산하기관인 국립노화연구소NIA에서 에이지테크 관련 중소기업 지원 사업을 시행 중이다. 고령자가 지역사회에 계속 거주할 수 있도록 사회적, 행동적, 환경적으로 지원하는 연구개발을 지원하고 있다.

영국은 비부처 공공기관인 영국연구혁신기구UKRI를 통해 '고령자를 위한 디자인상' 프로그램을 도입했다. 최신 기술을 활용한 고령자용 제품·서비스 개발을 위해 25개 이상의 에이지테크 프로젝트에 약 2,000만 파운드(370억 원)를 지원했다. 영국연구혁신기구는 에이지테크 벤처기업과 함께 '건강한 노년 촉진상' 프로그램도 도입하고 상업화 가능한 에이지테크를 연구하는 연구자에게 자금과 전문가 조언을 제공하고 있다.

이러한 분위기에 발맞춰 우리나라도 정부 지원을 확대할 것으로 보인다. 다만 2024년 고령친화산업 육성사업 예산이 전액 삭감됐다. 정부의 뒤늦은 지원과 대조적으로 신성장 산업을 찾는 민간기업은 점차 많아지고 있다. 특히 스타트업의 활동이 활발하다. 2024년 연초에 있던 세계가전전시회_CES_에서 스타트업 만드로_Mand.ro_가 만든 로봇 손가락 '만드로 마크 7D_Mand.ro Mark 7D_'가 액세서빌리티·에이지테크 부문 최고혁신상을 받았다. 앞으로도 에이지테크에 관심 있는 많은 스타트업의 활약이 기대된다.

다만 에이지테크 기술은 여전히 B2C를 기초로 하여 소비자 접점에는 이르지 못했다는 의견이 지배적이다. 아직 기술력과 상용화가 무르익지 못했기 때문이다. 현재는 기존의 기술을 최대한 시니어 관련 영역에 배치해 효율을 높이고 효과적인 작동이 되도록 공을 들이는 것이 최선으로 보인다.

케어닥은 개발·운영하는 시설을 준공하면 인공지능 CCTV나 관제시스템을 도입해 관리 효율성과 관리 공백을 최소화하고 있다. B2B 영역에서부터 최신 에이지테크를 적극적으로 도입하고 2차, 3차 테스트를 거친 후 상용화에 임하고 있다. 이로써 간병인과 요양보호사와 함께 에이지테크 기술이 가정으로 도입되는 큰 그림을 그려보고 있다.

대중에게 에이지테크가 보급되는 B2C 영역의 시장 성장은 시간이 필요해 보인다. B2B 시장에서 충분히 검증해 실효성과 효율성을 인정받은 후에 B2C 영역으로 진행하는 것이 이상적인 과정으로 보인다.

# 5
# 프랜차이즈 비즈니스
## : 돌봄의 노하우를 전수하는 비즈니스

프랜차이즈 사업이란 본사가 특정 상표, 브랜드, 제품 또는 서비스를 사용할 수 있는 권리를 가맹점주(프랜차이즈)에게 부여하고 가맹점주는 본사와 동일한 브랜드나 표준을 사용해 사업을 운영하는 비즈니스 모델이다. 이 과정에서 가맹점주는 본사에 일정한 로열티를 지불하고 본사는 가맹점이 안정적이고 효과적으로 운영될 수 있도록 지원과 교육, 마케팅 등을 제공한다.

국내 프랜차이즈 산업은 꾸준히 성장하고 있으며 프랜차이즈 가맹점의 연간 총매출도 증가하고 있다. 2022년 매출액 기준 100조 원을 돌파했다. 흔히 프랜차이즈 업계에서는 사업의 성패를 좌우하는 3요소로 아이템, 운영시스템, 노하우를 꼽는다. 유망한 아이템을 선택하고 교육을 통해 운영 매뉴얼을 잘 숙지한 후 영업 노하우를 활용해 매출을 성장시킨다. 이러한 공식을 만든 기존 업체들은 외식업, 소매업, 서비스업종이었다. 시장에서는 성공을 경험한 비즈니스 모델과 브랜드 인지도를 활용해 사업 리스크를 최소화할 수 있다는 것을 프랜차이즈의 장점으로 꼽는다.

### 돌봄 산업을 프랜차이즈화하는 기업들이 늘고 있다

시니어 맞춤 프랜차이즈는 프랜차이즈 사업의 강점을 시니어 비즈니스에 접목한 것이다. 시니어 맞춤 프랜차이즈의 본산으로 미국을 꼽는다. 미국은 전체 소매 매출의 43%가 프랜차이즈를 통해 만들어질 정도로 프랜차이즈 산업이 발달한 곳이다. 2000년대 초반 창업 전문지 『안트러프러너Entrepreneur』는 유망 창업 업종으로 증가하는 노년층 인구에 주목했고 실버산업, 디저트 전문점, 반려동물산업 등을 소개했다.

미국의 시니어 맞춤 프랜차이즈는 노화를 막아주는 안티에이징이나 돌봄서비스 등에서 나타나고 있다. 65세 이상 미국 인구는 2030년까지 20%대로 증가할 전망이다. 현재 40~44세의 인구 중 자녀가 없는 여성이 19%에 달한다. 이들이 노인이 됐을 때 돌봐줄 가족 대신 간병, 식사, 청소 등을 해줄 손길이 필요하다. 집에 방문해 간단한 가사를 대신하는 시니어 케어 프랜차이즈가 많이 생겨났고 성장세도 이어가는 추세이다. 우리나라는 돌봄 산업이 국가 주도로 이루어져 왔다. 돌봄 산업을 프랜차이즈화하는 움직임은 이제 시작하는 단계이다.

"내가 한 현실적인 행동 하나. 어머니가 돌아가시고 나서 나는 '장기 돌봄서비스 제공업체'에 연락해 데이비드와 나를 등록했다. 어머니와 어머니의 수많은 필요를 지켜보고 얼마나 돈이 많이 드는지 알게 된 뒤 더는 돌봄에 시간을 낭비하고 싶지 않았다. 자녀가 있고 그 자녀가 당신을 도와줄 것이라고 기대한다고 해도 그 자녀는 짐을, 과도한 짐을 지게 될 것이다."

미국의 대중적인 소설가 릴 틸먼이 '정상뇌압수두증'이라는 신경퇴행성 질환을 앓던 어머니를 돌본 후 쓴 에세이 『어머니를 돌보다』의 한 대목이다. 부모를 사랑했지만 스스로 많은 어려움과 고통을 수반하는 '돌봄의 현실'을 체험한 작가는 책의 끝 부분에 자신의 현실적 선택을 소개했다. 결혼은 했으나 자식이 없는 자신과 남편을 돌보기 위해 장기 돌봄서비스 제공업체에 등록한 것이다. 릴 틸먼은 자신의 노후는 장기 돌봄서비스 제공업체의 돌봄을 받으며 필요한 것들을 채워나갈 것이라 예상했다.

미국의 시니어 케어 서비스는 이제 일반적인 프랜차이즈 서비스에 속한다. 프랜차이즈 기업들은 노인들에게 다양한 서비스를 제공한다. 개인 관리, 식사 준비, 약 복용 알림, 교통 지원이 가능하다. 노령의 부모에게 관련 서비스를 제공하기 위해 자녀들은 직접 움직이기보다 프랜차이즈 회사에 문의한다. 일례로 미국의 홈 인스테드 시니어 케어Home Instead Senior Care는 가정에서 노인을 돌봐주는 세계 최대 프랜차이즈 업체다. 1994년 설립된 이후 미국과 유럽 등 전 세계 14개국에 약 1,000개 프랜차이즈가 서비스를 제공하고 있다. 고령화가 급속히 진행되는 국가에서 꾸준히 사업을 확대하고 있다.

홈 인스테드의 서비스는 노화로 움직임이 불편하거나 귀가 어두워 의사소통이 어려워지는 등 노인들이 일상생활에서 겪는 어려움을 해결하기 위해 케어기버Caregiver들을 노인들의 집으로 파견한다. 케어기버들은 노인들의 집을 방문해 일상생활을 돕고 필요한 돌봄을 제공한다. 돌봄서비스의 종류는 매우 다양하다. 홀로 거주하며 외로움을 많이 느끼는 노인을 방문해 말벗이 돼주는 컴패니언부터 거동이 조금 불편한 노인을 위해 함께 장을 보고 요리를 도와주는 서비스도 있다. 노령으로 직접 운전이 어려운 경우 병원에 동행해주고 외출 시 운전을 대신해주는 서비스도 있다. 다만 의료서비스는 제공하지는 않는다.

이와 같은 시니어 케어 프랜차이즈 기업의 성장 속에 미국의 노인 간호 및 돌봄 프랜차이즈 시장 규모는 2023년 약 600억 달러로 평가됐다. 2032년까지 연평균 약 8%씩 성장해 1,200억 달러까지 성장할 것이라는 예측이다. 고령화와 함께 앞으로도 꾸준히 시니어 케어 프랜차이즈가 성장할 것이라 예상하는 여러 이유가 있다. 바로 맞벌이 가정의 증가이다. 자녀들이 모두 일하면 노인 돌봄이 불가능하다. 전문가의 도움을 받을 수밖에 없다. 그런데 코로나19 시절 시니어 케어 프랜차이즈 사업의 성장이 주춤했다. 노인이 집에 머물면서 생활 지원 수요가 감소했을 뿐만 아니라 서비스를 제공하는 직원들도 바깥출입이 원활하지 않았기 때문이다. 서비스의 질이 떨어지면서 수익이 줄고 해당 프랜차이즈의 수익성과 성장률이 모두 나빠졌다.

그러나 코로나19 시기를 넘긴 현재는 재택간호 서비스에 대한 수요 증가로 시장이 성장하고 있다. 특히 간병 서비스는 개개인의 상황과 개인적 희망에 따라 유연하게 서비스를 조정할 수 있다. 웰빙과 삶의 질을 중시하는 노인들은 간호, 요양, 돌봄 프랜차이즈에 많은 관심을 보이고 만족도도 높다.

시니어 케어 프랜차이즈 기업들이 제공하는 서비스는 크게 3가지이다. 의료, 동반, 간병 서비스다. 의료서비스는 노인들에게 의료와 개인 관리를 제공한다. 재택간호, 간호, 약물 관리 등 노인의 필요에 맞게 맞춤하며 서비스 수준도 다양하다. 동반 서비스는 노인들이 일상생활을 할 수 있도록 돕는 비의료 활동을 기본으로 한다. 가족과 친구와 친척들이 서비스를 신청하는 경우가 많다. 간병 서비스는 알츠하이머와 치매에 대한 전문적인 간병과 호스피스 돌봄을 포함한다.

이상의 서비스는 가정, 요양원, 기타 장소(데이케어센터, 호스피스병원)에서 행해진다. 가정에서는 집안일과 같은 비의료 업무, 요양원에서는 질병의 치료를 도와주고 생활에 도움을 주는 활동, 기타 장소에서는 간병과 호스피스 활동이 주를 이룬다. 가정의 노인들은 집 안에서 편안함과 따뜻함을 느낄 수 있고 요양원의 노인들은 의학적 치료에 도움을 받으며 기타 장소에서는 적절한 간호와 임종 준비에 도움을 받는다. 다만 미국의 시니어 프랜차이즈 사업도 돌봄 산업이 갖는 고질적인 문제를 피해갈 수 없다. 돌봄 산업의 부족한 노동력과 높은 이직률은 시장 성장의 허들로 작용한다. 이로 인해 불법 이민자들의 고용을 막을 수 없는 것이 현실이다.

2025년부터 케어닥은 프랜차이즈 비즈니스를 강화해갈 예정이다. 초기 가맹비는 사업주에게 부담이 될 수 있지만 홀로 사업을 진행하는 것보다는 훨씬 유리한 입장이 된다. 시행착오를 줄이고 마케팅 비용을 낮추고 빠르게 고객신뢰도를 확보할 수 있다. 시니어 비즈니스 영역에서 프랜차이즈의 장점이 충분히 발휘되리라 기대한다.

국내 시니어 케어 프랜차이즈 산업에는 어떤 것들이 있는가

우리나라의 시니어 프랜차이즈 사업들은 노인 장기요양 사업 내에 존재한다. 그러다 보니 앞서 소개한 방문요양, 주야간보호센터, 요양원 등의 사업들을 프랜차이즈로 연계하는 사업들이 등장하고 있다. 방문요양은 고령화사회가 지속됨에 따라 수요 증가가 예상되는 사업이다. 정부에서도 대응하기 위해 서비스의 질을 높이고 인력 양성과 지원을 강화하고 있다. 기술이 개발됨에 따라 모니터링 시스템, 스마트 헬스케어 기기 도입으로 서비스의 효율이 높아지고 있다. 이를 바탕으로 맞춤형 서비스를 제공하고 수급자의 일상생활을 지원하며 삶의 질을 향상할 것으로 예상한다. 2024년 기준 업체는 1만 8,012개로 그 수도 적지 않다(국민건강보험공단 발표 장기요양기관 시설급여기관 현황).

주야간보호센터는 지역 내 접근성을 높이는 기조로 점차 그 수가 늘고 있다. 정부에서는 '통합재가서비스' 확대를 강조하는데 주야간보호센터도 늘어날 것으로 보인다. 요양원은 비용 지출이 크므로 재가서비스를 확대한다는 것이 기본 기조이다. 거기다 보호자의 부담을 덜어줄 수 있는 주야간보호센터를 통해 시설과 방문요양, 목욕, 간호 서비스를 통합하는 통합재가서비스를 확대하겠다고 강조했다. 2024년 기준 업체는 5,358개이다.

요양원은 지속적으로 공급 부족이 생기는 시설이다. 안전하고 편안한 환경을 제공하기 위해 요양원에서는 전문적인 돌봄 인력이 필요하지만 임금이 낮아 충분한 인력을 확보하기 어려운 경우가 많다. 요양원에서도 입소자 개개인의 욕구를 충족하고 삶의 질을 높이기 위해 다양한 프로그램과 서비스를 개선하고 있다. 또한 정

보화 시대에 맞춰 원격진료나 스마트 기술을 활용한 관리 시스템을 도입하여 스마트한 돌봄서비스를 제공하고 있다. 2024년 기준 업체는 4,525개이다(보건복지부 발표 노인복지시설 현황).

국내 시니어 프랜차이즈 사업에 발을 들이는 기업들은 금융권이 많다. 2024년 8월 정부는 금융·보험사 부수 업무에 재가요양기관 설립을 허용했다. 이전까지 보험사는 보험법에 저촉되어 직접 장기요양 사업에 진출할 수 없었고 자회사를 통해서만 사업을 할 수 있었다. 대표적으로 KB라이프생명은 KB골든라이프케어를 설립하고 업계 최초로 요양사업에 진출했다. 현재는 서울 위례·서초빌리지 요양시설과 종로구 평창카운티 시니어타운을 운영하고 있다. 신한라이프도 자회사인 신한라이프케어를 통해 경기 성남에 데이케어센터를 운영하고 있다. 그러나 정부에서 보험사 부수 업무에 재가장기요양서비스를 포함하면서 자회사를 설립하지 않고도 재가요양기관 설립이 가능해졌다. 금융·보험사의 시니어타운, 요양원과 같은 요양서비스 진출은 새로운 성장 동력이 되리라 보고 있다. 하나금융은 하나생명 주도로 2025년 하반기 주간보호센터 운영에 들어갈 예정이다.

물론 거대 자본이 시니어 케어 프랜차이즈 사업에 발을 내디뎠다는 것만으로 양질의 서비스가 제공되며 경쟁력을 갖추리라고 보기는 어렵다. 프랜차이즈의 핵심은 앞서 언급한 대로 아이템, 운영시스템, 노하우이다. 운영시스템과 노하우를 갖춘 시니어 프랜차이즈 기업이 나타난다면 자본력을 능가하는 경쟁력을 발휘할 수 있을 것이다.

케어닥은 2022년 9월부터 방문요양 프랜차이즈 사업을 시작했다. 10개의 직영점을 운영해온 경험을 바탕으로 전국으로 방문요양 서비스를 확대하고자 프랜차이즈 사업에 진출했다. 가맹점의 안정적 성장을 담보하는 보수적 접근으로 파트너점 개설을 진행한 결과 2024년 12월 기준 서울, 인천, 경기, 부산 지역에 14개 파트너점을 운영하고 있다.

사업 초기부터 케어닥은 지정 심사 및 운영 지원, 경영 모니터링, 마케팅 등을 제공했다. 가맹점주들에게 '케어닥을 선택한 이유'를 묻자 "시니어 사이클에 맞춘 모든 서비스를 제공할 수 있어서"라는 답이 가장 많이 돌아왔다. 실제 당시 케어닥은 국내 유일의 원스톱 돌봄서비스를 제공하는 기업으로 간병, 재활, 자택 돌봄을 모두 제공하고 있었다. 언제 어디서 어떤 돌봄을 필요로 하든 원스톱으로 제공한다는 자신감을 가지고 프랜차이즈 사업에 드라이브를 걸 수 있었다.

최근의 문의 사항을 종합해보면 초고령사회에 진입한 만큼 시니어 관련 창업에 기대가 상당히 높은 것을 알 수 있다. 특히 돌봄서비스의 공급 부족을 확인한 예비 가맹점주들이 주간보호시설, 요양원, 양로시설 창업에 대해 문의를 많이 해오고 있다. 2024년 11월 창업 설명회에만 2,000여 명의 신청자가 몰릴 정도였다. 선정된 100명을 대상으로 한 창업 설명회에서는 '가능한 비급여 서비스'에 대한 관심이 가장 높았다. 안정적이고 지속적인 수익을 위해 시니어 케어 프랜차이즈 창업에 관심을 가지는 이들이 많아졌음을 실감할 수 있었다.

프랜차이즈 기업 입장에서 가장 권장하는 비즈니스 모델은 '방문요양 서비스'이다. 노인 돌봄 사업 중 가장 유지비용이 적게 들고 초기의 투여되는 자원(시간, 비용, 에너지)으로 1년 정도만 유지하면 안정권 수익을 꾸준히 창출할 수 있기 때문이다. 이 정도 정보는 예비 가맹점주들도 갖고 창업 설명회를 찾는다.

예비 가맹점주들의 가장 큰 고민은 홀로 창업할 것이냐, 프랜차이즈 창업을 할 것이냐이다. 홀로 창업을 하자면 '지정 심사'라는 허들부터 넘어야 한다. 그런데 지정 심사의 기준이 매해 까다로워지고 있다. 다음으로 난관은 수급자 모집과 운영이다. 주변 지인들의 도움으로 수급자를 모집하고 나면 처음 접하는 운영 프로토콜에서 또 한 번 어려움에 봉착한다. 물론 세상의 일이란 게 한번 해보면 못할 것이 없다. 그러나 굳이 온갖 시행착오를 겪으며 홀로 비바람을 맞는 길을 선택할 필요가 있는지를 묻고 싶다.

프랜차이즈를 선택하는 가맹점주들의 이야기를 들어보면 가장 아까운 것이 '시간'이라고 한다. 모든 단계에서 시간을 절약하면 할수록 수익구조를 빨리 만들 수 있다. 케이닥만 해도 지정 심사를 전문적으로 지원하는 팀이 있다. 창업 설명회를 통해 가맹점수를 지속 확대하면서 브랜드 인지도를 높여왔다. 수급자 발굴에 매우 좋은 위치를 점하게 된다. 또한 케어닥은 마케팅 제휴를 통해 브랜드 홍보를 강화하고 있다. 운영 또한 초기에 빠르게 안정화될 수 있도록 방문교육을 진행한다. 이후에는 가이드북을 배포하고 커뮤니티 내 게시판을 활용해 원하는 정보를 얻을 수 있도록 한다. 정기·비정기 교육도 변화하는 제도와 공단의 지침을 확인하기에 안성맞춤이다. 가맹점주들은 "간담회를 통해 창업 동기를 만나 허심탄회하게 일 이야기를 할 수 있어 좋다."라는 의견을 주기도 한다.

케어닥 프랜차이즈의 또 하나의 장점은 '확장성'에 제약이 없다는 점이다. 홀로 창업한 방문요양센터가 돌봄을 제공할 수 있는 수급자 수는 최대 100명 정도로 본다. 100명을 넘기면 운영상 효율이 떨어진다. 이때가 되면 추가 개설을 고민할 수 있지만 그럼 초기 시행착오를 한 번 더 겪어야 한다. 케어닥은 업계에서 유일하게 안정권에 접어든 방문요양센터에 다른 비즈니스 모델을 시작하도록 돕는다. 일례로 일정 정도의 수급자를 유지하고 투자비용도 확보했다면 주간보호센터를 운영하는 것도 좋은 확장 방법이다. 요양원, 양로시설도 시도해볼 수 있다. 케어닥은 비전 제시는 물론 실무 진행까지 전담해 컨설팅을 진행하고 있다.

프랜차이즈 사업은 리스크가 낮다. 사업을 시작하는 이들도 사업성을 확보하고 실패 가능성을 줄이기 위해 프랜차이즈를 선택한다. 본사의 브랜드, 운영시스템, 마케팅 지원 등을 통해 실패 가능성을 낮춘다. 창업 경험이 부족한 경우 본사에서 제공하는 운영 매뉴얼과 교육이 큰 도움이 된다. 본사는 가맹점주들이 체계화된 방식과 표준절차에 맞춰 운영할 수 있게 제 역할을 다해야 한다.

장기요양 사업 역시 프랜차이즈의 이점을 활용할 수 있는 분야다. 장기요양 사업의 고객은 대부분 노인과 그 보호자인 자녀들이다. 자녀의 연령대로 50대가 가장 높은 비율을 차지하여 고객 연령대가 상대적으로 높은 사업이다. 이들을 상대로 하는 장기요양 사업자는 노인질환에 대한 높은 이해도, 유연한 대인관계, 그리고 행정 역량이 필요하다. 본사는 프랜차이즈에 해당 내용을 교육하고 다양한 방면에 이를 활용하도록 돕는다.

노인성 질환은 대표적으로 치매, 골다공증, 관절염(퇴행성관절염), 고혈압, 당뇨병(제2형 당뇨병), 심장병(허혈성 심장질환, 협심증, 심근경색 등), 뇌졸중(중풍), 백내장과 녹내장, 호흡기 질환(만성폐쇄성폐질환, 폐렴 등), 변비와 소화기 질환, 우울증과 불안장애, 만성 신장질환 등이 있다. 이들 노인성 질환은 생활 습관과 예방 관리를 통해 발생을 늦추거나 증상을 완화할 수 있다. 건강한 식습관, 규칙적인 운동, 스트레스 관리 등이 중요하다. 시설장은 높은 이해도를 가지고 고객을 대해야 한다. 그래야 신뢰받는 시설장으로 선택될 수 있다.

대인관계 역량은 성공적인 성과를 위한 핵심 요소로 매우 중요한 역할을 한다. 다양한 사람들과 원활히 소통하고 신뢰를 구축하는 능력이 비즈니스 성과에 직결된다. 장기요양 사업에서 신뢰는 어르신, 보호자, 사회복지사, 요양보호사와 지속가능한 관계를 형성하는 데 필수적이다. 좋은 대인관계 역량을 갖춘 센터장과 직원은 어르신의 입장을 이해하고 공감하며 신뢰를 쌓아간다. 신뢰가 형성되면 사업관계가 장기적으로 이어질 가능성이 커진다.

행정 처리 역량은 사업성 확보에 필수적이다. 국민건강관리보험공단과 각 지자체에서 요구하는 행정 서류의 종류와 양이 상당히 많은 편이다. 종사자의 연령대가 40~60대로 높은 산업의 특성상 미숙한 행정업무 처리로 운영에 문제가 생기는 경우도 비일비재하다. 기본적인 행정력을 확보하지 못하면 영업에도 에너지를 쏟을 수 없다. 내실 있게 운영하기 위해 운영 효율성을 높이고 관련 서류를 꼼꼼히 관리하는 태도를 갖춰야 한다.

이러한 장기요양 사업에서 가맹점주의 필요 역량은 하루아침에 높아지지 않는다. 프랜차이즈 본사에서 이를 지도하고 교육하기 위해 운영 노하우를 전수하는 시스템을 잘 갖추고 있어야 한다. 장기요양 사업의 사업별 특징과 분류를 요약하면 다음과 같다.

1. 대인영업형 사업영역

　　: 방문요양센터, 방문목욕, 방문간호, 복지용구

다른 사업에 비해 초기 비용이 저렴한 사업군에 속한다. 특히 방문요양센터는 사회복지사 자격증이 있으면 누구나 창업할 수 있다. 하지만 설립이 쉽다고 성공도 쉬운 것은 아니다. 통계자료에 따르면 방문요양센터의 3년 내 폐업률이 50% 이상으로 매우 높은 편이다. 현재 운영하는 센터들도 많은 수익을 올리지 못하는 곳이 대부분이다.

방문요양센터, 방문목욕, 방문간호, 복지용구 사업의 핵심은 고객을 얼마나 유치할 수 있는가이다. 모객에 홍보와 영업 확장이 매우 중요하다. 센터와 계약을 진행하고 고객을 만드는 대상은 보호자 혹은 타 센터장이다. 대인영업이 가장 중요한 포인트라 할 수 있다.

사업부별 특징은 다음과 같다.

|  | 서비스 대상 | 실질적인 영업 대상 | 제공 서비스 및 제공자 |
| --- | --- | --- | --- |
| 방문요양센터 | 등급인정자 | 보호자 | 요양보호사 |
| 방문목욕 | 등급인정자 | 타 방문요양센터 | 목욕 차량(요양보호사) |
| 방문간호 | 등급인정자 | 타 방문요양센터 | 간호사(전문 인력) |
| 복지용구 | 등급인정자 | 타 방문요양센터 | 복지용품(상품) |

2. 복합관리형 사업

　　: 주야간보호센터 + 방문요양센터 + 방문목욕 + 방문간호

앞에서도 다룬 AIP 개념은 대상자가 자택에 거주하면서 지역 커뮤니티를 통해 상황에 맞는 맞춤형 돌봄서비스를 제공받는 것을

말한다. 복합관리형은 AIP를 실현하는 사업들이다. 운영자 입장에서는 다양한 서비스를 제공하게 돼 사업이 복잡해질 수 있다. 대상자의 만족도 향상을 목표로 사업을 확장해 가면 수익 면에서도 좋은 결과를 얻을 수 있다.

기본적으로 주야간보호센터를 운영하면서 추가로 방문요양 서비스와 방문간호 서비스를 도입해 보는 것을 권한다. 정원이 정해져 있는 주야간시설의 한계를 넘어 수익을 확보할 수 있다. 센터장은 내부 운영과 외부 영업을 모두 책임져야 하므로 다양한 역량이 필요하다.

### 3. 시설형 사업: 주야간보호센터, 공동생활가정, 요양원

주로 시설을 이용하는 노인을 대상으로 시설 운영과 관리에 집중하는 사업이다. 물론 사업 초기에는 영업과 마케팅을 하며 대상자를 발굴해야 한다. 시설 규모의 80~90% 이상 충원이 됐을 때 만족도 향상을 위한 품질 향상에 집중한다. 운영 기간이 3~10년 정도 되면 안정적인 시설 관리 역량이 필요하다. 설립 초기에 지역 내에서 '좋은 시설'로 입소문이 나야 대상자 충원에 어려움을 덜 수 있다. 초기에 공을 많이 들여야 대상자의 이탈을 예방하며 운영도 오랫동안 지속할 수 있다.

프랜차이즈 성공의 핵심은 몸소 체험하고 터득한 현장 노하우를 매뉴얼로 만들어 시스템으로 운영할 수 있도록 하는 것이다. 본점은 분명히 성공했음에도 새로 문을 연 프랜차이즈 가맹점이 문을 닫는 이유는 바로 이 노하우의 전달에 실패했기 때문이다. 아이템은 경쟁력이 있지만 시스템이 확립되지 않아 체계적인 가맹점 관리까지 이어지지 못하는 곳들도 많이 있다. 시니어 맞춤 시장은 빠르게 확장하고 있다. 여기에 올라타 성공하기 위해서는 노하우를 전수받을 수 있는 신뢰도 높은 곳의 문을 두드리는 것부터 시작해야 한다.

# 6
# 시니어 하우징 컨설팅
## : 공간에 돌봄을 더하는 비즈니스

시니어 하우징은 단순한 주거공간의 제공을 넘어 고령자의 안전, 건강, 사회적 연결망을 지원하는 핵심 산업으로 부상하고 있다. 시니어 하우징 시장 규모 역시 2024년 기준 약 3조 원에서 2030년까지 약 10조 원으로 매년 7.5% 이상 성장할 것으로 발표되고 있다. 부동산 업계의 블루오션으로 금융사 그룹, 헬스케어 그룹, 시공사 그룹 등 대기업부터 개인들까지 참여하는 새로운 섹터로 자리 잡아가는 모습이다.

한편 지난 2023년 말 국내 커피 프랜차이즈 업계 신화로 불리던 김 모 대표의 피소 사건이 보도됐다. 그는 시니어타운 사업을 하다 사기·사문서위조 혐의로 고소를 당했다. 50채에 가까운 시니어타운을 조성해 분양하기로 했으나 인건비와 자재비 상승으로 공사가 중단됐고 완공일이 3년 정도 늦춰졌다. 거기다 5분의 1도 완공하지 못했다. 피해액만 2,000억 원에 달할 걸로 추정됐다.

## 시니어 하우징 컨설팅 비즈니스란 무엇인가

우리나라에서 시니어타운 바람이 불기 시작한 건 1990년대 말부터 2000년대 초반이다. 지방에 전원형 시니어타운이 우후죽순으로 생겨났다. 그러나 경치만 좋은 곳에서 살기를 원하는 노인은 많지 않았다. 시니어타운 사업은 먹튀와 사기의 대명사가 됐고 노인들을 위한 주택사업에 관한 관심도 꺾였다. 2024년 기준 우리나라 노인주택은 초고가 서비스를 제공하는 하이엔드형과 홀로 살 수 없는 노인들을 위한 공공주택형으로 커다란 대비를 이룬다. 그 사이를 지키고 있는 주택들도 있지만 양이 많지 않아 관심을 크게 받지 못하고 있다. 상황이 이렇다 보니 수요에 맞는 노인주택을 공급해야 한다는 목소리가 커지고 있다.

시니어 하우징 컨설팅 비즈니스는 노인주택 시장에 뛰어들고자 하는 기업에 컨설팅을 제공하는 비즈니스다. 여느 비즈니스와 마찬가지로 아이템, 운영시스템, 노하우를 제대로 전수하는 것이 관건이다. 중산층 노인들을 위한 주거 형태를 공급해 노인주택 시장을 활성화하고 필요한 수요에 맞춘 노인주택을 공급해 수익을 창출하고자 하는 주체들에게 전문적 도움을 주는 사업이다. 시니어 하우징에 관심 있는 기업이 많아질수록 컨설팅 사업도 빛을 발할 것으로 보인다. 시니어 하우징은 시니어타운, 요양원, 노인복지주택 등 노인들이 거주하는 모든 공간을 아우른다. 종류는 다양하지만 컨설팅이 '상품 컨설팅 〉 상품 기획 〉 운영' 3단계로 진행된다는 것은 유사하다.

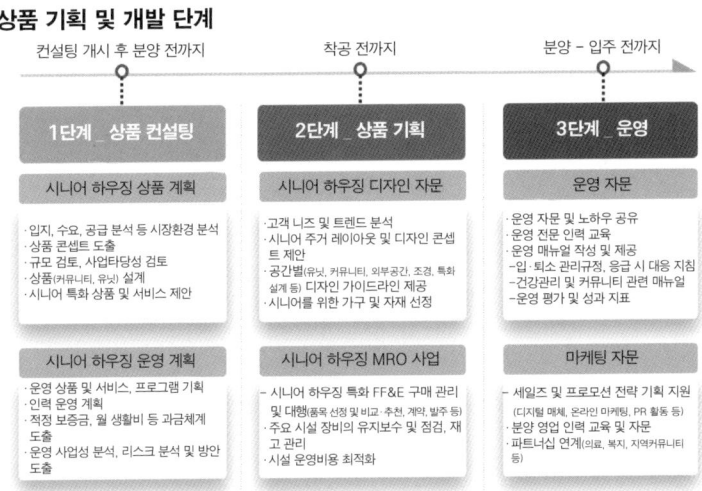

## 시니어 하우징 컨설팅 비즈니스는 어떻게 하는가

이어서 시니어 하우징 컨설팅 비즈니스의 세부적인 내용을 살펴보도록 하자.

### 콘셉트를 도출하는 상품 컨설팅 단계

상품 컨설팅은 시니어 하우징의 콘셉트를 도출하고 상품계획과 운영계획 등을 수립하는 단계이다. 시니어 하우징 사업의 국내외 동향과 시니어 수요층의 욕구, 유사 운영시설의 입소자 특성, 지역별·연도별 고령 인구 및 돌봄 필요 노인(장기요양등급자 등) 추이 등 전반적인 시장 환경을 분석한다. 이를 토대로 사업대상지의 입지와 규모에 적합한 '상품 구성'과 기존 시장 대비 차별화되는 '사업 콘셉트'를 도출하고 구체적인 타깃 유효 수요도 산출한다.

다음으로 목표 고객층의 라이프스타일을 반영한 전용부 구성, 공용부 생활 편의 시설의 건축적 가이드라인, 상품 특화 설계 요소를 제안한다. 운영에 필요한 서비스 및 프로그램 계획, 인력 운용 계획도 수립한다. 시니어 하우징 운영계획에서는 사업 추진에 필요한 관련 법규와 운영 사업성(운영수지 설계, 수입·지출 세부 항목 산출, 월 생활비 산정, 운영손익 분석, 공급가격 적정성 분석 등)을 검토한다. 또한 사업 진행 시 예상 리스크 및 관리 방안을 수립한다.

최근의 시니어 하우징은 액티브 시니어, 즉 독립 생활이 가능한 건강한 시니어를 위한 독립주거ILU, Independent Living Unit를 타깃으로 한다. 이들 시니어층은 이전 세대에 비해 욕구와 생활 패턴이 다양해진 것이 특징이다. 장기적인 관점에서 기존의 시니어 하우징 공급 방식은 한계가 있다. 건강 상태나 선호도에 따라 주거공간의 형태나 돌봄의 정도 등을 자유롭게 조정할 수 있는 고객의 '선택권'이 강화되는 방향이 바람직하다.

목표와 타깃에 맞춰 독립적인 생활이 가능한 건강한 시니어, 경미한 생활 보조나 도움을 필요로 하는 시니어, 전문적 돌봄을 필요로 하는 시니어 등 구성 비율을 계획하고 지속적 돌봄을 제공하는 은퇴자 주거복합단지CCRC, Continuing Care Retirement Community 개념을 반영한 시니어 하우징 계획을 세워야 한다.

### 디자인 자문과 MRO의 상품 기획 단계

시니어 하우징에서 디자인은 단순한 외관 이상의 의미가 있다. 공간 배치, 동선, 접근성과 같은 하드웨어 요소뿐만 아니라 마감재, 컬러, 가구, 조명과 같은 세부 요소까지 포함한다. 시니어들이 더욱 안전하고 편안한 환경에서 생활할 수 있는 환경을 설계하는 것이 중요하다. 또한 신체적, 정신적 변화에 따른 다양한 요구에 유연하게 대응할 수 있는 디자인도 중요하다. 풍부한 노인 돌봄 경험과 데이터는 큰 도움이 된다. 케어닥의 경우 미국, 캐나다, 유럽, 일본 등의 50여 개 시니어 하우징 사례들을 분석하여 부동산 시장 트렌드를 반영해 놓은 자체 디자인 가이드를 가지고 있고 여기에 운영 노하우를 반영하여 수익성을 높일 수 있는 공간 설계가 가능하다. 이는 근거 기반 디자인EBD, Evidence-Based Design으로 입주자의 만족감과 운영의 효율성 등을 객관적으로 평가, 검증, 관리할 수 있다.

디자인 가이드라인은 실내외 디자인에 대한 전체적인 지침을 제공한다. 각 공간의 기능별 설계 요소뿐만 아니라 효율적인 운영을 위한 배치 계획이 포함되어야 하며 부지 환경과 지역적 맥락도 고려 대상이다. 일례로 케어닥은 '시니어 하우징 디자인 가이드라인 시스템'을 만들어 적용하고 있다. 디자인 가이드라인을 바탕으로 디자인 컨설팅과 품질 평가가 가능한 자체 인증 기준도 개발하고 있다.

MROMaintenance, Repair, and Operations 사업은 주거공간(생활공간)과 헬스케어 피트니스, 건강관리실 등 시니어에 특화된 부대시설에 적용되는 소모성 자재에 대해 운영시설(고객사)별 맞춤형 통합 구매대행 솔루션을 제공하는 사업이다. MRO는 입주자의 만족도를 높이고 시니어 하우징의 운영 신뢰도와 브랜드 가치를 높이는 중요한 요소다. 시니어 하우징 운영 경험을 바탕으로 표준화·전문화된 구매대행 프로세스가 적용되면 전반적인 운영 효율을 높일 수 있다.

MRO 사업은 구매 데이터를 토대로 고객사 대신 필요한 각종 비품·기구FF&E의 선정, 비교, 계약, 발주까지 전 과정을 진행한다. 검토 및 구매 과정에 소요되는 불필요한 업무 부담을 줄이고 여러 운영시설의 수요를 통합해 대량 구매 계약을 체결할 수 있어 개별 소량 구매보다 단가를 낮출 수 있다. 또한 필요한 자재나 장비를 미리 확보하거나 빠르게 조달할 수 있어 예기치 않은 수리와 교체 상황에 신속하게 대응할 수 있다. 운영 효율성을 높이고 직간접적인 유지보수 비용 절감 효과가 있어 장기적으로도 유리하다.

운영사인 케어닥 역시 까다로운 검증을 거친 추천 서비스를 통해 적합한 소재와 디자인, 건강·안전 기능 등을 고루 갖춘 질 좋은 제품을 선별해 적용하고 있다.

### 운영과 마케팅 자문 단계

운영PM, Project Management은 운영 자문과 인력 교육, 운영 매뉴얼 수립, 마케팅 자문 등 실질적 운영에 필요한 모든 제반 사항을 세팅하는 단계이다. 운영은 운영 효율성과 서비스 품질을 향상해 입소자와 근무자 모두의 복지 증진에 기여한다. 적절한 자원 분배와 평가 과정을 거쳐 시설의 재정 건전성 확보에도 도움을 준다. 물론 성공적인 운영을 위해서는 전문 운영사의 운영 노하우가 필요하다.

운영 과정에서 운영 자문과 인력 교육이 지속된다. 자문의 범위는 여섯 가지다. 첫째, 시설의 운영 현황의 진단이다. 둘째, 운영성과 지표를 안정화할 수 있는 운영 전략과 목표의 설정이다. 셋째, 예산안과 지출 최적화 방안의 제안과 집행이다. 넷째, 기존의 운영 형태에서 개선되거나 시설의 콘셉트를 보완, 강화할 수 있는 특화 서비스의 제공이다. 다섯째, 서비스가 원활히 제공될 수 있도록 하는 적정 인력 구성과 역할의 편성이다. 여섯째, 입소자와 보호자, 근무자 간의 효과적 소통을 위한 원칙 설정과 운영 인력의 전문성과 서비스 품질을 높이기 위한 체계적인 교육 프로그램의 설계와 제공이다.

교육의 핵심은 노인 돌봄과 커뮤니케이션 역량 강화 등을 포함한다. 근무자에게 휴먼터치 서비스와 입주자와 긍정적인 관계 형성에 필요한 다양한 상황별 대응 방법을 전달한다. 응급상황의 대처와 일상 돌봄, 엔터테인먼트 프로그램 등의 기획과 훈련도 운영 인력 교육에 들어간다. 운영 자문과 교육 내용이 시니어 하우징 내에서 일관된 서비스로 구현되기 위해서는 기준을 상세하게 기재한 '표준 운영 매뉴얼'이 필수적이다. 입주자 모집 및 임대 관리, 유지 보수, 청결 및 안전 관리, 입주자 관리, 위기 대응 관리 등 운영 전반에 걸친 지침을 제공하여 전문성에 입각한 운영을 가능케 한다.

매뉴얼에 지정하는 내용은 운영 사업의 일관된 품질 제공의 관리, 인력을 적재적소에 최대의 효율로 배치, 운용하기 위한 프로세스인 인력 관리, 입소자와 근무자의 경험 정보를 생성, 취합, 배포, 보관하는 데 필요한 의사소통 관리, 운영상 위험을 체계적으로 식별, 분석, 대응, 통제하기 위한 위험 관리, 시설 내 제공 서비스에 대한 안정적 운영을 가능케 하는 공급 관리 등을 포함한다.

'마케팅 자문'은 전반적인 마케팅 활동을 설정하고 실행하는 과정이다. 입주자 모집 및 입소 후 서비스 홍보 전략을 통해 안정적인 입주율을 유지하고 입소자와 가족들이 시설에 대하여 긍정적으로 인식하게 한다. 마케팅 자문의 첫 단계는 시장 트렌드와 타깃 시니어층의 니즈와 선호도를 심층적으로 분석하는 것이다. 다음으로 차별화된 가치와 특화된 서비스를 효과적으로 전달하는 마케팅 목표를 설정하고 단계별 전략을 수립한다. 이어서 다양한 홍보 전략 중 시니어 고객층에게 접근하기 쉬운 매체를 선별해 잠재 입주자와 가족에게 전달할 마케팅 메시지를 개발한다. 시니어 하우징의 핵심 서비스는 건강관리, 문화와 여가 활동, 커뮤니티 활동 등이다. 입주자에게 필요한 활동과 프로그램을 중심으로 홍보를 실행한다.

또한 마케팅 자문은 의사결정에 큰 영향력을 미치는 운영사에 대한 신뢰도와 브랜드 인지도를 높일 수 있는 장단기적인 마케팅 솔루션을 제공한다. 입주자의 만족도 모니터링도 주기적으로 실시하여 피드백을 운영 현장에 적용하면 입주자의 만족도를 높이는 것은 물론 일관성과 신뢰성도 강화할 수 있다.

시니어 하우징은 기존 입주자가 잠재 고객에게 추천해서 고객이 늘어나는 경우가 가장 흔하다. 이러한 선순환 구조를 만들기 위해서는 마케팅 자문에 공을 들여야 한다.

**에필로그**

# 따뜻한 돌봄을 실현하는 든든한 동반자가 되겠습니다!

2025년보다 훨씬 전부터 실버 웨이브가 시작됐다. 앞으로도 실버 웨이브는 우리의 예상보다 크고 거셀 것이다. 홀로 파도를 맞서기 어려운 예비 창업가, 신사업을 고민하는 기업들도 분명히 있을 줄 안다. 이들에게 우리가 학습한 지식과 경험 그리고 각종 시행착오를 통해 축적한 노하우가 도움이 되리라는 믿음으로 이 책을 세상에 내놓게 됐다.

우리는 초고령사회를 맞은 대한민국의 현재와 미래, 그리고 시니어 산업의 다양한 비즈니스 모델을 살펴보았다. 지금 이 순간에도 우리는 실버 웨이브라는 거대한 물결 앞에 서 있다. 이 물결은 단순히 인구 구조의 변화만을 이야기하지 않는다. 실버 웨이브는 지구 전체의 삶의 방식과 가치관까지 변화시키는 거대한 흐름이다.

과거에는 고령화를 부정적인 시각으로 보는 경향이 많았다. 노인 인구 증가, 생산성 감소, 사회보장비 증가, 노동력 부족 등의 문제를 일으킬 것이라는 우려가 지배적이었다. 그러나 이러한 시각은 노인을 복지의 대상으로만 바라보고 초고령사회에서 나타날 소비 행태의 변화만을 예견한 '제한적인 시각'이다.

초고령사회는 새로운 시장과 기회를 창출하는 가능성을 포함한다. 가장 먼저 기대수명 연장과 의학 기술의 발달은 시니어들의 삶의 질과 경제적 여력을 높이고 사회 참여 의지 또한 강하게 만들었다. 액티브 시니어의 등장은 이러한 변화를 여실히 반영하고 있다. 액티브 시니어로 인해 노동과 소비 두 시장 모두에 새로운 바람이 불고 있다.

케어닥은 실버 웨이브가 만드는 변화의 한복판에서 시작됐다. '믿을 수 있는 돌봄서비스'를 제공하는 플랫폼을 시작으로 첨단 기술과 따뜻한 마음을 결합한 '돌봄의 미래'를 만들어가는 것을 목표로 했다. 구체적으로는 돌봄 산업 전반에 비즈니스 모델을 실현하고 있다. 우선 데이터에 기반한 매칭 시스템과 실시간 모니터링 시스템을 통해 요양보호사와 환자를 효율적으로 연결하고 서비스 품질을 관리한다. 더불어 케어코디를 통해 환자 개인별 맞춤 상담과 돌봄을 진행하고 돌봄 교육 프로그램을 강화해 요양보호사의 역량도 끌어올린다.

또한 케어닥은 가사 돌봄, 재택간병, 방문요양, 방문재활, 병원간병 등 시니어 삶 전체 영역에서 돌봄을 제공하고 있다. 20만 명 이상의 고객에게 돌봄서비스를 제공하고 많은 노하우를 데이터화했으며 최적화된 전문적 돌봄을 실현해왔다. 동시에 7만 명 이상의 케어코디를 운용하며 돌봄 인력 관리에서 많은 노하우도 축적했다.

외부적으로는 노인 돌봄 산업에서 컨설팅을 필요로 하는 협력사와 파트너사와의 협업도 지속해 왔다. 2023년부터는 국내 1호 시니어 하우징 전문 운영사로서 '시니어 맞춤형 주거 서비스 선도 기업'으로 활약해왔다. 2025년부터는 국경 넘어 아시아 전체에서 시니어 하우징 전성시대를 이끌 것을 목표로 비즈니스를 확장하고 있다.

케어닥은 실버 웨이브라는 거대한 파도에 올라탄 첫 번째 항해사였다는 점에 자부심을 갖는다. 앞으로도 돌봄 산업의 혁신을 주도하기 위해 다양한 계획들을 실천하고 있다. 인공지능 기반 돌봄 서비스, 시니어 헬스케어 플랫폼, 돌봄 커뮤니티 구축 등을 통해 돌봄 생태계를 확장하고 글로벌 시장 진출을 통해 'K-돌봄'의 우수성을 세계에 알릴 것이다. 또한 돌봄을 복지에서 산업으로 바꿔 나갈 선도 기업으로서 '더 나은 돌봄'이라는 사회적 책임을 다하며 '지속가능한 돌봄 공동체'를 만드는 데 기여할 것이다.

이 책을 통해 예비 창업가와 기업들이 실버 웨이브가 거대한 도전이자 무궁무진한 기회이기도 하다는 점을 확인했기를 바란다. 초고령화 문제는 우리 국민 모두 힘을 합쳐 반드시 극복해야 할 시대적 사명이다. 그래서 더 의미가 깊다. 특히 사회적 가치와 비즈니스 성장을 함께 추구하는 스타트업들이 기회의 문을 함께 열어주기를 간절히 바란다.

우리나라에 초고령화에 대한 전문성과 노하우를 겸비한 기업들이 많아진다면 실버 웨이브는 쓰나미처럼 모든 것을 휩쓸어버리는 위협이 아니다. 휴양지 바닷가를 빛나게 하는 금빛 파도처럼 우리를 더 나은 미래로 이끌어갈 것이다. 케어닥은 실버 웨이브를 고민하는 예비 창업가 그리고 기업들에게 든든한 동반자가 될 것을 약속한다.

마지막으로 노인 돌봄은 단순히 신체적 기능을 보조하는 서비스가 아닌, 사람과 사람 사이의 마음과 마음을 잇는 산업이라는 점을 강조하고 싶다. 돌봄을 통해 노인의 의식주에 접근하게 되고 무궁무진한 산업과 연결된다. 여기에 기술까지 더해지면 비용은 줄어들고 가치와 편의는 증진된다. 그러나 그 모든 시작에 '사람'이 있다는 것을 잊어서는 안 된다. 케어닥은 앞으로도 '따뜻한 돌봄'을 통해 대한민국을 더 나은 세상으로 만들어갈 것이다.

## 실버 웨이브

**초판 1쇄 발행** 2025년 4월 17일
**초판 4쇄 발행** 2025년 11월 10일

**지은이** 박재병
**펴낸이** 안현주

**기획** 류재운 **편집** 안선영 김재열 **브랜드마케팅** 이민규 **영업** 안현영
**디자인** 표지 정태성 본문 장덕종

**펴낸 곳** 클라우드나인 **출판등록** 2013년 12월 12일(제2013-101호)
**주소** 우) 03993 서울시 마포구 월드컵북로 4길 82(동교동) 신흥빌딩 3층
**전화** 02-332-8939 **팩스** 02-6008-8938
**이메일** c9book@naver.com

**값** 22,000원
ISBN 979-11-94534-19-8 03320

---

* 잘못 만들어진 책은 구입하신 곳에서 교환해드립니다.
* 이 책의 전부 또는 일부 내용을 재사용하려면 사전에 저작권자와 클라우드나인의 동의를 받아야 합니다.
* 클라우드나인에서는 독자 여러분의 원고를 기다리고 있습니다.
  출간을 원하시는 분은 원고를 bookmuseum@naver.com으로 보내주세요.
* 클라우드나인은 구름 중 가장 높은 구름인 9번 구름을 뜻합니다. 새들이 깃털로 하늘을 나는 것처럼 인간은 깃펜으로 쓴 글자에 의해 천상에 오를 것입니다.